本书系教育部人文社会科学研究青年基金项
工子女媒介素养协同教育研究"（项目批准号:18

青少年媒介使用
与媒介素养协同教育研究

刘福利　刘丽丹◎著

黑龙江大学出版社
HEILONGJIANG UNIVERSITY PRESS
哈尔滨

图书在版编目（CIP）数据

青少年媒介使用与媒介素养协同教育研究 / 刘福利，
刘丽丹著 . -- 哈尔滨 : 黑龙江大学出版社，2022.10
ISBN 978-7-5686-0885-5

Ⅰ . ①青… Ⅱ . ①刘… ②刘… Ⅲ . ①青少年－传播
媒介－素质教育－研究－中国 Ⅳ . ① G206.2

中国版本图书馆 CIP 数据核字（2022）第 228964 号

青少年媒介使用与媒介素养协同教育研究
QINGSHAONIAN MEIJIE SHIYONG YU MEIJIE SUYANG XIETONG JIAOYU YANJIU
刘福利　刘丽丹　著

责任编辑　高楠楠　张琳琳　姜雪南
出版发行　黑龙江大学出版社
地　　址　哈尔滨市南岗区学府三道街 36 号
印　　刷　哈尔滨市石桥印务有限公司
开　　本　720 毫米 ×1000 毫米　1/16
印　　张　16.75
字　　数　249 千
版　　次　2022 年 10 月第 1 版
印　　次　2022 年 10 月第 1 次印刷
书　　号　ISBN 978-7-5686-0885-5
定　　价　66.00 元

本书如有印装错误请与本社联系更换，联系电话：0451-86608666。

目　　录

绪　　论

一、问题的提出与研究意义

媒介素养是当代社会民众素养的重要组成部分。媒体素养是人获取、分析、评估和交换各种形式信息的能力。媒介素养教育能够提高个体在信息社会中的适应能力。20世纪30年代以来,许多国家先后开始进行媒介素养教育研究,帮助儿童解决冲突和减少侵犯行为,提高健康和公共安全意识等。当前,青少年已经成为网络世界的重要新生力量,但青少年的心智并不成熟,部分青少年的媒介使用缺乏父母的监管。媒介素养水平关系到未来人们适应新媒体时代技术不断发展的能力。

本书是教育部人文社会科学研究青年基金项目"新媒体环境下农民工子女媒介素养协同教育研究"(18YJC880051)的研究成果。本书将媒介素养理论研究置于我国现实语境当中,结合当下媒介环境和青少年学生对媒介接触、使用的现实情况和切身需要,力图厘清我国青少年学生媒介使用的基本情况及青少年学生媒介素养的真实水平,从而为教育部门、相关机构和研究者提供一定的参考。

二、本书主要内容

第一章,介绍媒介素养相关概念,总结媒介素养和媒介教育理念的理论流变及其在不同地区的演变历程和在地经验。

第二章,基于知识图谱进行国内媒介素养教育研究综述分析,总结媒介素养教育在国内研究的现状、主要结构、学者情况以及国内媒介素养教育的发展趋势。

第三章,重点调查城市、农村小学高年级及中学学生媒介使用情况,同时单独对留守儿童和随迁子女的媒介使用情况进行数据分析,并对中小学生媒介使用情况的问题和解决方法进行探讨。

第四章,系统梳理媒介素养这一核心概念的基本维度并设计测量指标进行问卷调查,通过数据分析农村、城市青少年媒介素养基本现状及留守儿童和随迁子女的媒介素养情况,评估青少年是否具备媒介生产与评估能力,是否能够对媒介进行有效使用及自我保护。

第五章,探讨青少年媒介素养的教育目标、内容与实现路径。

第六章,信息化环境下的媒介素养协同教育。

第七章,总结青少年媒介素养的协同教育培养路径,利用现代信息技术构建家庭、学校横向协同媒介素养教育的沟通渠道,利用"三通两平台"构建网络课堂,进行媒介素养协同教学。

三、创新之处

本书在梳理青少年媒介素养教育相关研究的基础上,通过借鉴中外媒介素养测量评估指标体系,设计了中小学生媒介素养评价测量问卷,并运用结构方程模型进行了相关调查测试和验证,为媒介素养教育相关的研究提供借鉴。

本书第一章、第二章、第四章刘福利撰写,第三章、第六章、第七章刘丽丹撰写。第五章刘丽丹、刘福利共同撰写。

第一章　媒介素养与媒介素养教育概念

第一节　信息与媒介

随着新媒体技术的不断发展,信息如同洪水一般通过大众传媒向公众涌来。我们处在一个信息大爆炸的时代。在新媒体时代,我们获取的信息量比以往的任何时代都多得多,获取信息的难度降低。

传播学者马歇尔·麦克卢汉说:"媒介即讯息。"①在远古时代,人们更多的是口耳相传。随着文字和纸张的发明以及手抄和印刷技术的出现,书(甲骨、竹简、帛书、纸书)开始被少数人接触使用,媒介进入了文字传播时代。20世纪以来,随着磁带、胶片、光盘等新存储媒介的出现、发展,以及电报、固定电话、传真、手机等各种通信手段和电视、电影、录音机、录像机、互联网等各种新兴媒体的不断出现,我们所有人都处在万物互联的信息时代,所有人都被媒介影响着。中国互联网络信息中心发布的第50次《中国互联网络发展状况统计报告》显示,截至2022年6月,我国网民规模已达10.51亿,较2020年12月增长1 919万,互联网普及率达74.4%。截至2022年6月,我国网民使用手机上网的比例达99.6%,使用台式电脑、笔记本电脑、电视和平板电脑上网的比例分别为33.3%、32.6%、26.7%和27.6%。媒介已经成为我们生活的一部分。传播学上广义的媒介是指一切能使人与人、人与事物或事物与事物之间产生联系或发生关系的物质。在新媒体时代,手机、网

---

① 马歇尔·麦克卢汉:《理解媒介:论人的延伸》(55周年增订本),何道宽译,译林出版社2019年版,第16页。

络、电脑、电视以及各种社交软件都是向大众传播消息或影响大众意见的传播工具,都是传播信息的媒介。有研究表明,现代人越来越多地依赖媒介,甚至一些人时刻离不开手机。手机给我们的生活带来了很多便利,让我们跟他人的联系或者付款、出行等都更加方便,但是,手机也导致部分人过度依赖媒介,甚至导致一部分人自我封闭以及交往能力减弱。此外,据统计,人们的阅读越来越碎片化,过于依赖图像而导致思维简单化、平面化,并且部分不良媒体信息充斥着暴力、色情元素。由于缺乏媒介自控力和分辨力,青少年很容易受到不良信息影响。因此,有必要在中小学以及大学课堂增加媒介素养教育相关课程,让他们了解媒介,辨别信息的真伪,弄清社会的现实情况,同时使他们学会运用知识保护自己,学会利用媒介发展自己,这一课程的设置具有重大现实意义。

第二节　媒介素养与信息素养

一、媒介素养

　　媒介是把双刃剑,既能产生积极效果,也能产生负面效果,重要的不是媒介本身,而是使用媒介的人。唯有使媒介使用者提高使用能力,才能确保媒介产生积极的效果,而这种媒介使用能力就是媒介素养。

　　1992 年美国媒体素养研究中心对媒介素养做了如下定义:媒体素养就是指人们面对媒体各种信息时选择能力、理解能力、质疑能力、评估能力、创造和生产能力以及思辨的反应能力。[1] 媒介素养教育能够促进民众在信息社会的适应能力,拥有良好的媒介素养能够帮助个人正确地判断和评估媒介信息的意义和作用,有效地创造和传播信息以及利用信息。媒介素养的三大基石分别是个人定位、知识结构和技能。[2] 个人定位是由目标和动机组成的,通过自我定位目标,完成对信息的收集和处理。自我定位越高,越能

---

[1]　参见张开:《媒体素养教育在信息时代》,载《现代传播》2003 年第 1 期。
[2]　詹姆斯·波特:《媒介素养(第四版)》,李德刚等译,清华大学出版社 2012 年版。

控制整个信息处理过程,进而不断提升个人媒介素养。知识结构指媒介素养知识,人们应该从媒介效果、媒介内容、媒介产业、现实世界以及自身五个方面构建强大的知识结构。具备这几方面的知识结构后,人们在收集信息、使用信息、构建服务于自己的目标时才能做出更好的选择。媒介素养相关的技能是指分析信息、评价信息、分类信息、归纳信息、推理演绎信息、综合与提炼信息等七种。[①] 媒介素养更多地表现的是一种视角,指运用媒介素养知识接触媒介并支配人们的媒介使用行为,展示的是人们的社会责任感。

二、信息素养

信息素养(Information Literacy)是 1974 年 11 月由时任美国信息产业协会(Information Industry Association,IIA) 主席保罗·泽考斯基(Paul Zurkowski)在向美国全国图书馆和情报科学委员会(National Commission on Libraries and Information Science,NCLIS) 提交的《信息服务环境:关系与优势》报告中提出的。此后,逐渐形成了媒介与信息素养的概念,建构了媒介与信息素养研究的领域和框架。

第三节　媒介素养教育

1933 年英国批评家利维斯和他的学生汤普森提出将媒介素养教育引入课堂,以此为契机,欧洲开始关注媒介教育,英国、加拿大、澳大利亚等国家的媒介素养教育取得了一定的成绩。联合国教育、科学及文化组织(United Nations Educational,Scientific and Cultural Organization,UNESCO,简称"联合国教科文组织") 认为,民众的日常生活被大众传媒所占据,青少年更是被媒介占据了大量时间。自 20 世纪 50 年代起,世界各国开始从传播和教育相结合的角度,探讨如何解决电影、电视中的暴力、色情等内容所带来的社会负面问题。早期关于媒介素养的著作更多的是关注和强调大众传媒中不好

---

① 李廷军:《从抵制到参与——西方媒体素养教育的流变及启示》,华中师范大学博士学位论文,2011。

的一面,内容多是批评大众媒介,认为大众媒介充斥着暴力、色情、犯罪等有害内容,这些不良内容会影响儿童身心健康,不利于儿童生长、发展,建议人们在接触媒介的时候要提高警惕,不要被媒介左右,免受其伤害。媒介教育的主要目的是教育人们提高警惕,对媒介信息持反对的立场并免受媒介思想控制。"1982 年格伦沃尔德会议的召开,标志着 UNESCO 开始规划媒介教育的发展。"①20 世纪 80 年代后,人们采用更加平衡的视角看待媒介素养教育,教育内容具体包括媒介技术的使用、媒介内容的生产与制作等方面。据研究者概括,当把"再现"的概念运用在媒介教育上时,给予学生的不再是对错和好坏的现成答案,相反,它会向学生提出重要的问题并让学生自己来评判回答。② 1982 年,联合国教科文组织在德国慕尼黑召开了国际媒介教育会议,会议中公布的《媒介教育宣言》指出:"我们生活在一个媒介无处不在的社会,与其单纯谴责媒介的强大权力,不如接受媒介对世界产生巨大影响这一事实,承认媒介作为文化要素的重要性。"③大众媒介不再仅仅有坏的一面,还有积极的一面,媒介和人不再对立。媒介能够提供给人们丰富的生活信息,大众媒介通过音乐、电影、电视节目、网络节目能够带给大众更多的知识和快乐。人们需要学会利用大众媒介好的一面,同时也需要学会批判其不好的一面。人们通过媒介了解世界、认识世界,通过媒体互动建立各种社会关系、建构日常生活。人们要学会控制媒介,发现并使用媒介,从而形成自己的媒介判别能力。

大众传媒是儿童认识世界、了解世界的主要途径之一,也是儿童学习社会规范和休闲娱乐的主要工具。但是,从世界范围来看,媒介素养教育是把教育纳入原有的教育体系,还是通过媒介素养教育改变现有教育与大众传媒脱节的状况,尚未有定论。因此,既有人主张把其当成学校正规教育的一部分,也有人主张把其当成一些社会团体进行的非正规教育。例如:奥地利只面向 25% 的小学生提供媒介素养课程;丹麦把电影课程作为选修课程提

---

① 耿益群、黄偲:《联合国教科文组织有关媒介素养政策之演变分析》,载《现代传播》2018 年第 7 期。
② 陈世敏、吴翠珍、刘雪雁等:《从媒体素养到媒体教育与实践——中国台湾与日本的经验》,传播与中国·复旦论坛,2007 年。
③ 张艳秋:《国外媒介教育发展探析》,载《国际新闻界》2005 年第 2 期。

供给小学生;芬兰把媒介素养课程作为其他课程的一部分提供给小学生;英国《国家课程 2000》明确规定将媒介素养教育纳入中学各科教学内容之中,同时,英国青少年媒介素养教育领域也活跃着各种社团组织形式的社会力量,如英国电影协会、媒体教育网以及各种研究中心,通过政府大力扶持、社会和家庭灵活参与的有效教育体系,英国的媒介素养教育一直走在全球青少年媒介素养教育的前列;美国的媒介素养教育起步晚于英国,相继出台了一系列媒介素养教育相关政策,媒介素养教育已经逐步纳入中小学教育体系,成为 k-12 基础教育体系的重要补充,大部分州已经形成了自己的媒介素养教育课程框架[1];加拿大是世界上较早开展媒介素养教育的国家之一,其媒介素养教育不仅有直接参与的学校,还包括一些媒介机构、社会力量等的参与,媒介素养教育实施主题多元,媒介素养课程针对性较强,并注重对儿童实践能力的培养。

我国学者卜卫在 1997 年发表的《论媒介教育的意义、内容和方法》,阐述了"媒介素养"在世界各国演变的历史。使受众通过正确的选择、正确的理解和正确的记忆,成为积极主动的媒介信息使用者,恰恰是媒介素养教育的主要任务和宗旨。[2] "媒介素养教育的主体包括:一是教育机构或行业管理部门的在职教育组织;二是大众传播媒介。"[3]"媒介素养教育是要培养公民的媒介素养,提高公民对媒介信息的获取、选择、评价、参与和创造的能力,都是要促进人的发展。"[4]我国"媒介素养教育在学校教育体系中属于创新教育"[5]。我国的媒介素养教育还有极大的发展空间,这与我国当前的整体媒介环境有一定的关系。随着新媒体技术的不断发展,绝大多数人都是网络使用者,人人都可以成为传播者。个人对于信息的发出具有"把关"功能和"议程设置"的作用,对社会虚拟环境的构成负有直接的社会责任。因

① 李晓培:《美国青少年媒介素养教育的经验与启示》,郑州大学硕士学位论文,2014。
② 张开、石丹:《提高媒介传播效果途径新探——媒介素养教育与传播效果的关系》,载《现代传播》2004 年第 1 期。
③ 李苓:《论中国媒介素养教育评估体系》,载《社会科学研究》2005 年第 4 期。
④ 陈晓慧、刘铁珊、赵鹏:《公民教育与媒介素养教育的相关性研究》,载《中国电化教育》2013年第 4 期。
⑤ 王晓艳:《媒介素养教育在中小学的创新扩散策略》,载《中国广播电视学刊》2022 年第 8 期。

此,加强从业者和社会大众的媒介素养水平刻不容缓。2000年教育部发布《中小学信息技术课程指导纲要(试行)》,提出在高中阶段的学校和有条件的初中、小学普及计算机操作和信息技术教育,随后提出最迟于2010学年普及小学信息技术教育;2011年版《义务教育思想品德课程标准》中第二部分的课程目标提到,在思想品德课程中引导、帮助学生学习搜集、处理、运用信息的方法,提高媒介素养,使其能够积极适应信息化社会。这是笔者在各个政策法规或纲领文件中查找到的媒介素养相关信息。从现阶段的实际情况来看,媒介素养尚没有作为独立的课程进入我国的基础教育课程设置,但部分教材,如信息技术教材中已包含了一些有关媒介的知识和应用方法。

通过网络搜索及相关文献调查全国开设媒介素养教育相关课程的情况,笔者发现,我国部分高校较早地开展了相关媒介素养教育,如:2003年复旦大学新闻学院成立了"复旦大学媒介素养小组";2004年9月,上海交通大学媒体与传播学院首开媒介素养专业课程;2004年10月,中国传媒大学召开了以"信息社会中的媒介素养教育"为主题的国际研讨会,由此拉开了中国媒介素养教育的大幕。目前部分高校,如中国传媒大学、浙江传媒学院、中国人民大学、安徽大学等学校以通识课程或选修课程的形式对大学生进行媒介素养相关教育,但是也有部分高校没有开设媒介素养教育相关课程,可以说高校媒介素养教育依然处在起步阶段。

相对于高等教育来说,中小学的媒介素养教育开展较为缓慢。2004年,有关部门在上海举行"中国青少年社会教育论坛——2004·媒体与未成年人发展"并在会上发布《未成年人媒体素养教育行动策略研究》;2005年6月,深圳市推行媒介素养与素质教育进入中小学校系列活动,标志着深圳在全国首先开展"媒介素养教育";2013年,广州市少工委组织专家编写出版了全国第一套同时面向家长、老师和学生的"媒介素养"丛书,该丛书被列入广东省小学生2013年秋季专题教材目录,媒介素养教育课程在广州市中小学校陆续开展。从全国范围看,有的中小学与高等院校的相关科研机构合作开展了一些媒介素养教育相关活动。如东北师范大学2007年成立媒介素养课程研究中心,从课程角度介入媒介素养研究,并在长春市的几所小学进行了媒介素养相关实验教学。中国传媒大学从2008年到2011年先后在北京黑芝麻胡同小学开展了为期三年的媒介素养教育课程实验,取得了一定的成果。

从整体情况来看,目前我国的青少年媒介素养教育还处于学校级别的探索阶段。媒介素养教育开展的时间较短,很多教育工作者以及广大民众对媒介素养的概念缺乏了解,甚至存在一些偏差。一些教育工作者认为媒介素养就是使用媒介的素养,把"媒介素养"等同于"信息素养",认为让学生学会使用电脑、网络等媒介就是媒介素养教育,把信息技术相关课程等同于媒介素养教育课程。媒介素养是个人使用大众传播资源的综合能力,包括利用媒介资源、参与创造资源以及对媒介资源判别审视的能力。媒介素养教育开展时间较长的国家的经验表明,学校以外的社会和家庭在媒介素养教育方面也扮演着不可或缺的角色。学者卜卫提出,媒介素养教育应该扎根社区,扎根在参与者的生活中。在媒介教育普及的初级阶段,个人、民间团体或小型组织是推动媒介素养教育开展的重要力量。倘若各类社会组织对媒介素养的重视程度不够,社会资源给予力量短缺,深入基层的社会教育不能发挥应有的调动作用,媒介素养教育也就难以发展成针对所有教育对象的分阶段实施教育的社会化的教育事业。

目前,从每年国家各类社科基金中关于媒介素养的立项可以看出,政府以及教育部门都很重视相关研究。中央网信办、教育部、工业和信息化部、人力资源和社会保障部联合印发《2022年提升全民数字素养与技能工作要点》①,明确了相关工作目标:到2022年底,提升全民数字素养与技能工作取得积极进展,系统推进工作格局基本建立,数字资源供给更加丰富,全民终身数字学习体系初步构建,劳动者数字工作能力加快提升,人民群众数字生活水平不断提高,数字创新活力竞相迸发,数字安全防护屏障更加坚固,数字社会法治道德水平持续提高,全民数字素养与技能发展环境不断优化。文件还明确了以下重点内容:一是加大优质数字资源供给。拓展数字资源获取渠道,做优做强数字教育培训资源,推动数字资源开放共享,促进数字

---

① 《中央网信办等四部门印发〈2022年提升全民数字素养与技能工作要点〉》,http://www.cac.gov.cn/2022-03/02/c_1647826931080748.htm.

公共服务公平普及。二是打造高品质数字生活。培育数字生活新应用新场景,提高智慧社区和智慧家庭建设应用水平,深化数字应用适老化改造,加快推进信息无障碍建设。三是提升劳动者数字工作能力。培育数字领域高水平大国工匠,提高农民数字化"新农具"应用水平,发展壮大新兴职业群体人才队伍,增强妇女数字工作竞争力,提升领导干部和公务员学网、懂网、用网能力。四是促进全民终身数字学习。全方位提升学校数字教育教学水平,完善数字技能职业教育培训体系,搭建一批数字学习服务平台。五是提高数字创新创业创造能力。激发企业数字创新活力,完善数据驱动的科研创新模式,培育高水平数字人才。六是筑牢数字安全保护屏障。增强网络安全、数据安全防护意识和能力,加强个人信息和隐私保护。七是加强数字社会文明建设。提高全民网络文明素养,强化全民数字道德伦理规范。八是加强组织领导和整体推进。加强统筹协调,举办提升全民数字素养与技能系列主题活动,开展理论研究和监测评估,组织工作试点和优秀案例征集,深化国际交流合作。随着"数字中国""数字乡村"的不断推进,媒介素养教育也会成为全民数字素养的重要组成部分,越来越受到国家和相关部门的重视。

第二章　国内媒介素养教育研究
综述分析

第一节　媒介素养相关概念

随着手机、网络的普及，媒介在我们身边无处不在，如何使用这些媒介成为人们关注的重点。媒介素养教育的普及能够提高民众在信息社会的适应能力。20 世纪 30 年代，媒介素养教育起源于英国，受到英国影响，其他许多国家相继开始进行媒介素养教育研究。"媒介素养是指在各种媒介环境下获取、理解、创造和传播信息的能力。"[①]为了解媒介素养相关研究的现状，归纳整理媒介素养教育的前沿动态，揭示媒介素养国内相关研究的本质与特征，笔者利用可视化分析软件 CiteSpace 对截至 2022 年 1 月 10 日北大核心以及 CSSCI 收录的有关媒介素养教育的文献进行统计分析，希望通过对发文作者、机构统计，以及热点分析可视化统计，发现国内媒介素养教育研究的热点及研究趋势，为将来国内媒介素养教育的相关研究提供一定的参考和借鉴。

---

① 转引自李金城：《媒介素养测量量表的编制与科学检验》，载《电化教育研究》2017 年第 5 期。

第二节　研究工具与数据来源

一、研究工具

本书利用可视化软件 CiteSpace，版本 5.7R2（64 bit）对中国知网中主题为"媒介素养"+"教育"的相关数据进行分析。通过该软件对媒介素养教育相关论文的关键词、作者、研究机构进行分析处理，总结媒介素养相关研究热点和研究前沿领域，并预测媒介素养相关领域一段时间内的研究重点内容及发展趋势。

二、数据的收集与处理

（一）对中国知网中网络出版数据库数据的搜集

本书对数据的搜集主要围绕媒介素养和教育相关研究领域，以中国知网中网络出版数据库为主要研究资料来源，时间截至 2022 年 1 月 10 日，使用"高级检索"，检索项为"主题"，检索词为"媒介素养"和"教育"，匹配为"模糊"，来源类别包含"北大核心"和"CSSCI"，共检索到 1 810 条结果，剔除一些通知以及消息类或其他一些无用信息，总共得到检索文章 1 726 篇，把中国知网中网络数据库检索数据导出，得到可用文献 1 726 条。通过数据统计可以发现，发文最早的是 1997 年卜卫发表的《论媒介教育的意义、内容和方法》。2000 年，学者宋小卫在《当代传播》上发表文章《学会解读大众传播——国外媒介素养教育概述》，对国外媒介素养教育进行总结[1]，并把国外学者关于媒介素养的概述引入国内[2]。学者张卫华对从国外媒介素养相关实践中得出的媒介素养应该包含哪些内容进行了阐述。[3] 学者张艳秋对加

---

[1]　宋小卫：《学会解读大众传播（上）——国外媒介素养教育概述》，载《当代传播》2000 年第 2 期。

[2]　宋小卫：《学会解读大众传播（下）——国外媒介素养教育概述》，载《当代传播》2000 年第 3 期。

[3]　张卫华：《欧美媒介素养教育值得借鉴》，载《新闻记者》2004 年第 5 期。

拿大媒介教育的发展和它的媒介教育理念进行了较为全面的归纳和分析。[1]通过关键词图谱发现,英国、美国、加拿大、北美洲出现频次较高,可以看出我国的媒介素养教育研究受这些国家或地区的影响较大,很多国内作者在研究中借鉴了这些国家和地区的经验和成果。2004 年 10 月,中国传媒大学举办了首届媒介素养教育国际研讨会,对媒介素养理论研究以及教育实践的目的、内容和方式方法进行了探讨与研究。[2] 2004 年以后,媒介素养教育相关研究论文逐渐增多。从 2004 年以后,媒介素养教育相关论文在北大核心和 CSSCI 中的数量每年都在 30 篇以上;2010 年到 2017 年,相关论文数量每年都超过了 100 篇;2016 年,北大核心和 CSSCI 中发表的相关论文有 146篇;2017 年以后发文逐渐减少,但也在每年 80 篇以上。截止到 2022 年 1 月10 日,在北大核心和 CSSCI 中查找到的较新文章中的一篇为《从"印刷人"到"互联网人":还原本真的媒介教育性》,作者师欣楠,发表于《传媒观察》2021 年第 12 期。文章提出,"今天的学生面对的不仅是从书本中'读'转化到在纸上'写'的表达困境,更重要的是他们可'读'的来源越来越多,但'写'的实现仍未发生改变"[3]。

(二)基于文献关键词共现图谱分析

笔者使用 CiteSpace 软件处理相关数据。Time Slicing 选择为 1997 年—2022 年,截止日期为 2022 年 1 月 10 日,years per slice 选择一年,Node Types选择关键词,Selection Criteria 设置为"g-index",其中 $k=25$。

1. 关键词

利用 CiteSpace 软件对我们选择的北大核心+CSSCI 的论文中关于媒介素养研究的文献生成关键词共现图谱,如图 2.2-1 所示,分析我国媒介素养教育的相关研究热点。图 2.2-1 中关键词字体的大小反映了关键词出现的次数多少,关键词字体越大代表该关键词在我们选择的论文中出现的次数

① 张艳秋:《加拿大媒介素养教育透析》,载《现代传播》2004 年第 3 期。
② 张开:《中国首届媒介素养教育国际研讨会综述》,载《现代传播》2004 年第 6 期。
③ 师欣楠:《从"印刷人"到"互联网人":还原本真的媒介教育性》,载《传媒观察》2021 年第 12期。

越多,关键词连线的粗细代表了关键词之间联系的紧密程度。图 2.2-1 中有 747 个关键词节点以及 1 214 条关键词连线,网络密度为 0.004 4。

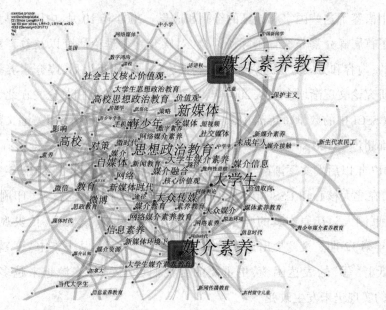

图 2.2-1 关键词共现图谱

如图 2.2-1 所示,"媒介素养教育"以及"媒介素养"这两个关键词出现的次数最多,大学生、青少年是媒介素养教育的主要对象,利用新媒体以及大众传媒对大学生、青少年进行思想政治教育是当前媒介素养教育的主要研究领域之一。通过图 2.2-1 还可以看出,"媒介素养教育""媒介素养""大学生""新媒体""思想政治教育""大众传媒""青少年""教育""高校""自媒体""微博""媒介信息""社会主义核心价值观"等关键词出现的次数较多。

根据 CiteSpace 软件统计结果进行 Network Summary Table 输出统计,如表 2.2-1 所示,关键词出现频次越高,说明研究者对该关键词的研究主题的关注度就越高。通过表 2.2-1 可以直观看出,媒介素养教育和媒介素养频次较高,分别为 520 和 493,其次高频出现的依次是大学生、新媒体、思想政治教育、高校、青少年、自媒体、大众传媒、教育、信息素养,这些词的频次都超过 30。从这些关键词统计分析可以看出,媒介素养教育主要针对的群体是大学生和青少年,新媒体环境下的思想政治教育迫在眉睫,也是媒介素养教育关注的重点。但是从关键词频次也可以直观看出,高校媒介素养教育已经开展起来,利用新媒体进行思想政治教育是相关教育的热点。青少年媒介素养教育关注自媒体及大众传媒对青少年的影响,整体来看,青少年媒介素养教育的进展暂时不如高校开展得好。近年来,随着媒介素养得到越来越多的关注和讨论,信息素养和媒介素养之间的关系已成为一个热点问题。其中,信息素养源于图书馆学和信息科学。"20 世纪 70 年代,运用信息工具和搜索方法获取信息成为人们需要具备的能力⋯⋯当信息工具和搜索方法逐步普及后,信息素养定义得到进一步发展。"[①]

表 2.2-1　关键词高频统计表(频次大于等于 8)

突现性	节点联系	频次	关键词	突现性	节点联系	频次	关键词
9.22	152	520	媒介素养教育		4	8	网络素养
	124	493	媒介素养	4.6	6	8	短视频
	55	216	大学生		6	8	当代大学生
12.57	39	138	新媒体		6	8	途径
3.51	26	91	思想政治教育		6	8	中小学生
	26	50	高校		6	8	媒介接触
	34	47	青少年		5	8	中学生
11.49	17	46	自媒体		6	8	视觉文化
9.38	29	42	大众传媒		5	8	思政教育
5.73	23	33	教育		7	8	手机媒体
	19	33	信息素养		5	8	路径

---

① 周丽娟、高宏斌、曹金:《信息时代的元素养——信息素养内涵及"+素养"辨析》,载《青年记者》2021 年第 15 期。

表 2.2-2 关键词中心性统计表(中心性大于等于 0.03)

中心性	关键词	中心性	关键词
0.68	媒介素养教育	0.05	媒介
0.52	媒介素养	0.04	高校
0.23	大学生	0.04	自媒体
0.14	新媒体	0.04	媒介教育
0.13	青少年	0.03	对策
0.10	大众传媒	0.03	价值观
0.07	思想政治教育	0.03	大众媒介
0.07	信息素养	0.03	社交媒体
0.06	教育	0.03	传媒素养
0.05	媒介信息	0.03	视觉文化

关键词节点的中心性代表了该节点与其他节点联系的紧密程度,如表2.2-2所示,媒介素养教育、媒介素养、大学生、新媒体、青少年、大众传媒中心性位居前6,数据分别为0.68、0.52、0.23、0.14、0.13、0.10,说明这六个关键词是研究热点。再结合表2.2-1来看,媒介素养教育、媒介素养、大学生、新媒体四个关键词出现的频次及中心性都排在前四,说明它们是当前媒介素养教育研究的热点,虽然青少年和大众传媒出现的频次不在前列,但其中心性排名比较靠前。一方面,大众传媒和青少年在媒介素养关键词图谱中节点中心性较高,说明它们是当前媒介素养教育相关研究的热点问题。另一方面,它们的节点与其他节点的联系越多,反映出该节点在媒介素养关键词图谱中的地位越重要,说明大众传媒对青少年影响研究越是当前学术关注的热点问题。

2. 关键词各聚类

为了进一步了解媒介素养教育相关关键词的紧密程度,在媒介素养教育关键词图谱的基础之上,我们对相关关键词进行聚类分析,通过共引关键词聚类分析得到关键词聚类图谱,如图2.2-2。

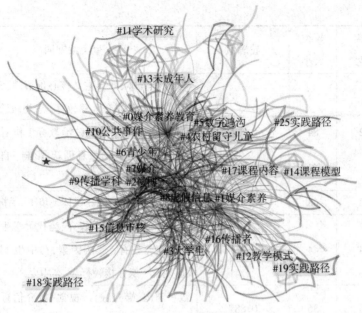

图 2.2-2 关键词聚类图谱

通过关键词聚类图谱可获得 26 个研究主题,聚类号越小,表示该聚类的相关文献数量越多,聚类中包含的关键词越多。前十个聚类分别是#0 媒介素养教育、#1 媒介素养、#2 微博、#3 大学生、#4 农村留守儿童、#5 数字鸿沟、#6 青少年、#7 媒介、#8 虚假信息、#9 传播学科。每个聚类都包含多个关键词,具体如表 2.2-3 所示。

表 2.2-3 媒介素养各聚类关键词统计列表

聚类编号	聚类大小	轮廓值	聚类关键词
#0	100	0.977	媒介素养教育、媒介素养、传播学专业、新闻传播学
#1	85	0.897	媒介素养、主体能力保障、新媒介、信息公平、媒介认知、媒介依赖

续表

聚类编号	聚类大小	轮廓值	聚类关键词
#2	84	0.865	微博、新媒体、社会主义核心价值观、大学生思想政治教育、媒介素养教育、思想政治教育、移动互联网时代、思想政治教育工作者、智媒时代、高校思想政治教育创新、影响、自媒体、新媒介环境、应对、高校
#3	68	0.811	大学生、媒介信息、新媒体环境下、手机媒体
#4	44	0.857	农村留守儿童、大众媒介、当代大学生、大学生媒介素养教育、影响因素、初中生、学习社会化、对比、媒介接触行为、高中生
#5	36	0.887	数字鸿沟、媒介融合、视觉-媒介信息素养、素养教育、青少年学生、数字媒介、数字素养
#6	34	0.791	青少年、"95后"大学生、传媒教育、传播载体、第五媒介、大众媒体
#7	33	0.932	媒介、教育、报刊、信息素养教育、英语、素养、教师
#8	25	0.940	虚假信息、突发公共卫生事件、图书馆、公共危机事件、疫情信息、冠状病毒、健康教育、数字公民、突发公共事件、重大危机事件、儿童、公平获取、传播机制、公共图书馆、信息治理、全媒体时代、虚假新闻、新媒介素养教育、媒介信息素养、信息发布渠道、信息传播、信息交流媒体
#9	21	0.972	传播学科、受众研究、研究综述、类传媒、传媒实力、隐性采访、探索与发展、传媒素养教育、预防职务犯罪、传媒业、新闻界、创新观点、传媒素养、传媒组织、传媒、传播学理论、新闻理论、马克思主义新闻观

从表2.2-3可以看出,#0媒介素养教育聚类的关键词是媒介素养教育、媒介素养、传播学专业、新闻传播学,说明媒介素养教育近年已经成为该领域的重点研究内容。#1媒介素养的关键词是媒介素养、主体能力保障、新媒介、信息公平、媒介认知、媒介依赖。随着新媒介技术的不断发展,越来越多的人依赖媒介,为了信息公平,需要提高全民的媒介素养。#2微博的关键词是微博、新媒体、社会主义核心价值观、大学生思想政治教育、媒介素养教育、思想政治教育、移动互联网时代、思想政治教育工作者、智媒时代、高校思想政治教育创新、影响、自媒体、新媒介环境、应对、高校。随着新媒体和自媒体等各种新媒介环境在社会中的影响越来越大,许多高校开始利用微博等新型媒介开展社会主义核心价值观教育,加强高校学生思想政治教育工作。#3大学生的关键词是大学生、媒介信息、新媒体环境下、手机媒体。随着5G网络的普及,大学生日常接触的主要媒介是智能手机。在新媒体环境下,媒介信息使用成为媒介素养关注的热点。#4农村留守儿童的关键词是农村留守儿童、大众媒介、当代大学生、大学生媒介素养教育、影响因素、初中生、学习社会化、对比、媒介接触行为、高中生。大众媒介已经深入我们的日常生活中,初中生、高中生的媒介接触行为成为媒介素养研究重点关注的内容。由于缺少监督、指导,部分青少年对电视、网络较为依赖。加强对这部分青少年的媒介素养教育势在必行,这有利于他们利用媒介为个人生活和学习服务,有一定的现实意义。#5数字鸿沟的关键词是数字鸿沟、媒介融合、视觉-媒介信息素养、素养教育、青少年学生、数字媒介、数字素养。数字鸿沟分为设备鸿沟(或称接入鸿沟)、技能鸿沟、智能鸿沟(或称思维鸿沟)等。目前我国的城乡经济差距仍然较大,城乡青少年学生接触媒介设备的差距较大,城乡青少年学生的媒介素养水平差距也较大。如何提高媒介素养教育水平,解决城乡及不同年龄层的数字素养差距问题是当前媒介素养研究的重点。#6青少年的关键词是青少年、"95后"大学生、传媒教育、传播载体、第五媒介、大众媒体。手机媒体已经成为报纸、广播、电视和互联网之后的第五媒体。[①] 青少年已经成为手机的主要使用者,如何引导他们正确使

---

①　童晓渝、蔡佶、张磊:《第五媒体原理》,人民邮电出版社2006年版。

用相关媒介产品,成为传媒教育的主要议题之一。#7 媒介的关键词是媒介、教育、报刊、信息素养教育、英语、素养、教师。媒介素养已经成为各个职业人员必备的素养。#8 虚假信息的关键词是虚假信息、突发公共卫生事件、图书馆、公共危机事件、疫情信息、冠状病毒、健康教育、数字公民、突发公共事件、重大危机事件、儿童、公平获取、传播机制、公共图书馆、信息治理、全媒体时代、虚假新闻、新媒介素养教育、媒介信息素养、信息发布渠道、信息传播、信息交流媒体。2019 年末开始的全球新型冠状病毒(简称新冠)疫情相关的研究也逐渐增多。信息发布与传播面临新的挑战,疫情主题下媒介素养相关领域的研究方向发散,研究范围较广。主流媒体是新冠疫情报道的权威信息源,面对网络上流传的各种虚假信息,提高公众媒介信息素养水平和发挥主流媒体信息传播的主阵地作用尤为必要。#9 传播学科的关键词是传播学科、受众研究、研究综述、类传媒、传媒实力、隐性采访、探索与发展、传媒素养教育、预防职务犯罪、传媒业、新闻界、创新观点、传媒素养、传媒组织、传媒、传播学理论、新闻理论、马克思主义新闻观。2021 年我国迎来了建党一百周年,马克思主义新闻观的相关研究比往年增多,这一主题研究下传播学科的受众研究及传播学理论、新闻理论相关研究增多。

(三)媒介素养教育核心机构共现分析

利用 CiteSpace 软件在操作界面的参数设置上选择机构(Institution)作为网络节点类型,对这些媒介素养教育发文进行机构共现分析,得到了 462 个节点、89 条连线的研究机构网络图谱,网络密度为 0.000 8,如图 2.2-3 所示。

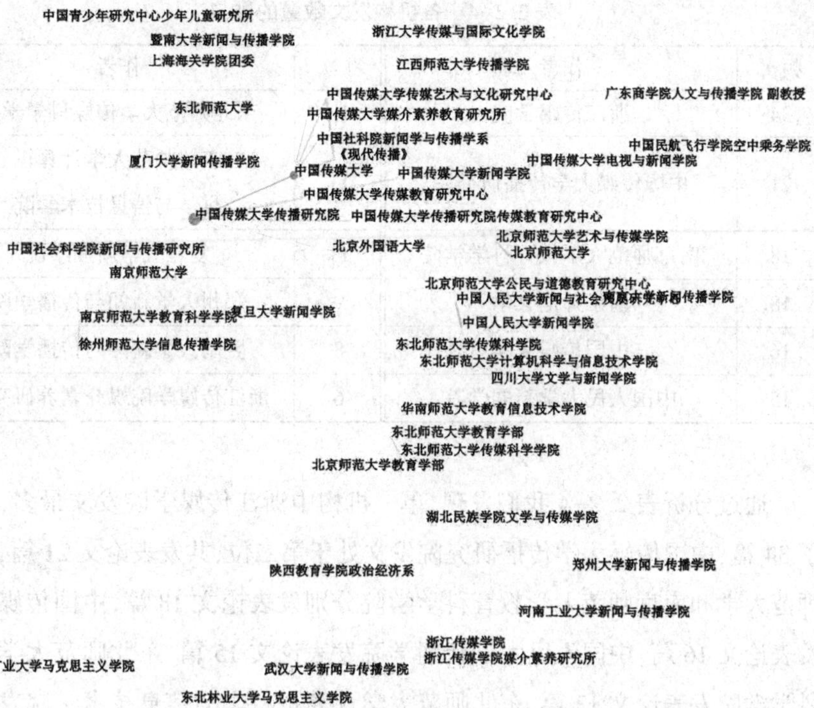

中国青少年研究中心少年儿童研究所
暨南大学新闻与传播学院　　　　　　　　浙江大学传媒与国际文化学院
上海海关学院团委
　　　　　　　　　　　　　　江西师范大学传播学院
　　　　　　　　　　中国传媒大学传媒艺术与文化研究中心　　广东商学院人文与传播学院 副教授
东北师范大学　　　　中国传媒大学媒介素养教育研究所
　　　　　　　　中国社科院新闻学与传播学系　　　　　　　中国民航飞行学院空中乘务学院
厦门大学新闻传播学院　　《现代传播》　　　中国传媒大学电视与新闻学院
　　　　　　　　中国传媒大学　中国传媒大学新闻学院
　　　　　　　　　中国传媒大学传媒教育研究中心
　　　中国传媒大学传播研究院　中国传媒大学传播研究院传媒教育研究中心
中国社会科学院新闻与传播研究所　　　北京外国语大学　　北京师范大学艺术与传媒学院
南京师范大学　　　　　　　　　　　　　　　　　北京师范大学
　　　　　　　　　　　　　　北京师范大学公民与道德教育研究中心
　　　　　　　　复旦大学新闻学院　中国人民大学新闻与社会发展研究新闻与传播学院
南京师范大学教育科学学院　　　　　　　　　中国人民大学新闻学院
徐州师范大学信息传播学院　　　东北师范大学传媒科学院
　　　　　　　　　　　　东北师范大学计算机科学与信息技术学院
　　　　　　　　　　　　　四川大学文学与新闻学院
华南师范大学教育信息技术学院
　　　　　　　东北师范大学教育学部
　　　　　东北师范大学传媒科学学院
北京师范大学教育学部

　　　　　　　　　　　　湖北民族学院文学与传媒学院

陕西教育学院政治经济系　　　　　　　　郑州大学新闻与传播学院

　　　　　　　　　　河南工业大学新闻与传播学院

　　　　　　　　　　　　　浙江传媒学院
中国矿业大学马克思主义学院　　　　　　浙江传媒学院媒介素养研究所
　　　　　　　　武汉大学新闻与传播学院
东北林业大学马克思主义学院

图2.2-3　媒介素养教育相关研究机构网络图谱

　　由图2.2-3可知,以浙江传媒学院、中国传媒大学、南京师范大学、东北师范大学、中国人民大学、复旦大学、郑州大学为核心的大学机构群初步形成。各个机构在图中节点越大,表示该机构发表媒介素养教育相关研究的文章量越多,中国传媒大学传播研究院、中国人民大学、浙江传媒学院等机构发文量较多。具体统计见表2.2-4。

表 2.2-4　各机构发文数量的排名

频次	作者	频次	作者
34	浙江传媒学院	13	东北师范大学传媒科学学院
21	中国传媒大学传播研究院	11	东北师范大学计算机科学与信息技术学院
18	南京师范大学教育科学学院	11	复旦大学新闻学院
18	南京师范大学	9	郑州大学新闻与传播学院
16	中国传媒大学	8	暨南大学新闻与传播学院
15	中国人民大学新闻学院	6	浙江传媒学院媒介素养研究所

通过分析表 2.2-4 我们发现,单一机构中浙江传媒学院发文最多,达到了 34 篇,中国传媒大学传播研究院发文处于第二位,共发表论文 21 篇,南京师范大学和南京师范大学教育科学学院分别发表论文 18 篇,中国传媒大学发表论文 16 篇,中国人民大学新闻学院发表论文 15 篇,东北师范大学传媒科学学院发表论文 13 篇,东北师范大学计算机科学与信息技术学院发表论文 11 篇。从机构来看,浙江传媒学院、中国传媒大学、南京师范大学、东北师范大学、中国人民大学等几所大学发表的相关论文较多。中国传媒大学各个内部机构的关联较紧密,同时与其他机构的关联也较紧密。

(四)媒介素养教育领域核心作者群分析

利用中国知网的数据统计的该领域发文较多和影响较大的学者有张舒予、卜卫、王天德、张开、陈晓慧等人,结合中国知网中的数据统计分析可以得出:南京师范大学的张舒予团队发表相关论文最多,达到 33 篇,该团队主要从媒介素养教育和媒介素养研究的起点及内涵,以及如何利用家庭、学校进行媒介素养教育等方面进行相关研究。[①] 第二个发文较多的是浙江传媒学院的王天德团队,发表相关论文 12 篇,主要探讨媒介素养教育理念以及青少年媒介素养教育策略。第三个发文较多的是东北师范大学的陈晓慧团

---

① 赵丽、张舒予:《媒介素养研究热点及趋势分析——基于教育学、新闻学与传播学 CSSCI (2012—2013)来源期刊数据》,载《电化教育研究》2015 年第 5 期。

队,该团队发表相关论文 12 篇,主要从我国港澳地区、美国以及其他国家或地区的中小学媒介素养教育现状以及问题入手,进而研究我国中小学媒介素养教育,探讨我国媒介素养教育未来的发展方向与策略。[①] 第四个发文较多的是中国传媒大学的张开和耿益群、张艳秋等人。其他主要研究人员还有西南大学的董小玉、秦红雨、李先锋,郑州大学新闻与传播学院的郑素侠。郑素侠主要从农村留守儿童媒介使用与媒介素养现状入手探讨青少年媒介素养问题。从相关核心作者发文情况来看,媒介素养教育的相关作者还没有形成合力来推动媒介素养教育研究。媒介素养的相关研究者要加强合作,共同推动媒介素养教育在我国的发展。

(五)从时间上分析媒介素养教育相关关键词突变

利用 CiteSpace 输出突变最大的前 25 个关键词,如表 2.2-5 所示。从表 2.2-5 可以看出,1997 年"媒介教育"关键词突变最强,1997 年卜卫发表的《论媒介教育的意义、内容和方法》中论述了媒介教育的演变,从早期屏幕教育、媒介素养、电视素养、图像素养等的演变得出,媒介教育的根本意义在于公民对信息的批判性选择和有效的利用,由此媒介教育开始在国内引起重视。2004 年的突变关键词是"媒介信息""未成年人""大众传媒""传媒素养"。2004 年首届"媒介素养教育国际研讨会"召开。这次会议提出,针对商业和文化消费市场对青少年的影响来提高未成年人辨别和评价媒介信息的能力,消除大众传媒对青少年的不良影响,提高未成年人的传媒素养刻不容缓。此后,媒介素养教育相关论文逐渐增多。2005 年的突变关键词是"媒体素养教育""媒介素养教育""大众媒介",由于媒介素养教育国际研讨会于 2004 年召开,媒介素养教育成为新闻学术界讨论的一个热点话题。大众媒介对青少年的影响成为媒体素养教育的热点问题。2008 年的突变关键词是"网络"。有人把 2008 年定义为网络舆论元年。2008 年的网络的确制造了许许多多的网络热词,使网络舆论力量得到具体体现,逐渐影响社会舆

---

① 张煜锟、陈晓慧、张丽娜:《媒介素养教育研究的新路向——康德教育哲学对小学生媒介素养教育实践的启示》,载《中国电化教育》2014 年第 8 期。

论,甚至改变了"游戏规则"。网络事件的不断出现使社会公众对网络环境对青少年的不良影响更加担忧,加强媒介素养教育成为热点问题。因此,到2009年和2010年,"教育""素养"成为突变关键词。

表 2.2-5 突变最大的前 25 个关键词

关键词	年份	强度	开始	结束	关键词	年份	强度	开始	结束
媒介教育	1997	3.92	1997	2021	大学生媒介素养教育	2013	3.57	2013	2021
媒介信息	2004	5.77	2004	2021	媒体时代	2013	3.31	2013	2021
未成年人	2004	3.98	2004	2021	微信	2014	3.44	2014	2021
大众传媒	2004	9.38	2004	2021	新媒体环境下	2014	3.93	2014	2021
传媒素养	2004	3.49	2004	2021	思想政治教育	2014	3.51	2014	2021
媒体素养教育	2005	3.39	2005	2021	自媒体	2014	11.49	2014	2021
媒介素养教育	2005	9.22	2005	2021	社会主义核心价值观	2015	8.37	2015	2021
大众媒介	2005	3.81	2005	2021	新媒体时代	2015	4.69	2015	2021
网络	2008	3.55	2008	2021	大学生思想政治教育	2015	5.02	2015	2021
教育	2009	5.73	2009	2021	核心价值观	2016	4.91	2016	2021
素养	2010	3.34	2010	2021	微时代	2016	4.58	2016	2021
微博	2011	7.76	2011	2021	新媒体	2016	12.57	2016	2021
美国	2011	3.28	2011	2021					

上海交通大学发布的《2011 年中国微博年度报告》称,虽然 2010 年开始微博热度上升,但是 2011 年才是真正的"微博应用元年",2011 年 12 月底,中国有 5. 131 亿网民,其中有 2. 499 亿是微博用户。2011 年的突变关键词有"微博"。微博迅猛发展使得青少年、大学生的媒介素养教育得到了进一步的发展,借鉴国外媒介素养教育开展得较好的国家的经验发展我国的媒介素养教育成为一种趋势。2013 年以后,自媒体和新媒体发挥强大功能,但其负面影响也日益呈现。新媒体环境下大学生的思想政治教育成为一个可以开拓的新领域,面对复杂多变的媒体环境,认识媒体、辨别媒体信息、利用媒体信息,成为大学生要学习的基本技能。利用新媒体加强大学生的媒介素养教育,并且开设媒介素养教育课程、提高高校思想政治教育工作者的媒介素养、注重媒介素养教育与大学生思想政治教育工作的紧密结合成为必然。在新媒体环境下引导大学生塑造正确的价值观尤为必要。

第三节　媒介素养相关研究结论与发展趋势研究

一、媒介素养教育研究是多学科综合研究领域

通过统计发现,新闻传播方向的相关论文 592 篇,教育方向的相关论文 434 篇,发表与媒介素养相关论文较多的两位是南京师范大学教育科学学院张舒予和东北师范大学的陈晓慧教授,他们都是教育学学科教育技术学专业领域的学者,发表论文数量排在第九的《中国电化教育》是教育学学科教育技术学专业期刊,因此可以看出,媒介素养在教育学领域得到了极大的关注。从媒介素养研究者以及相关研究机构可以看出,媒介素养教育是新闻传播学领域以及教育学学科教育技术学专业领域的相关学者主要关注的内容。

如表 2.3-1 所示,发文较多的绝大多数都是新闻传播学领域的专门期刊,这也进一步说明,媒介素养是新闻传播学领域研究的重点内容,相关研究者主要从媒介素养教育的基本内容和方法、儿童媒介使用与媒介素养现状、媒介素养下的受众以及国外媒介素养教育现状等方面进行媒介素养研

究。《中国电化教育》《现代远距离教育》是教育技术学科专业期刊，大量关于媒介素养教育的相关论文发表在这里，说明媒介素养教育是教育技术学领域重点关注的内容。同时《学校党建与思想政治教育》也发文较多，说明利用媒介加强大学生思想政治教育的有效性也是相关研究的热点。

表 2.3-1　期刊发文统计

期刊名称	篇数	期刊名称	篇数
中国广播电视学刊	87	新闻爱好者	41
青年记者	67	中国成人教育	29
现代传播	53	当代传播	29
新闻界	50	中国电化教育	28
学校党建与思想政治教育	48	教育与职业	28
新闻知识	43	传媒	20
新闻战线	43	现代远距离教育	19

二、媒介素养受众研究得到细化

受众研究是媒介素养研究的重点。通过关键词聚类图谱可以看出，青少年、大学生相关研究数量排在前三位，这部分人群是相关研究的重点领域。近年来随着对媒介受众研究的深入，有关辅导员、教师、领导干部、留守儿童等特定群体的研究也逐渐出现。如学者翟霞、冀翠萍在《理论学刊》发表文章《我国领导干部媒介素养研究的现状分析》，薛体伟发表文章《新媒体时代领导干部媒介素养的提升》。这些文章对领导干部的媒介素养现状以及如何提高领导干部媒介素养进行了相关研究，提出在网络时代了解网络、用好网络，提高领导干部媒介素养水平对提升政府的公信力和社会治理能力有着重要的现实意义。学者刘思涓在《人民论坛》发表文章《党员干部如何提升媒介素养》。学者段新龙、赵佩、李小军在《中国电化教育》发表文章《初中美术教师媒介素养的现状研究》，提出通过对媒介素养不同群体的细化研究，可以有针对性地对各个群体的媒介素养教育提出更加符合实际和具体的教育途径。

三、研究机构以及作者团体分散,缺少合作交流

相关论文统计分析数据表明,媒介素养相关研究团体较为分散,相关研究较多、成果较多的张舒予团队,关联的研究机构有南京师范大学、南京师范大学教育科学学院、徐州师范大学信息传播学院、安徽师范大学,相互合作机构较少。另外一个媒介素养成果较多的团队——东北师范大学的陈晓慧团队,标注的作者单位是东北师范大学和东北师范大学计算机科学与信息技术学院,合作交流的基本都是同一单位的。通过对作者单位的分析可以发现,跨机构和跨地区作者之间的交流基本没有,个别跨地区的合作交流也是学生与老师之间。在媒介素养研究领域发文较多的浙江传媒学院的合作机构也仅包括浙江工业大学、浙江师范大学儿童文化研究院、浙江传媒学院媒介素养研究所。通过对作者之间关系的分析可以看出,媒介素养教育的相关研究基本都以作者个人或者小的团队单独的研究行为为主,缺少广泛的机构之间的合作交流。

四、研究方法多元化

早期媒介素养教育的相关研究多是借鉴国外媒介素养教育研究现状谈国内开展媒介素养教育的重要意义,如学者臧海群提到,媒介素养是从专业教育到公共素质教育的新动向。近年来,随着研究机构、学者的增多,针对不同群体展开的问卷调查及相关研究越来越多,如学者马超对青年群体的媒介使用情况和媒介现状进行了研究调查,得出"报纸、广播、杂志和电脑的接触时间可以对青年的媒介素养带来正面影响,而电视的接触时间却对媒介素养带来了显著的负面效应"[1]。学者赵可云等人运用量化分析及结构方程模型的研究思路,构建了各影响因素与留守儿童学习社会化的关系模

---

[1]　马超:《数字媒体时代城乡青年的媒介使用与媒介素养研究——来自S省青年群体的实证调查》,载《四川理工学院学报(社会科学版)》2018年第5期。

型。① 学者谭筱玲、陆烨通过调查分析中小学师生媒介素养现状提出了培养学生媒介接触使用行为的自我管理能力、学习媒介知识培养批判思维能力和发展表达协作的参与能力的媒介教育路径。② 此外还有越来越多的学者结合实证提出对媒介素养教育由提倡到部分批评以及参与式教育的新媒介素养教育研究思路。

第四节　媒介素养教育研究现状及启示

麦克卢汉认为"媒介即讯息"③,一切媒介均是人的延伸。媒介素养的形成会增强人的信息理解力、媒介控制力及信息鉴赏力。只有个人对媒介运转机制有一定的了解,具备一定的媒介素养,才能在纷繁复杂的"媒介世界"里游刃有余而不至于"唯媒介马首是瞻",被媒介所控制。

一、完善顶层设计,推动媒介素养教育落地

根据期刊发文量、机构载文量以及基金资助分布情况可知,国家对媒介素养教育领域的发展较为重视。从经济层面分析,对中国知网中相关数据统计可以发现相关成果的基金支持来源包括:国家社会科学基金(137 个)、教育部人文社会科学研究项目(24 个)、全国教育科学规划课题(23 个)、江苏省教育厅哲学人文社会科学基金(19 个)、中国博士后科学基金(7 个)、湖南省哲学社会科学基金(6 个)、全国艺术规划基金及其他各级各类资金支持。各级各类研究基金和项目的支持有利于媒介素养教育的发展。从政策层面分析,目前我国只在部分课程文件中提到加强媒介素养的要求。我国学者张开等人指出虽然中国在媒介素养教育研究领域发展较快,但媒介素

---

① 赵可云、亓建芸、黄雪娇等:《基于结构方程模型的农村留守儿童学习社会化影响因素研究》,载《中国电化教育》2018 年第 8 期。

② 谭筱玲、陆烨:《中小学生新媒介素养教育核心路径研究——基于成都十二所中小学的实证调查》,载《新闻界》2017 年第 12 期。

③ 马歇尔·麦克卢汉:《理解媒介:论人的延伸》(55 周年增订本),何道宽译,译林出版社 2019年版,第 16 页。

养学术研究尚浅,媒介素养教育落实有待商榷。[①] 美国于 20 世纪 30 年代将媒介素养教育纳入课程体系中,澳大利亚通过颁布法令使媒介素养教育融入幼儿园至十二年级的教学活动中,韩国于 2019 年宣布将媒介素养教育纳入学校教育。[②] 学者蕾妮·霍布斯(Lanie Hobbes)从宏观角度对数字与媒介素养教育如何纳入公民教育体系进行了全方位的设计,其中包含项目的远景设计(recommendation and imagination)、组织设计(who should do what)以及方案设计(a plan of action)。[③] 这也表明推动媒介素养教育本土化是一个任重道远的系统工程,既要在宏观上做好项目的整体设计,又要在微观上把控项目实施的过程,两者缺一不可。

综上所述,媒介素养教育为教育体系中的一个系统项目,国家可从宏观层面联合政府部门及相关机构大力推动其发展,完善顶层设计,从项目远景设计、组织设计、方案设计三方面入手。首先,要依据现状,设计近期及远景目标,为后续的具体实施环节设置理论依据。其次,构建项目实施主体,在大方向上进行细节划分,部署责任分配,建立结构良好的组织系统。最后,要厘清大众的需求,设计出真正民心所向的媒介素养教育方案。

二、广设相关项目,推动媒介素养教育本土化

随着信息技术的不断发展及社会环境的变化,媒介素养教育的内涵也产生变化。各国对媒介素养教育的发展持求同存异的理念,一方面寻求合作协同,另一方面试图结合本国国情设计媒介素养教育本土化道路。学者索尼亚·利文斯通(Sonia Livingstone)设计了国际研究项目"国际儿童在线",在全球范围内联合一众儿童媒介教育专家、学者,旨在通过建立一个儿童使用互联网的跨国库,研究信息化社会中儿童的媒介使用权。麻省理工学院(MIT)比较媒体研究项目致力于将媒介工作者及学者关于媒体动态变化的见解应用于生活。韩国教育部于 2021 年开通媒介素养教育网站,面向社会提供免费的教学资源、研究报告、相关书籍等信息。芬兰媒介素养教育

---

① 张开、丁飞思:《回放与展望:中国媒介素养发展的 20 年》,载《新闻与写作》2020 年第 8 期。
② 郑素侠:《农村留守儿童的媒介使用与媒介素养教育》,社会科学文献出版社 2017 年版。
③ 刘晓敏:《美国中小学媒介素养教育研究》,东北师范大学博士学位论文,2012。

的发展是在欧盟以及芬兰政府媒介素养教育政策的双重框架下进行的。

为推动媒介素养教育本土化进程,我们需要从合作与创新两方面着手。一方面,应在国际领域寻求合作,做到取其精华、去其糟粕,批判性地借鉴与发展。我国媒介与儿童教育专家卜卫教授参与了索尼亚·利文斯通设计的"国际儿童在线"项目,将中国儿童媒介问题研究与世界接轨。另一方面,应支持研究者探索、创新、实践,从而促进该领域的学术繁荣。同时组织开发相关研究项目,将媒介素养教育融入日常的教育、生活、文化活动中,结合国情及时更新媒介素养教育内涵,促进其本土化发展进程。

三、扩大受众的范围,关注所有年龄段公众的媒介素养教育

媒介素养被视为当今媒体化和数字化社会中所有年龄段公众的核心能力之一,人们的日常工作与生活都已离不开媒介。在这种环境下,不同人群都面临着机遇与挑战,因此要加强对全年龄段受众的个性化引导,使其能适应时代发展的趋势。媒介素养教育的受众分儿童、青少年、大学生及成年人四大类。在新媒体时代,媒体融合和互联网设备的大量使用是当今社会的显著特征,也导致新一代学生学习与获取知识的方式发生了巨大变化。移动设备在儿童群体中的高普及率促进了"数字原生代"群体的显著增长。[1]大卫·伯金汉(David Buckingham)等指出,在数字化时代的发展进程中,学生接触媒介和体验媒介的经历提早化,应将媒介素养课程从中学推广到小学。[2] 青少年及大学生群体尚未形成完善的世界观、人生观与价值观,若是对媒介信息认知不当,便很可能将拟态环境当成客观现实内化成自己的行为,产生对媒介的过度依赖。麦克卢汉认为,媒介是人体和人脑的延伸,媒介素养教育能提高人的洞察力和模式识别力,从而使人不至于变成媒介外延物的傀儡。在青少年层面,陈洪波通过对广西壮族自治区青少年媒介素养及道德状况进行抽样调查发现,"青少年日常接触媒体的比例很高,对新

---

[1] 李廷军:《从抵制到参与——西方媒体素养教育的流变及启示》,华中师范大学博士学位论文,2011。

[2] 大卫·伯金汉等:《媒介素养教育在英国——访谈与思考》(上、下),张开、林子斌采访,载《现代传播》2006 年第 5 期、第 6 期。

媒体的使用频率普遍大于传统媒体"[1]。青少年对媒介使用的目的多集中在娱乐、获取信息、辅助学习上。在大学生群体中,手机是使用最频繁的媒介。大学生使用媒介是以娱乐、交往为主,学习目的不强,其对媒介的认知能力和辨析能力较强。此外,大学生在新媒介制作和参与方面有所进步,但基本处于自娱自乐阶段。在中老年层面,新媒体在老年人群体市场留下了很大的潜在空间。随着人口老龄化,老年人也必须发展自己在信息与技术层面的技能,从而缩小数字鸿沟。随着人们对大脑可塑性认识的逐渐深化,以及目前对终身和全方位学习的重视,老年人也面临着媒介相关问题,因而需要进行媒介素养教育。我国学者对媒介素养教育中不同受众的教育方式进行了研究。卜卫教授在其《媒介与儿童教育》一文中,探讨了如何维护儿童的权利及如何指导儿童有效使用媒介。彭兰教授认为各界对中老年人群的媒介素养研究存在着重视不够的问题。张玲教授在《媒介素养教育课程论》中指出,二十一世纪的青少年与电子媒介共同成长,因此学生的媒介体验是教育不容忽视的问题。

综上所述,我国对媒介素养教育的受众研究已有完整的框架体系,也有较为完善的理论,但在实践层面仍需各方合力将其落到实处。数字化时代导致社会同质化现象严重,人们能快速获得大量的数据与信息,却难以从中获得知识。[2] 我国学者张开认为,对该领域的研究应从自发推动,提升到以提高国家竞争力和国民整体素质为目的的战略政策高度。[3] 我国对媒介素养教育的理论研究与实践仍处于探索阶段,可以结合"自上而下"与"自下而上"原则,从双向互补角度推动媒介素养教育的发展。我国的媒介素养教育起步于 2000 年前后,从"北大核心"和"CSSCI"数据库中的论文研究机构、作者、论文数量来看,我国的媒介素养教育相关研究越来越趋于稳定发展,但整体成果水平有限、缺少有影响力的文章和领军人物,部分实证类文章只是小范围群体或者职业的调查研究,得出的结论不一定经得起时间的考验。

---

① 陈洪波:《广西青少年媒介素养与道德状况调查及启示》,载《新闻界》2013 年第 23 期。
② 陈月华、陈荟竹:《关于我国老年人媒介素养的若干思考——基于哈尔滨和上海两地的实证调查》,载《中国广播电视学刊》2011 年第 8 期。
③ 张开:《媒介素养理论框架下的受众研究新论》,载《现代传播》2018 年第 2 期。

媒介素养教育在我国经过 20 多年的发展,已初见成效,但还要专家、学者付出更大的努力,才能切实提高我国媒介素养教育水平。

第三章　青少年媒介使用情况
现状与问题

　　本书调研时间为 2020 年 5 月 10 到 2020 年 12 月 10 日,数据以辽宁、吉林、黑龙江三省为主,包含上海、云南、陕西、广东、江苏等地区的部分数据。为保证调查样本的代表性,尽量选择分布于不同区域(如市、县、镇、村)的调查对象,在调查抽样过程中,兼顾不同学校的差异性(如城乡学校、乡镇学校、城市学校等)。调查对象的学年跨度涵盖小学到高中,所调查学生的性别比基本持平。此外,面向班级全体同学发放调查问卷,以网络填答为主。回收农村青少年问卷 6998 份,其中留守儿童问卷 3491 份;城市青少年问卷 4035 份,其中随迁子女问卷 196 份。问卷全部填写完整。农村青少年包含了留守儿童,城市青少年包含了随迁子女。由于留守儿童和随迁子女的情况具有一定典型性,因此在此次调研中笔者对其进行了分类以及分析。

第一节　农村青少年媒介使用情况调研

　　根据部分媒体专家意见,本次调研选择部分学生进行前期调查,经修正后再进行正式调查,总共得到农村青少年媒介使用情况问卷 6 998 份,问卷全部填答完整,数据分析采用 SPSS 软件 25.0 版本以及问卷星。在 SPSS 25.0 中对问卷进行整体信度分析,最终信度系数值为 0.851,大于 0.8,因而说明研究数据信度较高。本次调查对象的基本情况如表 3.1-1 所示。

表 3.1-1　参与调查的学生的基本特征

单位:人

农村青少年(6998)											
男(3352)							女(3646)				
年级	一年	二年	三年	四年	五年	六年	七年	八年	九年	高一	高二	高三
	85	277	141	292	286	991	2078	1648	1026	63	102	9
家庭收入来源	农业收入		父母务工		事业政府部门		企业	经商		其他		
	2553		3491		225		395	597		1415		

参与调查的学生中男学生比例为 47.9%,女学生比例为 52.1%。由于吉林、辽宁省采取六三学制政策,即小学六年,初中三年,而黑龙江省哈尔滨地区采取五四学制政策,即小学五年,初中四年,因此本次调查以一到九年级对应九年义务教育年级。在参与调查的学生中六、七、八、九四个年级的学生较多。为了充分了解农村青少年媒介使用的基本情况,本次调查分别从农村青少年媒介接触情况、媒介产品使用情况、媒介内容使用情况、电脑和网络等媒介知识相关情况、使用媒介和父母之间关系五方面进行相关研究。

一、农村青少年媒介接触情况数据研究结果统计

(一)农村青少年媒介占有情况

调查结果如表 3.1-2 所示。由表 3.1-2 可知:80.37% 的农村青少年拥有课外读物,拥有电视的农村青少年比例为 89.74%,说明电视依然在农村家庭中占有重要地位。超过五成的农村青少年没有电脑,有电脑的农村青少年比例是 46.40%,说明电脑在农村家庭中的普及率相对不高。农村青少年拥有手机的比例为 98.16%,说明手机在农村家庭已基本普及。大部分农村青少年没有平板电脑,拥有的比例是 17.81%。通过此次调查可以发现,电脑、平板电脑在农村青少年中拥有率不高,电视和手机是农村青少年接触较多的电子媒介。传统媒介如杂志和收音机逐渐退出农村。

表 3.1-2　媒介占有情况

媒介	占有情况	百分比/%	媒介	占有情况	百分比/%
课外读物	5624	80.37	电脑	3247	46.40
杂志	2021	28.88	手机	6869	98.16
收音机	1346	19.23	平板电脑	1246	17.81
电视	6280	89.74	合计	6998	—

(二)农村青少年媒介喜欢程度

调查结果如表 3.1-3 所示。由表 3.1-3 可知,28.07%的农村青少年喜欢课外读物,52.96%的农村青少年最喜欢的媒介是手机。只有 9.99%的农村青少年认为电视是自己最喜欢的媒介。喜欢杂志、收音机的人总计不到2%,表明传统媒介影响越来越弱。由于电脑、平板电脑整体在农村家庭的占有率不高,所以选择平板电脑和电脑作为自己最喜欢的媒介的农村青少年并不多。

表 3.1-3　喜欢媒介的频数分析结果

题目	选项	频数	百分比/%	累积百分比/%
您最喜欢的媒介是(　)	课外读物	1964	28.07	28.07
	杂志	106	1.51	29.58
	收音机	24	0.34	29.92
	电视	699	9.99	39.91
	电脑	378	5.40	45.31
	手机	3706	52.96	98.27
	平板电脑	121	1.73	100

笔者在开始调查之前假设性别影响农村青少年的媒介选择,并对此进行了分析,结果如表 3.1-4 所示。

表 3.1-4　性别影响媒介选择 χ^2 检验(交叉分析)

题目	选项	男孩数量 (百分比/%)	女孩数量 (百分比/%)	总计 (百分比/%)	χ^2	p
最喜欢的媒介	课外读物	830(24.76)	1134(31.10)	1964(28.07)	42.793	0.000 **
	杂志	51(1.52)	55(1.51)	106(1.51)		
	收音机	12(0.36)	12(0.33)	24(0.34)		
	电视	357(10.65)	342(9.38)	699(9.99)		
	电脑	214(6.38)	164(4.50)	378(5.40)		
	手机	1831(54.62)	1875(51.43)	3706(52.96)		
	平板电脑	57(1.70)	64(1.76)	121(1.73)		

* $p<0.05$ ** $p<0.01$

利用 χ^2 检验(交叉分析)研究性别与最喜欢的媒介的关系。从上表可以看出:不同性别样本最喜欢的媒介呈现出显著性差异($p<0.05$),通过百分比对比可知,女孩选择课外读物的比例为 31.10%,明显高于男孩的选择比例24.76%。在其他媒介选项上,多数是男孩高于女孩。

(三)农村青少年上学时媒介使用时间

对相关调查数据进行整理得出描述性统计表,见表 3.1-5。由表 3.1-5可知,农村青少年在上学期间使用手机这一媒介的时间最长,课外读物其次,看电视的时间排第三,其他四种媒介处于基本不用状态,学生绝大多数使用手机时间在 30 分钟—1 小时。

表 3.1-5　描述性统计表①

上学使用媒介时间	样本量	最小值	最大值	平均值	标准	中位数
手机	6998	1	5	3.183	1.391	3
课外读物	6998	1	5	2.362	1.080	2

---

① 表格中 1—5 分别代表选项中的"A. 几乎不用、B. 30 分钟以内、C. 30 分钟—1 小时、D. 1—2小时、E. 2 小时以上",中位数表明这组数据集中趋势。

续表

上学使用媒介时间	样本量	最小值	最大值	平均值	标准	中位数
电视	6998	1	5	2.239	1.173	2
电脑	6998	1	5	1.609	1.115	1
杂志	6998	1	5	1.346	0.735	1
平板电脑	6998	1	5	1.318	0.867	1
收音机	6998	1	5	1.196	0.619	1

(四)农村青少年放假时对各种媒介的依赖程度分析

为了解农村青少年学生放假期间的媒介使用情况,笔者设置了各种媒介使用时间调查问卷和对媒介依赖程度自我评价问卷。媒介依赖程度自我评价问卷统计结果如表3.1-6所示。

表3.1-6 媒介依赖程度自我评价响应率和普及率汇总表格

选项	n	响应率	普及率($n=6998$)
课外读物	568	14.03%	8.12%
杂志	391	9.66%	5.59%
收音机	393	9.71%	5.62%
电视	457	11.29%	6.53%
电脑	444	10.97%	6.34%
手机	1342	33.15%	19.18%
平板电脑	453	11.19%	6.47%
拟合优度检验:$\chi^2=1212.569$ $p=0.000$			

针对各选项选择比例分布是否均匀,笔者使用χ^2拟合优度检验进行了分析。从表3.1-6可知,拟合优度检验呈现显著性($\chi^2=1212.569, p=0.000 <0.05$),意味着各项的选择比例具有明显差异,可通过响应率或普及率具体对比差异。具体来看,农村青少年学生放假期间对手机依赖程度的响应率

和普及率明显较高,其他媒介选项差异不大。

二、媒介产品使用情况调查分析

(一)媒介产品使用情况

媒体产品使用数据统计结果如图 3.1-1 所示。

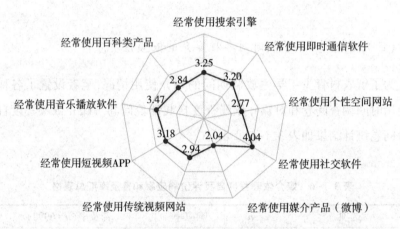

经常使用搜索引擎
经常使用即时通信软件
经常使用百科类产品
经常使用音乐播放软件
经常使用个性空间网站
经常使用短视频APP
经常使用社交软件
经常使用传统视频网站
经常使用媒介产品(微博)

3.25
2.84
3.20
3.47
2.77
3.18
2.04 4.04
2.94

图 3.1-1 媒介产品使用平均值图

通过图 3.1-1 可以直观看出社交软件使用最多,其次是音乐播放软件,排在第三位的是搜索引擎,第四位是即时通信软件,第五位的是短视频APP。通过统计可以看出:社交软件和即时通信软件是农村青少年常用的媒介产品。

(二)媒介产品使用原因调查

笔者采取多重响应分析法,根据响应率和普及率来对比各个选项的相对选择比例情况。如表 3.1-7 所示,利用 χ^2 拟合优度检验分析各项的选择比例是否具有显著性差异,$p = 0.000 < 0.05$,说明各项选择比例有明显差异。通过分析可以看出,响应率较高的选项是"方便与家人、朋友保持联系",响应率为 36.02%,"学习的需求"的响应率是 31.48%。通过总结可以得出,农

村青少年使用社交媒体的主要原因是与家人、朋友保持联系以及满足学习需求。选择使用社交媒体获取新闻以及信息和休闲娱乐的农村青少年学生比例相差不多。不怎么使用这两种产品的农村青少年学生只有2.34%,说明绝大多数农村青少年学生都在使用社交媒体。

表3.1-7 媒介产品使用原因响应率和普及率汇总表格

选项	n	响应率	普及率($n=6998$)
A. 方便与家人、朋友保持联系	5499	36.02%	78.58%
B. 获取新闻以及信息	2199	14.40%	31.42%
C. 学习的需求	4806	31.48%	68.68%
D. 休闲娱乐	2406	15.76%	34.38%
E. 不怎么使用	356	2.34%	5.09%
汇总	15266	100%	218.15%
拟合优度检验: $X^2=5724.374$ $p=0.000$			

三、媒介内容使用情况调查分析

(一)即时通信软件使用情况调查

表3.1-8反映的是农村青少年使用即时通信软件的基本情况,通过X^2拟合优度检验分析各项的选择比例是否具有显著性差异,通过分析计算得到$p=0.000<0.05$,说明各项选择比例有明显差异。通过统计可以看出,聊天响应率最高,达到了36.33%,听音乐响应率为15.00%。选择使用即时通信软件做其他事情的人也有很多,比如玩游戏(8.17%)、发邮件(7.43%)、写日记(7.52%)。调查数据表明,农村青少年学生使用即时通信软件的主要目的是聊天和听音乐。

表 3.1-8　农村青少年学生使用即时通信软件基本情况

选项	n	响应率	普及率
A. 聊天	4601	36.33%	65.75%
B. 玩游戏	1035	8.17%	14.79%
C. 养宠物	274	2.16%	3.92%
D. 听音乐	1899	15.00%	27.14%
E. 发邮件	941	7.43%	13.45%
F. 写日记	952	7.52%	13.60%
G. 其他	2962	23.39%	42.33%
汇总	12664	100%	180.98%

拟合优度检验：$\chi^2 = 7504.077$ $p = 0.000$

(二)社交软件使用情况调查

表 3.1-9 反映的是农村青少年学生使用社交软件的基本情况,通过 χ^2 拟合优度检验分析各项的选择比例是否具有显著性差异,通过分析计算得到 $p = 0.000 < 0.05$,说明各项选择比例有明显差异。通过统计可以看出,在社交软件上经常观看政治新闻、教育以及其他的响应率和普及率明显较高,普及率都超过了40%。文学和艺术选项的普及率都在20%以上。体育新闻和娱乐消息两项的普及率分别为16.02%和19.39%。通过本次调研可以看出,农村青少年学生使用社交软件主要还是为了获取新闻和学习知识。

表 3.1-9　农村青少年学生使用社交软件基本情况

选项	n	响应率	普及率($n = 6998$)
A. 政治新闻	3375	21.80%	48.23%
B. 娱乐消息	1357	8.77%	19.39%
C. 文学	1797	11.61%	25.68%
D. 教育	2903	18.75%	41.48%
E. 艺术	1535	9.91%	21.93%
F. 体育新闻	1121	7.24%	16.02%

续表

选项	n	响应率	普及率($n=6998$)
G. 其他	3394	21.92%	48.50%
汇总	15482	100%	221.23%
拟合优度检验：$\chi^2=2612.920$　$p=0.000$			

假设性别对青少年使用社交软件时关注的重点内容会有所影响。为了验证相关假设,笔者对性别和关注内容选项进行χ^2检验,具体结果如表3.1-10所示。(1)性别对于在社交软件上经常关注政治新闻的影响呈现出0.01水平的显著性差异($\chi^2=12.354$,$p=0.000<0.01$),通过百分比对比可知,男孩选中的比例为50.42%,高于女孩的46.22%,说明男孩在政治参与积极性上高于女孩。(2)性别对于在社交软件上经常观看娱乐消息的影响呈现出0.01水平的显著性差异($\chi^2=17.438$,$p=0.000<0.01$),通过百分比对比可知,男孩选中的比例为17.33%,低于女孩的21.28%。从数据中可以看出,男孩相对更关注政治,女孩更关注娱乐。此外,女孩喜欢使用社交软件观看文学类内容的比例还略高于男孩。(4)性别对于在社交软件上经常观看艺术类内容的影响呈现出0.01水平的显著性差异($\chi^2=84.811$,$p=0.000<0.01$),通过百分比对比可知,女孩选中的比例为26.30%,明显高于男孩的17.18%,女孩更关注艺术相关内容。(5)性别对于在社交软件上经常观看体育新闻的影响呈现出0.01水平的显著性差异($\chi^2=178.957$,$p=0.000<0.01$),通过百分比对比可知,男孩选择的比例为22.14%,明显高于女孩的选择比例10.39%。此项数据表明男孩更关注体育运动,女孩更关注娱乐、文学等内容。(6)性别对于在社交软件上经常观看其他内容的影响呈现出0.01水平的显著性差异($\chi^2=8.729$,$p=0.003<0.01$),通过百分比对比可知,有50.19%的女孩选择此选项,46.66%的男孩选择此选项。

结合以上,通过统计对比发现,男孩使用社交软件更关注政治新闻、体育新闻,女孩使用社交软件更关注娱乐消息以及艺术、文学等相关内容,同时表明女孩使用社交软件的用途更广泛。

表 3.1-10　性别与关注内容 χ^2 检验(交叉分析)结果

选项		男孩数量 (百分比/%)	女孩数量 (百分比/%)	总计 (百分比/%)	χ^2	p
A. 政治新闻	选中	1690(50.42)	1685(46.22)	3375(48.23)	12.354	0.000 **
B. 娱乐消息	选中	581(17.33)	776(21.28)	1357(19.39)	17.438	0.000 **
C. 文学	选中	816(24.34)	981(26.91)	1797(25.68)	6.009	0.014 *
D. 教育	选中	1382(41.23)	1521(41.72)	2903(41.48)	0.171	0.679
E. 艺术	选中	576(17.18)	959(26.30)	1535(21.93)	84.811	0.000 **
F. 体育新闻	选中	742(22.14)	379(10.39)	1121(16.02)	178.957	0.000 **
G. 其他	选中	1564(46.66)	1830(50.19)	3394(48.50)	8.729	0.003 **

$* \ p<0.05$　$** \ \ p<0.01$

(三)观看电视节目内容情况调查

近年来虽然传统媒体影响力越来越弱,但是农村家庭的电视普及率比较高,接近90%的农村家庭有电视,导致了假期农村青少年使用电视媒介的时间比较长,因此笔者设计了相关的选项来了解农村青少年观看电视节目的基本情况。具体调查数据如表 3.1-11 所示,选择戏剧、综艺、娱乐节目的农村青少年占到64.92%,卡通节目和社会新闻选项分列第二、三位,其他三个选项的普及率都在20%左右。

表 3.1-11　观看电视节目内容响应率和普及率汇总表格

选项	n	响应率	普及率($n=6998$)
A. 社会新闻节目	2538	18.09%	36.27%
B. 时事政治节目	1261	8.99%	18.02%
C. 社教文化节目	1482	10.56%	21.18%
D. 戏剧、综艺、娱乐节目	4543	32.38%	64.92%
E. 体育节目	1434	10.22%	20.49%
F. 卡通节目	2772	19.76%	39.61%
汇总	14030	100%	200.49%

拟合优度检验: $\chi^2=3335.821$ $p=0.000$

假设性别对农村青少年观看内容有一定的影响。为了验证相关假设,笔者对性别和观看内容选项进行了 χ^2 检验,结果如表 3. 1-12 所示。从表 3. 1-12 中可以看出不同性别对农村青少年看电视节目内容的影响,共 2 项(社教文化节目、卡通节目)没有表现出显著性差异($p>0.05$),意味着农村青少年在此两项上表现出一致性,而其他 4 项呈现出显著性差异($p<0.05$)。(1)性别对看电视时看社会新闻节目的影响呈现出 0.01 水平的显著性差异($\chi^2=22.980,p=0.000<0.01$),通过百分比对比可知,男孩选择该项的比例为 39.14%,明显高于女孩的选择比例 33.63%。(2)性别对看电视时看时事政治节目的影响呈现出 0.01 水平的显著性差异($\chi^2=15.379,p=0.000<0.01$),通过百分比对比可知,男孩选择该项的比例为 19.90%,明显高于女孩的 16.29%。(3)性别对看电视时看戏剧、综艺、娱乐节目的影响呈现出 0.01 水平的显著性差异($\chi^2=252.765,p=0.000<0.01$),通过百分比对比可知,女孩选择该项的比例为 73.61%,明显高于男孩的选择比例 55.46%。(4)性别对看电视时看体育节目的影响呈现出 0.01 水平的显著性差异($\chi^2=378.388,p=0.000<0.01$),通过百分比对比可知,男孩选择该项的比例为 30.28%,明显高于女孩的选择比例 11.49%。

通过分析可知,看电视时,男孩通常喜欢看社会新闻节目、时事政治节目、体育节目,女孩则比较喜欢戏剧、综艺、娱乐节目,而在卡通节目和社教文化节目上,男孩、女孩差异不大。

表 3. 1-12　　性别与观看内容 χ^2 检验(交叉分析)结果

选项		男孩数量 (百分比/%)	女孩数量 (百分比/%)	总计 (百分比/%)	χ^2	p
A. 社会新闻节目	选中	1312(39.14)	1226(33.63)	2538(36.27)	22.980	0.000 **
B. 时事政治节目	选中	667(19.90)	594(16.29)	1261(18.02)	15.379	0.000 **
C. 社教文化节目	选中	721(21.51)	761(20.87)	1482(21.18)	0.425	0.514
D. 戏剧、综艺、娱乐节目	选中	1859(55.46)	2684(73.61)	4543(64.92)	252.765	0.000 **

续表

选项		男孩数量 (百分比/%)	女孩数量 (百分比/%)	总计 (百分比/%)	χ^2	p
E. 体育节目	选中	1015(30.28)	419(11.49)	1434(20.49)	378.388	0.000 **
F. 卡通节目	选中	1319(39.35)	1453(39.85)	2772(39.61)	0.184	0.668
			*p<0.05　**　p<0.01			

(四)农村青少年网络内容使用情况数据分析

近年来,随着新媒体影响力越来越强,手机、网络成为人们主要使用的媒介。为了解农村青少年使用网络的基本情况,笔者设计了相关选项。具体数据统计如表 3.1-13 所示。从表中可知,拟合优度检验呈现出显著性($\chi^2=4155.449, p=0.000<0.05$),意味着各项的选择比例具有明显差异,具体来看,社会新闻,戏剧、综艺、娱乐及其他共 3 项的响应率和普及率明显较高,剩余 4 项的响应率和普及率明显都在20%以下。

表 3.1-13　农村青少年使用网络情况响应率和普及率汇总表格

选项	n	响应率	普及率($n=6998$)
A. 社会新闻	2691	19.56%	38.45%
B. 时事政治报道	1100	7.99%	15.72%
C. 时事讨论	704	5.12%	10.06%
D. 社教文化	1369	9.95%	19.56%
E. 戏剧、综艺、娱乐	3821	27.77%	54.60%
F. 体育报道	1174	8.53%	16.78%
G. 其他	2902	21.08%	41.47%
汇总	13761	100%	196.64%
拟合优度检验:$\chi^2=4155.449$　$p=0.000$			

假设性别对农村青少年关注的网络内容有一定的影响,并希望通过数

据调研进行验证。笔者进行了性别和网络内容选项的 χ^2 检验,结果如表 3.1-14 所示。从表 3.1-14 中可以看出:不同性别农村青少年对时事讨论、社教文化、其他共 3 项的关注度没有表现出显著性差异($p>0.05$),意味着不同性别农村青少年通常喜欢看的这三类网页内容均表现出一致性。其他 4 项呈现出显著性差异($p<0.05$),具体可结合括号内的百分比进行差异对比。(1)性别对农村青少年看社会新闻的影响呈现出 0.01 水平的显著性差异 ($\chi^2 = 9.308, p = 0.002 < 0.01$),男孩的选择比例为 40.30%,高于女孩的 36.75%,说明男孩更关注社会新闻。(2)性别对农村青少年看时事政治报道的影响呈现出 0.05 水平的显著性差异($\chi^2 = 5.635, p = 0.018 < 0.05$),通过百分比对比可知,男孩选择的比例为 16.80%,高于女孩的 14.73%。(3)性别对农村青少年看戏剧、综艺、娱乐的影响呈现出 0.01 水平的显著性差异 ($\chi^2 = 169.942, p = 0.000 < 0.01$),通过百分比对比可知,女孩选择的比例为 62.04%,明显高于男孩的 46.51%。(4)性别对农村青少年看体育报道的影响呈现出 0.01 水平的显著性差异($\chi^2 = 253.587, p = 0.000 < 0.01$),通过百分比对比可知,男孩选择的比例为 24.19%,明显高于女孩的 9.96%。

　　总结可知,性别样本在农村青少年通常看的社会新闻,时事政治报道,戏剧、综艺、娱乐,体育报道这 4 项上呈现出显著性差异。男孩更喜欢社会新闻、时事政治报道、体育报道这 3 项内容,女孩更喜欢戏剧、综艺、娱乐等相关内容。

表 3.1-14　性别和关注的网络内容的 χ^2 检验(交叉分析)结果

选项		男孩数量 (百分比/%)	女孩数量 (百分比/%)	总计 (百分比/%)	χ^2	p
A. 社会新闻	选中	1351(40.30)	1340(36.75)	2691(38.45)	9.308	0.002 **
B. 时事政治报道	选中	563(16.80)	537(14.73)	1100(15.72)	5.635	0.018 *
C. 时事讨论	选中	332(9.90)	372(10.20)	704(10.06)	0.172	0.678
D. 社教文化	选中	640(19.09)	729(19.99)	1369(19.56)	0.902	0.342
E. 戏剧、综艺、娱乐	选中	1559(46.51)	2262(62.04)	3821(54.60)	169.942	0.000 **
F. 体育报道	选中	811(24.19)	363(9.96)	1174(16.78)	253.587	0.000 **

续表

选项		男孩数量 （百分比/%）	女孩数量 （百分比/%）	总计	χ^2	p
G. 其他	选中	1355（40.42）	1547（42.43）	2902（41.47）	2.897	0.089

*p<0.05 ** p<0.01

四、农村青少年电脑、网络等媒介知识相关情况调查

（一）农村青少年获取电脑、网络知识的主要渠道调查

近年来随着手机、电脑的日益普及，青少年已经成为手机、电脑等产品使用的主力军，了解农村青少年相关知识的来源有利于研究者根据结果设计相关课程，以更好地帮助农村青少年使用相关媒介。

笔者设计了相关多选题，并进行了响应率和普及率的统计。针对多选题各选项选择比例的分布是否均匀的问题，笔者使用 χ^2 拟合优度检验进行分析，得到表 3.1-15。从表 3.1-15 中可知，拟合优度检验呈现出显著性（$\chi^2 = 1111.193, p = 0.000 < 0.05$），意味着各项的选择比例具有明显差异，可以通过响应率或普及率来具体对比差异。结合具体选项来看，农村青少年主要通过学校以及课外班、上网自学获取电脑及网络知识，这 2 项的响应率和普及率明显较高，说明学校、课外班和互联网是学生获得电脑网络知识的主要来源之一。

表 3.1-15　获取电脑网络知识途径的响应率和普及率汇总表格

选项	n	响应率	普及率（$n=6998$）
A. 学校以及课外班	2833	18.21%	40.48%
B. 父母指导	2120	13.63%	30.29%
C. 向同学、朋友请教	2400	15.43%	34.30%
D. 上网自学	3219	20.69%	46.00%

续表

选项	n	响应率	普及率($n=6998$)
E. 电视	1606	10.32%	22.95%
F. 电脑网络书籍	1452	9.33%	20.75%
G. 其他	1926	12.39%	27.52%
汇总	15556	100%	222.29%
拟合优度检验：$\chi^2=1111.193$ $p=0.000$			

（二）农村青少年使用网络、电脑遇到问题的解决办法调查

针对这个问题采用多选题进行相关验证,分析响应率情况,即多选题各选项的选择比例,重点描述比例较高项;分析普及率,即从整体上看多选题各选项占所有选择的比例情况,重点分析选择比例较高项。针对多选题各选项选择比例分布是否均匀的问题,笔者使用 χ^2 拟合优度检验进行分析。从表3.1-16可知,拟合优度检验呈现出显著性（$\chi^2=2127.510$, $p=0.000<0.05$）,意味着各项的选择比例具有明显差异,具体来看,父母、同学、朋友的响应率和普及率较高,说明农村青少年在使用手机、电脑、网络等相关媒介产品遇到困难时通常会向父母、同学或者朋友寻求帮助。

表3.1-16 寻求帮助途径的响应率和普及率汇总表格

选项	n	响应率	普及率($n=6998$)
A. 老师	1708	11.53%	24.41%
B. 父母	3769	25.45%	53.86%
C. 同学	2820	19.04%	40.30%
D. 朋友	2861	19.32%	40.88%
E. 亲戚	857	5.79%	12.25%
F. 上网自学	2797	18.87%	39.96%
汇总	14812	100%	211.66%
拟合优度检验：$\chi^2=2127.510$ $p=0.000$			

笔者又就性别对农村青少年使用手机、电脑、网络遇到困难时求助对象的影响这一问题进行了研究,总结得出老师、父母、同学、亲戚、上网自学这5个选项没有表现出显著性差异,只有向朋友寻求帮助这一个选项上呈现出显著性差异,女孩比男孩更喜欢寻求朋友的帮助,男孩更喜欢自己解决相关问题。

五、农村青少年使用媒介和父母之间关系调查

此部分设计了三个题目来进行相关调查:父母经常限制您使用媒介(手机、电脑、网络);父母经常指导您使用媒介(手机、电脑、网络);最近半年,在媒介使用上,您没有与父母发生过冲突。在选项上设置上,笔者采取了李克特五级量表①。假设性别对是否与父母冲突、限制使用媒介、指导使用媒介都有影响,并进行了 χ^2 检验。具体调查结果如下。

(一)农村青少年父母是否经常限制他们使用媒介(手机、电脑、网络)

利用 SPSS 软件处理相关数据,结果如表 3.1-17 所示。从统计数据可知:选择"比较符合"的占比最高,为 44.37%,选择"非常符合"的比例是 30.47%。整体来看,农村青少年父母限制其使用相关媒介产品的情况较多,在调查中也有 15.06% 的农村青少年不确定父母是否限制了自己使用相关媒介产品。只有 3.86% 的农村青少年认为父母不限制自己使用相关产品,还有 6.24% 的青少年选择了"比较不符合"。

---

① 李克特五级量表是社科领域最常用的等距量表,常用于测量观念、态度或意见。选项有完全不符合、比较不符合、不确定、比较符合、非常符合,分值越高,代表越接近选项。

表 3.1-17 频数分析结果

题目	选项	频数	百分比/%	累积百分比/%
父母经常限制您使用媒介(手机、电脑、网络)	完全不符合	270	3.86	3.86
	比较不符合	437	6.24	10.1
	不确定	1054	15.06	25.16
	比较符合	3105	44.37	69.53
	非常符合	2132	30.47	100.00

(二)农村青少年父母是否经常指导他们使用媒介(手机、电脑、电视)

利用 SPSS 软件处理相关数据,结果如表 3.1-18 所示。由表 3.1-18 可知:选择"比较符合"的占比最高,为 26.59%,选择"非常符合"的比例是 12.15%。在调查中也有 22.85%的农村青少年不确定父母是否经常指导自己使用相关媒介产品,有 22.26%的农村青少年认为父母没有指导自己使用相关产品,还有 16.15%的农村青少年选择了"比较不符合"。整体来看,农村青少年的父母对其使用相关媒介产品的指导不足,61.26%的农村青少年认为父母不经常指导自己使用媒介产品。在对农村青少年遇到问题寻求帮助的调查中得知,最高的求助比例 25.45%指向父母,如果父母对孩子使用媒介的帮助不足,则会衍生出各种其他问题。

表 3.1-18 频数分析结果

题目	选项	频数	百分比/%	累积百分比/%
父母经常指导您使用媒介(手机、电脑、网络)	完全不符合	1558	22.26	22.26
	比较不符合	1130	16.15	38.41
	不确定	1599	22.85	61.26
	比较符合	1861	26.59	87.85
	非常符合	850	12.15	100.00

(三)农村青少年使用媒介与父母关系调查

本次采用"最近半年,在媒介使用上,您没有与父母发生过冲突"的题目来进行调查,统计结果如表 3.1-19 所示。有 18.66%的农村青少年选择了"完全不符合",12.35%的农村青少年选择了"比较不符合",还有 20.98%选择了"不确定"。这三个选项加在一起超过了半数,达到了 51.99%,表明在媒介使用上父母和孩子间有较大的矛盾。

表 3.1-19　频数分析结果

题目	选项	频数	百分比/%	累积百分比/%
最近半年,在媒介使用上,您没有与父母发生过冲突	完全不符合	1306	18.66	18.66
	比较不符合	864	12.35	31.01
	不确定	1468	20.98	51.99
	比较符合	1900	27.15	79.14
	完全符合	1460	20.86	100.00

第二节　农村留守儿童媒介使用情况调研

农村留守儿童是指外出务工农民托留在户籍所在地的父母单方或其他亲属监护的接受义务教育的不满十六周岁的农村户籍的未成年人。为了了解农村留守儿童的媒介使用情况,笔者进行了相关调研。总共得到农村留守儿童媒介使用情况问卷 3 491 份,问卷全部填答完整,采用 SPSS 以及问卷星进行数据分析。在 SPSS 中对问卷进行了整体信度分析,最终信度系数值为 0.851,大于 0.8,因而说明研究数据信度较高。本次调查样本的基本情况如表 3.2-1。

表 3.2-1　参与调查学生的基本特征

单位:人

留守儿童(3491)											
男(1716)					女(1775)						
年级	一年	二年	三年	四年	五年	六年	七年	八年	九年	高一	高二	高三
	38	110	67	131	138	468	1070	832	540	36	43	18

参与调查的学生中男学生比例为 49.2%,女学生比例为 50.8%。为了充分了解农村留守儿童媒介使用的基本情况,本次调查分别从媒介接触情况、媒介产品使用情况、媒介内容使用情况、电脑及网络等媒介知识了解情况、使用媒介和父母之间关系五方面进行了相关研究。

一、农村留守儿童媒介接触情况数据研究结果统计

(一)农村留守儿童媒介占有情况

农村留守儿童媒介占有情况如表 3.2-2 所示。

表 3.2-2　媒介占有情况

媒介	占有情况	百分比/%	媒介	占有情况	百分比/%
课外读物	2822	80.84	电脑	1505	43.11
杂志	969	27.76	手机	3443	98.63
收音机	649	18.59	平板电脑	506	14.49
电视	3093	88.60	合计	3491	—

从上表可知,有 80.84% 的农村留守儿童有课外读物,超过七成的农村留守儿童在杂志占有情况这一选项中选择的是没有,而没有收音机的留守儿童占比高达 81.41%,这说明杂志、收音机等传统媒体已经逐步退出农村留守儿童的家庭。从媒介占有情况调查选项"电视"来看,样本中电视占有率较高,比例为 88.60%,说明电视在农村留守儿童家庭中依然占有重要地

位。从媒介占有情况调查选项"电脑"来看,超过五成样本选择没有,样本占有的比例是 43.11%,说明电脑在农村留守儿童家庭中普及率相对不高。从媒介占有情况调查选项"手机"来看,98.63%的样本选择有,说明手机在农村家庭基本普及。从媒介占有情况调查选项"平板电脑"来看,大部分样本选择没有,比例是 85.51%。通过此次调查,笔者发现电脑、平板电脑在农村留守儿童中的普及率不高,电视和手机是农村留守儿童接触较多的电子媒介。传统媒介杂志和收音机已逐步退出农村留守儿童的家庭。

(二)农村留守儿童媒介喜欢程度调查

农村留守儿童媒介喜欢程度如表 3.2-3 所示。

表 3.2-3 喜欢媒介的频数分析结果

题目	选项	频数	百分比/%	累积百分比/%
您最喜欢的媒介是( )	课外读物	957	27.41	27.41
	杂志	51	1.46	28.87
	收音机	8	0.23	29.10
	电视	332	9.51	38.61
	电脑	191	5.47	44.08
	手机	1900	54.43	98.51
	平板电脑	52	1.49	100.00

在此项目中,参与调查的 27.41%的农村留守儿童喜欢课外读物,54.43%的农村留守儿童认为手机是自己最喜欢的媒介。只有 9.51%的农村留守儿童将电视选为自己最喜欢的媒介。最喜欢传统媒介杂志、收音机的总计不到 2%,数据表明,传统媒介的影响越来越弱。由于电脑、平板电脑整体上在农村留守儿童家庭中的占有率不高,所以选择平板电脑和电脑为自己最喜爱的媒介的学生并不多。

在开始调查之前假设性别影响农村留守儿童的媒介选择,并对结果进行了分析,如表 3.2-4 所示。

表 3.2-4 性别影响媒介选择的 χ^2 检验(交叉分析)

题目	选项	男孩数量 (百分比/%)	女孩数量 (百分比/%)	总计 (百分比/%)	χ^2	p
您最喜欢的媒介是( )	课外读物	417(24.30)	540(30.42)	957(27.41)	28.008	0.000 **
	杂志	24(1.40)	27(1.52)	51(1.46)		
	收音机	5(0.29)	3(0.17)	8(0.23)		
	电视	178(10.37)	154(8.68)	332(9.51)		
	电脑	116(6.76)	75(4.23)	191(5.47)		
	手机	955(55.65)	945(53.24)	1900(54.43)		
	平板电脑	21(1.22)	31(1.75)	52(1.49)		
总计		1716	1775	3491		
* $p<0.05$ ** $p<0.01$						

利用 χ^2 检验(交叉分析)研究性别对最喜欢媒介的影响。从表 3.2-4 中可以看出:不同性别样本对于最喜欢的媒介选择呈现出显著性差异($p<0.05$),根据括号内的百分比可以发现差异明显。性别对最喜欢的媒介选择($\chi^2=28.008, p=0.000<0.01$)具有显著性差异,通过百分比对比可知,女孩最喜欢的媒介是课外读物的比例为 30.42%,明显高于男孩的选择比例 24.30%。此外,杂志、平板电脑的选择比例也是女孩高于男孩。而在其他媒介的选择比例都是男孩高于女孩。

(三)农村留守儿童上学时的媒介使用时间调查

通过对相关调查数据进行整理,得出描述性统计表,见表 3.2-5[①]。由表 3.2-5 可知,农村留守儿童在上学期间使用平板电脑的时间最长,电脑和手机使用的时间差不多,而其他四种媒介则很少使用。

---

① 1—5 分别代表选项中的"A. 几乎不用、B. 30 分钟以内、C. 30 分钟—1 小时、D. 1—2 小时、E. 2 小时以上",中位数表明这组数据的集中趋势。

表 3.2-5 描述性统计表

上学使用媒介时间	样本量	最小值	最大值	平均值	标准差	中位数
手机	3491	1	5	2.333	1.062	2
课外读物	3491	1	5	1.31	0.681	1
电视	3491	1	5	1.167	0.552	1
电脑	3491	1	5	2.197	1.152	2
杂志	3491	1	5	1.575	1.081	1
平板电脑	3491	1	5	3.225	1.367	3
收音机	3491	1	5	1.273	0.806	1

(四)农村留守儿童放假期间对各种媒介依赖程度分析

为了解农村留守儿童在放假期间对媒介的使用情况,笔者设置了学生对各种媒介使用时间和对媒介依赖程度自我评价两个问题。媒介依赖程度自我评价相关数据如表 3.2-6 所示。

表 3.2-6 媒介依赖程度自我评价响应率和普及率汇总表格

选项	n	响应率	普及率($n=3491$)
课外读物	248	12.65%	7.10%
杂志	194	9.89%	5.56%
收音机	195	9.94%	5.59%
电视	213	10.86%	6.10%
电脑	197	10.05%	5.64%
手机	706	36.00%	20.22%
平板电脑	208	10.61%	5.96%
拟合优度检验:$\chi^2=762.764$ $p=0.000$			

针对多选题的各选项选择比例分布是否均匀的问题,我们使用 χ^2 拟合优度检验进行分析。从表 3.2-6 中可知,拟合优度检验呈现显著性($\chi^2 =$

762.764, $p = 0.000 < 0.05$），意味着各项的选择比例具有明显差异，可通过响应率或普及率具体对比差异。具体来看，农村留守儿童在放假的时候对手机依赖程度的响应率和普及率明显较高，其他媒介选项差异不大。

二、媒介产品使用数据统计研究结果

（一）媒介产品使用情况

媒介产品使用数据统计如图 3.2-1 所示。

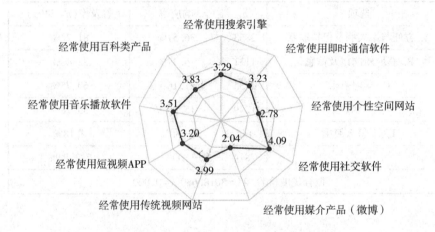

图 3.2-1　媒介产品使用情况平均值图

通过图 3.2-1 可以看出社交软件使用最多，排在第三位的是音乐播放软件，排在第四位的是搜索引擎，第五位是即时通信软件，第六位是短视频APP。通过统计可以看出，社交软件和即时通信软件是农村留守儿童使用较多的社交媒体类工具。

（二）社交软件、即时通信软件使用原因调查

笔者采取多重响应分析法，根据响应率和普及率来对比各个选项的相对选择情况。如表 3.2-7 所示，通过 χ^2 拟合优度检验分析各项的选择比例

是否具有显著性差异,通过分析计算得到 $p = 0.000 < 0.05$,说明各项选择比例有明显差异。通过分析可以看出,响应率较高的选项是"A. 方便与家人朋友保持联系",占到 36.51%,学习需求的响应率是 31.16%。通过总结可以得出结论:农村留守儿童使用社交软件和即时通信软件的主要原因是交际以及满足学习需求,选择使用社交媒体用以获取新闻和休闲娱乐的同学基本相同,差异不大。不怎么使用这两种产品的同学只有 4.18%,说明绝大多数的学生都在使用这两种产品。

表 3.2-7 社交软件和即时通信软件使用原因的响应率和普及率汇总表格

选项	n	响应率	普及率($n = 3491$)
A. 方便与家人朋友保持联系	2853	36.51%	81.72%
B. 获取新闻以及信息	1131	14.47%	32.40%
C. 学习需求	2435	31.16%	69.75%
D. 休闲娱乐	1249	15.98%	35.78%
E. 不怎么使用	146	1.88%	4.18%
汇总	7814	100%	223.83%

拟合优度检验:$\chi^2 = 3018.680$ $p = 0.000$

三、媒介内容使用情况调查分析

(一)即时通信软件使用情况调查

表 3.2-8 反映的是农村留守儿童使用即时通信软件的基本情况,通过 χ^2 拟合优度检验分析各项的选择比例是否具有显著性差异,通过分析计算得到 $p = 0.000 < 0.05$,说明各项选择比例有明显差异。通过统计可以看出,聊天响应率最高,达到了 37.36%,听音乐的响应率 15.99%。选择使用即时通信软件做其他事情的同学也有很多,占比为 22.31%,玩游戏的响应率是 8.10%,发邮件的响应率是 7.26%,写日记的响应率是 7.24%。

表 3.2-8　农村留守儿童使用即时通信软件基本情况

选项	n	响应率	普及率（$n=3491$）
A. 聊天	2353	37.36%	67.40%
B. 玩游戏	510	8.10%	14.61%
C. 养宠物	110	1.75%	3.15%
D. 听音乐	1007	15.99%	28.85%
E. 发邮件	457	7.26%	13.09%
F. 写日记	456	7.24%	13.06%
G. 其他	1405	22.31%	40.25%
拟合优度检验：$\chi^2=3942.660$　$p=0.000$			

（二）社交软件使用情况

表 3.2-9 反映的是农村留守儿童使用社交软件观看内容的基本情况。通过 χ^2 拟合优度检验分析各项的选择比例是否具有显著性差异，计算得到 $p=0.000<0.05$，说明各项选择比例有明显差异。通过统计可以看出，政治新闻、教育以及其他等 3 项的响应率和普及率明显较高，每一项都有超过 40% 的农村留守儿童选择。文学和艺术选项的普及率也都在 20% 以上。体育和娱乐消息两项分别占 17.27% 和 20.11%。通过本次调研可以看出，农村留守儿童利用社交软件关注的主要还是新闻和知识。

表 3.2-9　农村留守儿童使用社交软件观看内容的响应率和普及率汇总表格

选项	n	响应率	普及率（$n=3491$）
A. 政治新闻	1726	22.00%	49.44%
B. 娱乐消息	702	8.95%	20.11%
C. 文学	908	11.57%	26.01%
D. 教育	1478	18.84%	42.34%
E. 艺术	766	9.76%	21.94%
F. 体育	603	7.68%	17.27%

续表

选项	n	响应率	普及率（$n=3491$）
G. 其他	1664	21.20%	47.67%
汇总	7847	100%	224.78%
拟合优度检验：$\chi^2=1252.098$ $p=0.000$			

假设性别对农村留守儿童使用社交软件关注的重点内容会有所影响。为了验证相关假设，笔者进行了性别和观看内容选项的 χ^2 检验，具体结果如表 3.2-10 所示。从该表可以看出：不同性别对农村留守儿童在社交软件上观看教育、文学内容没有表现出显著性差异（$p>0.05$）。此外其他选项呈现出显著性差异（$p<0.05$）。（1）性别对在社交软件上关注政治新闻的影响呈现出 0.01 水平的显著性差异（$\chi^2=9.528$，$p=0.002<0.01$），通过百分比对比可知，男孩选择的比例为 52.10%，高于女孩的 46.87%，说明男孩的政治参与性高于女孩。（2）性别对在社交软件上观看娱乐新闻的影响呈现出 0.01 水平的显著性差异（$\chi^2=13.233$，$p=0.000<0.01$），通过百分比对比可知，男孩选择的比例为 17.60%，低于女孩的 22.54%，从数据中可以初步得出，男孩更关注政治新闻，女孩更关注娱乐新闻。（3）女孩喜欢使用社交软件观看文学作品的比例为 26.70%，略高于男孩的 25.29%。（4）性别对在社交软件上观看艺术内容的影响呈现出 0.01 水平的显著性差异（$\chi^2=43.393$，$p=0.000<0.01$），通过百分比对比可知，女孩选择的比例为 26.48%，明显高于男孩的 17.25%，说明女孩更关注艺术相关内容。（5）性别对在社交软件上观看体育新闻的影响呈现出 0.01 水平的显著性差异（$\chi^2=109.039$，$p=0.000<0.01$），通过百分比对比可知，男孩选择的比例为 24.07%，明显高于女孩的选择比例 10.70%。此项数据表明，男孩更关注体育新闻，女孩更关注娱乐、文学等内容。（6）性别对在社交软件上观看其他内容的影响呈现出 0.01 水平的显著性差异（$\chi^2=9.279$，$p=0.002<0.01$），通过百分比对比可知，50.20%的女孩选择此选项，45.05%的男孩选择该选项。

通过以上统计分析，可以发现男孩更喜欢政治新闻、体育新闻，女孩更关注娱乐新闻、艺术、文学等相关内容，同时也表明女生使用社交软件的用途更广泛。

表 3.2-10 性别与观看内容 x^2 检验(交叉分析)结果

题目		男孩数量 (百分比/%)	女孩数量 (百分比/%)	总计 (百分比/%)	x^2	p
A. 政治新闻	选中	894(52.10)	832(46.87)	1726(49.44)	9.528	0.002 **
B. 娱乐新闻	选中	302(17.60)	400(22.54)	702(20.11)	13.233	0.000 **
C. 文学	选中	434(25.29)	474(26.70)	908(26.01)	0.905	0.341
D. 教育	选中	742(43.24)	736(41.46)	1478(42.34)	1.126	0.289
E. 艺术	选中	296(17.25)	470(26.48)	766(21.94)	43.393	0.000 **
F. 体育新闻	选中	413(24.07)	190(10.70)	603(17.27)	109.039	0.000 **
G. 其他	选中	773(45.05)	891(50.20)	1664(47.67)	9.279	0.002 **
*$p<0.05$ **$p<0.01$						

(三)农村留守儿童观看电视节目情况调查

近年来随着传统媒体的逐渐式微,手机成为人们主要使用的媒介产品,但在农村家庭中电视的普及率比较高,接近90%的农村家庭有电视,因此,假期时,农村留守儿童使用电视的时间还是比较长,根据这种情况,笔者设计了相关的选项来了解农村留守儿童观看电视节目的基本情况。具体调查数据如表3.2-11所示,可以发现,选择戏剧、综艺、娱乐节目选项的同学占到65.94%,选择卡通节目和新闻节目选项的排在第二位和第三位,其他三个选项的选择率都在20%左右。

表 3.2-11 响应率和普及率汇总表格

选项	n	响应率	普及率($n=3491$)
A. 新闻节目	1297	18.43%	37.15%
B. 时事政治节目	619	8.80%	17.73%
C. 社教文化节目	720	10.23%	20.62%

续表

选项	n	响应率	普及率($n=3491$)
D. 戏剧、综艺、娱乐节目	2302	32.71%	65.94%
E. 体育节目	714	10.14%	20.45%
F. 卡通节目	1386	19.69%	39.70%
汇总	7038	100%	201.59%
拟合优度检验: $X^2=1754.639$ $p=0.000$			

假设性别对农村留守儿童观看的内容有一定的影响,并通过数据调研进行验证。为了验证性别对农村留守儿童观看电视节目内容是否有所影响,笔者对性别和观看内容选项进行了 X^2 检验,结果如表 3.2-12 所示。从表 3.2-12 可以看出:不同性别对农村留守儿童选择电视节目的影响,有 1 项(社教文化节目)没有表现出显著性($p>0.05$),而其他选项都有差异。(1)性别对选择新闻节目的影响呈现出 0.01 水平的显著性差异($X^2=16.206, p=0.000<0.01$),通过百分比对比可知,男孩选择的比例为 40.50%,明显高于女孩的 33.92%。(2)性别对选择时事政治节目的影响呈现出 0.01 水平的显著性差异($X^2=10.600, p=0.001<0.01$),通过百分比对比可知,男孩选择的比例为 19.87%,明显高于女孩的 15.66%。(3)性别对选择戏剧、综艺、娱乐节目的影响呈现出 0.01 水平的显著性差异($X^2=128.282, p=0.000<0.01$),通过百分比对比可知,女孩选择的比例为 74.87%,明显高于男孩的选择比例 56.70%。(4)性别对选择体育节目的影响呈现出 0.01 水平的显著性差异($X^2=236.005, p=0.000<0.01$),通过百分比对比可知,男孩选择的比例为 31.12%,明显高于女孩的选择比例 10.14%。(5)性别对选择卡通节目的影响呈现出 0.05 水平的显著性差异($X^2=5.305, p=0.021<0.05$),通过百分比对比可知,男孩选择的比例为 37.76%,低于女孩的选择比例 41.58%。

通过对样本数据的分析可知,在看电视时留守儿童中男孩通常喜欢看新闻节目、时事政治节目、体育节目,女孩比较喜欢看戏剧、综艺、娱乐节目和卡通节目。在观看社教文化节目等类型上,男孩、女孩差异不大。

表 3.2-12 x^2 检验(交叉分析)结果

选项		男孩数量 (百分比/%)	女孩数量 (百分比/%)	总计 (百分比/%)	x^2	p
A. 新闻节目	选中	695(40.50)	602(33.92)	1297(37.15)	16.206	0.000**
B. 时事政治节目	选中	341(19.87)	278(15.66)	619(17.73)	10.600	0.001**
C. 社教文化节目	选中	366(21.33)	354(19.94)	720(20.62)	1.022	0.312
D. 戏剧、综艺、娱乐节目	选中	973(56.70)	1329(74.87)	2302(65.94)	128.282	0.000**
E. 体育节目	选中	534(31.12)	180(10.14)	714(20.45)	236.005	0.000**
F. 卡通节目	选中	648(37.76)	738(41.58)	1386(39.70)	5.305	0.021*
				* $p<0.05$ ** $p<0.01$		

(四)农村留守儿童网络使用情况数据分析

为了解农村留守儿童使用网络的基本情况,笔者设计了相关多选题。具体数据统计如表 3.2-13 所示。由表可知,拟合优度检验呈现出显著性($x^2=2182.128,p=0.000<0.05$),意味着各项的选择比例具有明显差异。具体来看,社会新闻,戏剧、综艺、娱乐及其他共 3 项的响应率和普及率较高,剩余 4 项的响应率和普及率都在 20% 以下。

表 3.2-13 网络使用情况的响应率和普及率汇总表格

选项	n	响应率	普及率($n=3491$)
A. 社会新闻	1402	20.28%	40.16%
B. 时事政治报道	534	7.73%	15.30%
C. 时事讨论	342	4.95%	9.80%
D. 社教文化	671	9.71%	19.22%
E. 戏剧、综艺、娱乐	1948	28.18%	55.80%
F. 体育报道	597	8.64%	17.10%
G. 其他	1418	20.51%	40.61%

续表

选项	n	响应率	普及率($n=3491$)
汇总	6912	100%	197.99%
拟合优度检验:$\chi^2=2182.128$ $p=0.000$			

假设性别对农村留守儿童使用网络观看的内容有一定的影响,并通过数据调研进行验证。为了验证性别对农村留守儿童使用网络观看的内容是否会有所影响,我们进行了性别和网络内容选项χ^2检验[①],结果如表3.2−14所示。从表中可以看出:不同性别样本对农村留守儿童选择时事政治报道、时事讨论、社教文化、其他等4项没有表现出显著性差异($p>0.05$),表现出一致性。此外性别样本对选择社会新闻,戏剧、综艺、娱乐,体育报道等3项呈现出显著性差异($p<0.05$)。(1)在社会新闻选项中呈现出0.01水平的显著性差异($\chi^2=11.850,p=0.001<0.01$),通过百分比对比可得出差异,男孩的选择率为43.07%,高于女孩的37.35%,说明男孩更喜欢看社会新闻。(2)戏剧、综艺、娱乐选项呈现出0.01水平的显著性差异($\chi^2=116.802,p=0.000<0.01$),通过百分比对比可知,女孩选择此项的比例为64.73%,明显高于男孩的选择比例46.56%。(3)体育报道选项呈现出0.01水平的显著性差异($\chi^2=152.950,p=0.000<0.01$),通过百分比对比可知,男孩选择的比例为25.12%,明显高于女孩的选择比例9.35%。

综合以上可知,农村留守儿童中不同性别样本对他们选择时事政治报道、时事讨论、社教文化、其他4项没有表现出显著性差异,而性别样本对农村留守儿童选择社会新闻,戏剧、综艺、娱乐,体育报道这3项呈现出显著性。男孩更喜欢社会新闻、体育报道等内容,女孩更喜欢看戏剧、综艺、娱乐等内容。

---

① The SPSSAU project (2021). SPSSAU. (Version 21.0) [Online Application Software] Retrieved from https://www.spssau.com.

表 3.2-14 χ^2 检验(交叉分析)结果

选项		男孩数量 (百分比/%)	女孩数量 (百分比/%)	总计 (百分比/%)	χ^2	p
A. 社会新闻	选中	739(43.07)	663(37.35)	1402(40.16)	11.850	0.001**
B. 时事政治报道	选中	282(16.43)	252(14.20)	534(15.30)	3.368	0.066
C. 时事讨论	选中	174(10.14)	168(9.46)	342(9.80)	0.450	0.502
D. 社教文化	选中	330(19.23)	341(19.21)	671(19.22)	0	0.988
E. 戏剧、综艺、娱乐	选中	799(46.56)	1149(64.73)	1948(55.80)	116.802	0.000**
F. 体育报道	选中	431(25.12)	166(9.35)	597(17.10)	152.950	0.000**
G. 其他	选中	670(39.04)	748(42.14)	1418(40.62)	3.469	0.063

*$p<0.05$ ** $p<0.01$

四、农村留守儿童电脑、网络知识相关调查

(一)农村留守儿童获取电脑、网络知识主要渠道调查

了解农村留守儿童电脑、网络知识来源有利于研究者根据结果设计相关课程,从而更好地帮助农村留守儿童使用电脑、网络等媒介。笔者设计了相关多选题并进行响应率和普及率的相关统计。针对多选题各选项选择比例分布是否均匀的问题,使用 χ^2 拟合优度检验进行分析,得到表 3.2-15。从表中可知,拟合优度检验呈现出显著性 ($\chi^2=600.448, p=0.000<0.05$),意味着各项的选择比例具有明显差异,可通过响应率或普及率具体对比差异。结合具体选项来看,农村留守儿童通过"学校以及课外班"和"上网自学"获取电脑及网络知识,这 2 项的响应率和普及率明显较高,说明学校依然是他们获得电脑网络知识的主要来源。

表 3.2-15　获取电脑、网络知识主要渠道的响应率和普及率汇总表格

选项	n	响应率	普及率($n=3491$)
A. 学校以及课外班	1410	18.04%	40.39%
B. 父母指导	1081	13.83%	30.97%
C. 向同学、朋友请教	1262	16.14%	36.15%
D. 上网自学	1633	20.89%	46.78%
E. 电视	805	10.30%	23.06%
F. 电脑网络书籍	728	9.30%	20.85%
G. 其他	899	11.50%	25.75%
汇总	7818	100%	223.95%
拟合优度检验:$\chi^2=600.448$ $p=0.000$			

(二)农村留守儿童使用网络、电脑遇到问题时的解决办法调查

采用多选题对农村留守儿童使用网络、电脑遇到问题时的解决办法进行调查和相关的验证,通过分析响应率情况,即多选题各选项的选择比例,重点描述比例较高项,通过分析普及率,即整体上看,多选题各选项占所有选择的比例情况,重点分析选择比例较高项。针对多选题各选项选择比例分布是否均匀,使用 χ^2 拟合优度检验进行分析。从表 3.2-16 可知,拟合优度检验呈现出显著性 ($\chi^2=1109.583$,$p=0.000<0.05$),意味着各项的选择比例具有明显差异,可通过响应率或普及率具体对比差异。具体来看,农村留守儿童使用网络、电脑遇到困难时,找父母、同学、朋友帮忙和上网自学等 4 项的响应率和普及率明显较高。说明农村留守儿童在使用网络、电脑遇到问题的时候主要通过向父母、同学或者朋友寻求帮助及上网自学来解决相关问题,很少求助于老师。

表 3.2-16 使用网络、电脑遇到问题时解决办法响应率和普及率汇总表格

选项	n	响应率	普及率($n=3491$)
A. 老师	823	11.04%	23.57%
B. 父母	1876	25.15%	53.74%
C. 同学	1460	19.58%	41.82%
D. 朋友	1455	19.51%	41.68%
E. 亲戚	420	5.63%	12.03%
F. 上网自学	1424	19.09%	40.79%
汇总	7458	100%	213.63%

拟合优度检验: $\chi^2=1109.583$ $p=0.000$

五、农村留守儿童使用媒介和父母之间关系调查

在此部分笔者设计了父母经常限制您使用媒介(手机、电脑、网络);父母经常指导您使用媒介(手机、电脑、网络);最近半年,在媒介使用上,您没有与父母发生过冲突3个选项来进行相关调查。在选项上采取李克特五级量表来进行相关选项设置。假设性别对与父母冲突、限制使用媒介和指导使用媒介都有影响,并进行 χ^2 检验。具体调查结果如下。

(一)农村留守儿童父母是否经常限制他们使用媒介(手机、电脑、网络)

利用 SPSS 软件处理相关数据,结果如表 3.2-17 所示,从统计数据可知:选择"比较符合"的占比最高,为 46.09%,选择"非常符合"的比例是29.54%。整体来看,农村留守儿童父母限制其使用相关媒介产品的情况较多,但是在调查中也有 14.92% 的农村留守儿童不确定父母是否限制了自己使用相关媒介。只有 3.29% 的农村留守儿童认为父母不限制自己使用相关媒介,还有 6.16% 的受访者选择了"比较不符合"。

表 3.2-17　频数分析结果

题目	选项	频数	百分比/%	累积百分比/%
父母经常限制您使用媒介(手机、电脑、网络)	完全不符合	115	3.29	3.29
	比较不符合	215	6.16	9.45
	不确定	521	14.92	24.37
	比较符合	1609	46.09	70.46
	非常符合	1031	29.54	100

　　针对性别是否影响父母限制农村留守儿童使用相关媒介产品的问题,笔者对性别和相关选项进行了 x^2 检验,具体结果如表 3.2-18 所示。从表 3.2-18 可以看出:不同性别对父母经常限制受访者使用媒介(手机、电脑、网络)的影响呈现出 0.01 水平的显著性差异($x^2 = 39.269$, $p = 0.000 < 0.01$),通过百分比对比可知,男孩选择"非常符合"的比例达 34.09%,明显高于女孩的 25.13%。

　　总结可知,父母更容易限制男孩使用相关媒介,相对来说父母对女孩使用相关媒介更宽容,符合调研的预期,即男孩心理成熟较晚、自控能力较弱,女孩心理成熟较早、自控能力较强。

表 3.2-18　x^2 检验(交叉分析)结果

题目	选项	男孩数量(百分比/%)	女孩数量(百分比/%)	总计(百分比/%)	x^2	p
父母经常限制您使用媒介(手机、电脑、网络)	完全不符合	59(3.44)	56(3.15)	115(3.29)	39.269	0.000 **
	比较不符合	84(4.90)	131(7.38)	215(6.16)		
	不确定	240(13.99)	281(15.83)	521(14.92)		
	比较符合	748(43.59)	861(48.51)	1609(46.09)		
	非常符合	585(34.09)	446(25.13)	1031(29.53)		

* $p < 0.05$ ** $p < 0.01$

(二)农村留守儿童父母是否经常指导他们使用媒介(手机、电脑、电视)

利用 SPSS 软件处理相关数据,结果如表 3.2-19 所示,从统计数据可知:选择"比较符合"的占比最高,为 26.21%,选择"非常符合"的比例是 11.49%。但是在调查中也有 23.20% 的农村留守儿童不确定父母是否经常指导自己使用相关媒介,有 22.63% 的农村留守儿童认为父母指导自己使用相关媒介这一描述完全不符合,还有 16.47% 的受访者选择了"比较不符合"。数据统计表明,父母指导农村留守儿童使用相关媒介不足。在农村留守儿童遇到问题寻求帮助的人员调查选项中,最高的求助比例指向父母,高达 53.74%。

表 3.2-19 频数分析结果

题目	选项	频数	百分比/%	累积百分比/%
父母经常指导您使用媒介(手机、电脑、网络)	完全不符合	790	22.63	22.63
	比较不符合	575	16.47	39.10
	不确定	810	23.20	62.30
	比较符合	915	26.21	88.51
	非常符合	401	11.49	100

针对性别是否影响父母指导农村留守儿童使用相关媒介的问题,笔者进行了性别和相关选项的 χ^2 检验,具体结果如表 3.2-20 所示。数据表明不同性别对父母经常指导受访者使用媒介(手机、电脑、网络)的影响呈现出 0.01 水平的显著性差异($\chi^2 = 13.877$, $p = 0.008 < 0.01$)[1],通过百分比对比可知,在父母是否经常指导自己使用手机、电脑、网络的问题上,受访者中男孩选择比较符合的占 26.92%、选择非常符合的占 13.17%,女孩选择比较符合的占 25.52%、选择非常符合的占 9.86%,说明父母对男孩指导相对较多,对女孩指导相对少一些。

---

① 张厚粲、徐建平:《现代心理与教育统计学》(第3版),北京师范大学出版社 2009 年版。

表 3.2-20 χ^2 检验(交叉分析)结果

题目	选项	男孩数量 (百分比/%)	女孩数量 (百分比/%)	总计 (百分比/%)	χ^2	p
父母经常指导您使用媒介(手机、电脑、网络)	完全不符合	388(22.61)	402(22.65)	790(22.63)	13.877	0.008 **
	比较不符合	263(15.33)	312(17.58)	575(16.47)		
	不确定	377(21.97)	433(24.39)	810(23.20)		
	比较符合	462(26.92)	453(25.52)	915(26.21)		
	非常符合	226(13.17)	175(9.86)	401(11.49)		

* $p<0.05$ ** $p<0.01$

(三) 农村留守儿童使用媒介与父母关系调查

本次调查针对"最近半年,在媒介使用上,您没有与父母发生过冲突"这一问题来进行,统计结果如表 3.2-21 所示,有 18.76% 的受访者选择"完全不符合",12.43% 的受访者选择"比较不符合",还有 20.14% 受访者选择"不确定",这三项加在一起超过半数,达到了 51.33%。说明,在使用媒介上父母和农村留守儿童之间有较大的矛盾。

表 3.2-21 频数分析结果

题目	选项	频数	百分比/%	累积百分比/%
最近半年,在媒介使用上,您没有与父母发生过冲突	完全不符合	655	18.76	18.76
	比较不符合	434	12.43	31.19
	不确定	703	20.14	51.33
	比较符合	979	28.04	79.37
	完全符合	720	20.63	100

针对在使用相关媒介产品时,父母和农村留守儿童的关系是否受性别

影响这一问题,笔者进行了 χ^2 检验①,具体结果如表 3.2-22 所示,可以看出不同性别样本对于"最近半年,在媒介使用上,您没有与父母发生过冲突"这一问题的回答没有表现出显著性差异($p>0.05$),$p = 0.127$ 意味着不同性别的受访者在使用媒介时,与父母发生过冲突表现出一致性,并没有差异。

表 3.2-22 χ^2 检验(交叉分析)结果

题目	选项	男孩数量 (百分比/%)	女孩数量 (百分比/%)	总计 (百分比/%)	χ^2	p
最近半年, 在媒介使用 上,您没有 与父母发生 过冲突	完全不符合	327(19.06)	328(18.48)	655(18.76)	7.172	0.127
	比较不符合	198(11.54)	236(13.30)	434(12.43)		
	不确定	370(21.56)	333(18.76)	703(20.14)		
	比较符合	463(26.98)	516(29.07)	979(28.04)		
	完全符合	358(20.86)	362(20.39)	720(20.62)		
*$p<0.05$ **$p<0.01$						

第三节 城市青少年媒介使用基本情况调查

本次调查总共得到城市媒介使用情况问卷 4 035 份,问卷全部填答完整,数据分析采用 SPSS 以及问卷星,在 SPSS 中对问卷进行了整体信度分析,最终信度系数值为 0.840,大于 0.8,因而说明研究数据信度质量较高。

一、主要调查结果

本次调查样本基本情况如表 3.3-1 所示。参与调查的学生中男生比例为 50.71%,高于女生的 49.29%。由于不同地区小学、中学采取不同学制,因此本次调查以一到九年级对应九年义务教育年级。在参与调查的学生中,六、七、八、九四个年级学生参与较多。

① The SPSSAU project (2021). SPSSAU. (Version 21.0) [Online Application Software]. Retrieved from https://www.spssau.com.

表 3.3-1 参与调查学生的基本特征 单位:人

城市学校(4035)											
性别	男(2046)						女(1989)				
年级	一年	二年	三年	四年	五年	六年	七年	八年	九年	高一	高二	高三
	42	166	115	94	133	1147	1038	723	452	35	77	13
家庭收入来源	农业收入		父母务工收入		事业、政府部门		企业		经商		其他	
	196		1008		762		1054		723		1005	

从表 3.3-1 可以看到,城市学校的部分学生(196)在选择家庭主要收入来源时选择了农业收入,经过实际调研发现,部分农村家庭在城市买了房子或者是父母到城市打工,按照就近入学的政策为子女办理了在城市学校入读。这部分受访者的家庭收入主要来源于农业收入和父母务工收入。对 196 个由于各种原因在城市学校入读的受访者进行单独统计分析,结果如表 3.3-2 所示,可以看到这部分学生中有 87.8% 的学生家庭月收入在 5000 以下。

表 3.3-2 流动儿童父母每月总收入统计

	频率	百分比/%	有效百分比/%	累积百分比/%
3000 以下	116	59.2	59.2	59.2
3000—5000	56	28.6	28.6	87.8
5000—8000	13	6.6	6.6	94.4
8000—12000	8	4.1	4.1	98.5
12000 以上	3	1.5	1.5	100

二、本次调查问卷设计

为了充分了解城市青少年媒介使用的基本情况,分别从城市青少年媒介接触情况,媒介使用情况,媒介内容使用情况,电脑、网络等媒介知识相关情况,使用媒介和父母之间关系五方面进行了相关研究。

(一)城市青少年媒介接触情况数据研究结果分析

1. 城市青少年媒介占有情况统计分析

城市家庭媒介占有情况调查如表3.3-3。从表3.3-3中可知:在城市青少年中,有89.24%的受访者家庭拥有课外读物。在调查家庭杂志占有情况中,超过57.89%的受访者家庭有杂志。对于收音机来讲,选择"有"选项的占比为39.45%。对于电视选项,样本中选择"有"的相对较多,比例为90.90%,说明电视依然在城市家庭中占有重要地位。对于选项电脑,76.31%样本选择"有"选项,说明电脑在城市家庭中的普及率相对较高。对于选项手机,97.94%的受访者选择"有"选项,说明手机在城市家庭基本普及。对于媒介占有情况选项平板电脑,样本选择"有"的比例是46.82%。通过此次调查可以发现,手机、电视、电脑、平板电脑在城市的普及率较高,这些电子设备都是城市家庭和青少年接触较多的电子媒介。传统媒介杂志和收音机在城市家庭中依然占有一定的比重。

表3.3-3 城市家庭媒介占有情况

名称	选项	频数	百分比/%
课外读物	有	3601	89.24
杂志	有	2336	57.89
收音机	有	1592	39.45
电视	有	3668	90.90
电脑	有	3079	76.31
手机	有	3952	97.94
平板电脑	有	1889	46.82

2. 城市青少年各种媒介喜欢程度调查分析

城市青少年对各种媒介的接触情况较好,他们对各种媒介喜爱程度的统计结果如表3.3-4所示。由表3.3-4可知,有23.72%的城市学生喜欢课外读物,52%的学生将手机选为自己最喜欢的媒介,只有 7.48%的城市青少年选择电视为自己最喜欢的媒介。选择电脑的学生有 7.58%,选择平板电脑的有 6.45%,选择传统媒介杂志的有 2.18%,选择收音机的人有 0.59%。这一结果显示,传统媒介对城市青少年的影响力越来越弱。由于城市青少年家庭电脑、电视、平板电脑占有率都较高,因此城市青少年对各种媒介的喜爱程度相对均衡,手机和课外读物是城市青少年比较喜欢的媒介。

表 3.3-4　频数分析结果

题目	选项	频数	百分比/%	累积百分比/%
您最喜欢的媒介是（　）	课外读物	957	23.72	23.72
	杂志	88	2.18	25.90
	收音机	24	0.59	26.49
	电视	302	7.48	33.97
	电脑	306	7.58	41.55
	手机	2098	52.00	93.55
	平板电脑	260	6.45	100

　　在开始调查之前假设性别影响青少年对媒介喜爱程度的选择,笔者进行了性别和最喜欢的媒介的x^2检验,结果如表 3.3-5 所示。

表 3.3-5 性别与最喜欢的媒介 χ^2 检验(交叉分析)结果

题目	选项	男孩数量 (百分比/%)	女孩数量 (百分比/%)	总计 (百分比/%)	χ^2	p
您最喜欢的媒介是( )	课外读物	472(23.07)	485(24.38)	957(23.72)	29.709	0.000**
	杂志	41(2.00)	47(2.36)	88(2.18)		
	收音机	16(0.78)	8(0.40)	24(0.59)		
	电视	153(7.48)	149(7.49)	302(7.48)		
	电脑	196(9.58)	110(5.53)	306(7.58)		
	手机	1052(51.42)	1046(52.59)	2098(52.00)		
	平板电脑	116(5.67)	144(7.24)	260(6.44)		
总计		2046	1989	4035		
$*p<0.05$ $**$ $p<0.01$						

从上表可以看出,不同性别样本对最喜欢的媒介的选择差异呈现出显著性($p<0.05$),意味着性别影响城市青少年对媒介的选择,通过百分比对比可知,相对来说,男孩比女孩更喜欢电脑,女孩比男孩更喜欢手机和平板电脑,喜欢杂志、收音机的样本量较少,不具可比性。

3. 城市青少年上学时媒介使用时间调查情况分析

为了解城市青少年上学时的媒介使用情况,笔者设计了相关问题,调查数据表明,对于课外读物选项,选"几乎不用"的占到 19.65%,有 39.28% 的受访者选择使用时长在 30 分钟以内。从整体数据来看,58.93% 的受访者几乎不怎么用课外读物。从上学时平均每天使用杂志的时间来看,有超过六成的样本选择"几乎不用",选择"几乎不用"和"30 分钟以内"的占样本总数的 87.91%。从上学时平均每天使用电脑的时间来看,大部分样本选择了"几乎不用",比例是 53.88%,样本中有 26.29% 选择了"30 分钟以内"。整体来看用该媒介的也不是很多。从上学时平均每天使用平板电脑的时间来看,大部分样本选"几乎不用",比例是 66.62%。对相关调查数据进行整理,得出描述性统计表,见表3.3-6①。从表3.3-6可以看出,手机的使用时间最长,平均值在3.012;课外读物是城市青少年使用较多的媒介;电视、电脑平均值在2左右,说明上学期间使用电视和电脑的时间也相对较多。

表3.3-6 基础指标

名称	样本量	最小值	最大值	平均	标准	中位数
课外读物	4035	1	5	2.402	1.055	2
杂志	4035	1	5	1.561	0.889	1
收音机	4035	1	5	1.328	0.788	1
电视	4035	1	5	2.114	1.196	2
电脑	4035	1	5	2.045	1.407	1
手机	4035	1	5	3.012	1.428	3
平板电脑	4035	1	5	1.744	1.264	1

4. 城市青少年学生放假期间对各种媒介的依赖程度情况

为了了解城市青少年学生放假期间的媒介使用情况,笔者设置了学生对各种媒介的使用时间和对媒介依赖程度自我评价两道问题。媒介依赖程度自我评价情况如表3.3-7所示。针对该多选题各选项选择比例分布是否均匀的问题,使用 χ^2 拟合优度检验进行分析。从表中数据可知,拟合优度检验呈现出显著性($\chi^2 = 744.941, p = 0.000 < 0.05$),意味着各项的选择比例具有明显差异,可通过响应率或普及率具体对比差异。具体来看,城市青少年放假时对手机的依赖程度的响应率和普及率明显较高,说明其对手机的依赖程度较高,而其他各项相差不多。

---

① 1—5的分别代表选项中的"A. 几乎不用 B. 30分钟以内 C. 30分钟—1小时 D. 1—2小时 E. 2小时以上",中位数表明这组数据集中趋势。

表 3.3-7　媒介依赖程度响应率和普及率汇总表格

选项	n	响应率	普及率($n=4035$)
课外读物	342	13.34%	8.48%
杂志	214	8.35%	5.30%
收音机	222	8.66%	5.50%
电视	267	10.42%	6.62%
电脑	318	12.41%	7.88%
手机	831	32.42%	20.59%
平板电脑	369	14.40%	9.15%
汇总	2563	100%	63.52%
拟合优度检验:$\chi^2=744.941$ $p=0.000$			

(二)城市青少年媒介产品使用情况数据研究结果分析

1. 媒介使用数据统计结果

了解城市青少年使用相关媒介的情况,有利于引导他们合理使用相关媒介,具体的调查数据以平均值雷达图表示,见图3.3-1。从图中可以看出,经常使用社交软件的平均值较高,达到了4.06,经常使用搜索引擎的平均值达到了3.53,经常使用音乐播放软件的平均值达到3.45,短视频 APP、传统视频网站、即时通信软件、百科类产品的使用时间差不多。个性网站和微博的使用时间不多,微博处于基本不用状态。

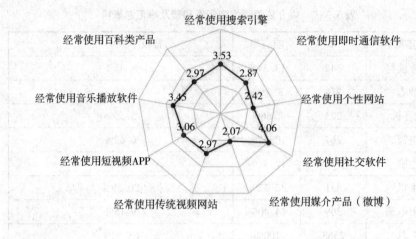

图 3.3-1　平均值雷达图

2. 城市青少年使用社交软件、即时通信软件的原因调查

为了了解城市青少年使用社交软件、即时通信软件的主要原因,本次调查设计了相关多选题进行研究,并用多重响应进行分析,根据响应率和普及率来对比各个选项的比例情况,具体结果如表 3.3-8 所示。针对多选题各选项选择比例分布是否均匀的问题,使用 χ^2 拟合优度检验进行分析。从表 3.3-8 可知,拟合优度检验呈现出显著 ($\chi^2 = 3081.439, p = 0.000 < 0.05$),意味着各项的选择比例具有明显差异,可通过响应率或普及率具体对比差异性。具体来看,"方便我与家人、朋友保持联系"和"学习的需求"等 2 项的响应率和普及率明显较高,说明城市青少年使用相关媒介产品的主要目的是交流及满足学习需要。"获取新闻以及信息"和"休闲娱乐"的响应率分别为 15.38% 和 16.64%,还有 2.22% 的同学选择不怎么使用这两种产品。

表3.3-8 社交软件、即时通信软件使用响应率和普及率汇总表格

选项	n	响应率	普及率($n=4035$)
A. 方便我与家人、朋友保持联系	3073	34.08%	76.16%
B. 获取新闻以及信息	1387	15.38%	34.37%
C. 学习的需求	2857	31.68%	70.81%
D. 休闲娱乐	1501	16.64%	37.20%
E. 不怎么使用	200	2.22%	4.95%
汇总	9018	100%	223.49%
拟合优度检验：$\chi^2=3081.439$ $p=0.000$			

(三)城市青少年媒介内容使用情况数据研究结果分析

1. 城市青少年即时通信软件使用情况

针对城市青少年学生使用即时通信软件的基本情况,笔者通过χ^2拟合优度检验分析各项的选择比例是否具有显著性差异,数据如表3.3-9所示。通过分析计算得到$p=0.000<0.05$,说明各项选择比例有明显差异,通过统计可以看出,聊天的响应率最高,达到了32.00%,听音乐占到15.38%,选择使用即时通信软件做其他事情的同学(27.07%)也有很多,玩游戏(8.62%)和发邮件(9.74%)、写日记(5.42%)的响应率也较高。调查数据表明,整体上学生使用即时通信软件的主要目的是聊天、听音乐以及做其他事情。

表3.3-9 即时通信软件使用内容响应率和普及率汇总表格

选项	n	响应率	普及率($n=4035$)
A. 聊天	2149	32.00%	53.26%
B. 玩游戏	579	8.62%	14.35%
C. 养宠物	119	1.77%	2.95%
D. 听音乐	1033	15.38%	25.60%
E. 发邮件	654	9.74%	16.21%
F. 写日记	364	5.42%	9.02%

续表

选项	n	响应率	普及率($n=4035$)
G. 其他	1817	27.07%	45.03%
汇总	6715	100%	166.42%
拟合优度检验: $\chi^2 = 3601.419$ $p = 0.000$			

在设计问卷的时候假设性别影响城市青少年使用即时通信软件的行为,为了验证相关假设,笔者进行了性别和即时通信软件使用内容选项的 χ^2 检验。数据如表 3.3-10 所示。

表 3.3-10 即时通信软件使用内容与性别 χ^2 检验(交叉分析)结果

选项		男孩数量 (百分比/%)	女孩数量 (百分比/%)	总计 (百分比/%)	χ^2	p
A. 聊天	选中	1083(52.93)	1066(53.59)	2149(53.26)	0.178	0.673
B. 玩游戏	选中	381(18.62)	198(9.95)	579(14.35)	61.640	0.000 **
C. 养宠物	选中	44(2.15)	75(3.77)	119(2.95)	9.250	0.002 **
D. 听音乐	选中	499(24.39)	534(26.85)	1033(25.60)	3.201	0.074
E. 发邮件	选中	325(15.88)	329(16.54)	654(16.21)	0.320	0.572
F. 写日记	选中	152(7.43)	212(10.66)	364(9.02)	12.816	0.000 **
G. 其他	选中	909(44.43)	908(45.65)	1817(45.03)	0.609	0.435
* $p < 0.05$ ** $p < 0.01$						

利用 χ^2 检验去研究性别对城市青少年使用即时通信软件情况的影响。从上表可以看出:不同性别样本对于聊天、听音乐、发邮件、其他 4 项没有表现出显著性($p > 0.05$),意味着没有性别差异。但是性别对于使用即时通信软件玩游戏、养宠物、写日记这 3 项呈现出显著性差异($p < 0.05$)。(1)使用即时通信软件玩游戏的选项呈现出 0.01 水平的显著性差异($\chi^2 = 61.640$, $p = 0.000 < 0.01$),通过百分比对比可知,男孩选择玩游戏的比例为 18.62%,明显高于女孩的选择比例 9.95%;(2)使用即时通信软件养宠物(电子虚拟宠

物)的呈现出 0.01 水平的显著性差异($X^2 = 9.250$,$p = 0.002 < 0.01$),通过百分比对比可知,女孩选择该选项的占比为 3.77%,高于男孩的选择比重 2.15%;(3)性别对城市青少年使用即时通信软件写日记的影响呈现出 0.01 水平的显著性差异($X^2 = 12.816$,$p = 0.000 < 0.01$),通过百分比对比可知,女孩选择的比例为 10.66%,远高于男孩的 7.43%。

总结可知,在使用即时通信软件聊天、听音乐、发邮件、其他 4 个选项上,不同性别的城市青少年未表现出显著性差异,相对来说,男孩子更喜欢使用即时通信软件玩游戏,女孩更喜欢使用即时通信软件养宠物、写日记。

2. 城市青少年社交软件使用基本情况调查

在城市青少年对媒介产品依赖度的调查中,对社交软件的依赖度最高。了解城市青少年使用社交软件的主要目的以及关注的焦点有助于我们了解城市青少年媒介使用行为。为了解城市青少年使用社交软件的基本情况,笔者通过 X^2 拟合优度检验分析各项的选择比例是否具有显著性差异,从而判断各项的选择差异。从表 3.3-11 可知,拟合优度检验呈现出显著性 ($X^2 = 1449.991$,$p = 0.000 < 0.05$),意味着各项的选择比例具有明显差异,可通过响应率或普及率具体对比差异。具体来看,城市青少年在社交软件上经常观看新闻、教育、其他等 3 项的响应率和普及率明显较高,说明城市青少年利用社交软件获取新闻、学习知识以及做其他事情的较多,而对其他几项如娱乐、文学、艺术、体育等的响应率和普及率差不多。

表 3.3-11 社交软件使用情况响应率和普及率汇总表格

选项	n	响应率	普及率($n = 4035$)
A. 新闻	2057	22.85%	50.98%
B. 娱乐	923	10.25%	22.87%
C. 文学	1028	11.42%	25.48%
D. 教育	1602	17.80%	39.70%
E. 艺术	878	9.75%	21.76%
F. 体育	623	6.92%	15.44%

续表

选项	n	响应率	普及率($n=4035$)
G.其他	1891	21.01%	46.87%
汇总	9002	100%	223.10%
拟合优度检验：$\chi^2=1449.991$ $p=0.000$			

在设计问卷的时候假设性别影响青少年的社交软件使用行为,为了验证相关假设,笔者进行了性别和社交软件观看内容选项的 χ^2 检验。数据如表 3.3-12 所示。从表 3.3-12 中我们可以看出,不同性别对于在社交软件上看教育、其他 2 项的影响未表现出显著性差异($p>0.05$),意味着不同性别在这 2 项选择上表现出一致性,没有差异。但是不同性别对城市青少年在社交软件上获取政治新闻、娱乐新闻、文学、艺术、体育这 5 项的影响则表现出显著性差异($p<0.05$),具体可结合括号内百分比进行差异对比。(1)在观看政治新闻上呈现出 0.01 水平的显著性差异($\chi^2=17.795,p=0.000<0.01$),通过百分比对比可知,男孩的选择比例为 54.25%,明显高于女孩的选择比例 47.61%,说明相对来说,在使用社交软件时男孩比女孩更关注政治新闻。(2)在娱乐新闻选项上呈现出 0.01 水平的显著性差异($\chi^2=22.320,p=0.000<0.01$),通过百分比对比可知,女孩的选择比例为 26.04%,明显高于男孩的选择比例 19.79%。(3)在观看文学内容上呈现出 0.01 水平的显著性差异($\chi^2=6.493,p=0.011<0.05$),通过百分比对比可知,男孩的选择比例为 23.75%,比女孩的 27.25% 要低一些。(4)在观看艺术内容上呈现出 0.01 水平的显著性差异($\chi^2=78.640,p=0.000<0.01$),通过百分比对比可知,女孩的选择比例为 27.60%,明显高于男孩的 16.08%。(5)在观看体育内容上呈现出 0.01 水平的显著性差异($\chi^2=105.923,p=0.000<0.01$),通过百分比对比可知,男孩的选择比例为 21.21%,明显高于女孩的 9.50%。

总结可知,城市青少年学生中不同性别使用社交软件关注的内容有一定不同,相对来说,男孩更关心政治新闻和体育等内容,女孩更关心娱乐新闻、文学及艺术等内容。

表 3.3-12 微信使用行为与性别 χ^2 检验(交叉分析)结果

选项		男孩数量 (百分比/%)	女孩数量 (百分比/%)	总计 (百分比/%)	χ^2	p
A. 政治新闻	选中	1110(54.25)	947(47.61)	2057(50.98)	17.795	0.000 **
B. 娱乐新闻	选中	405(19.79)	518(26.04)	923(22.87)	22.320	0.000 **
C. 文学	选中	486(23.75)	542(27.25)	1028(25.48)	6.493	0.011 *
D. 教育	选中	808(39.49)	794(39.92)	1602(39.70)	0.077	0.781
E. 艺术	选中	329(16.08)	549(27.60)	878(21.76)	78.640	0.000 **
F. 体育	选中	434(21.21)	189(9.50)	623(15.44)	105.923	0.000 **
G. 其他	选中	931(45.50)	960(48.27)	1891(46.86)	3.090	0.079
* $p<0.05$ ** $p<0.01$						

3. 城市青少年观看电视内容基本情况调查

电视不再是城市青少年的首选媒介,但电视还是部分城市青少年课后娱乐的主要媒介,因此笔者设计了有关城市青少年使用电视观看内容的多选题来了解相关情况。具体调查数据如表 3.3-13 所示。

表 3.3-13 观看电视内容响应率和普及率汇总

选项	n	响应率	普及率($n=4035$)
A. 社会新闻节目	1584	18.97%	39.26%
B. 时事政治节目	817	9.79%	20.25%
C. 社教文化节目	897	10.74%	22.23%
D. 戏剧、综艺、娱乐节目	2618	31.36%	64.88%
E. 体育节目	813	9.74%	20.15%
F. 卡通节目	1620	19.40%	40.15%
汇总	8349	100%	206.92%
拟合优度检验 $\chi^2=1798.644$ $p=0.000$			

在进行问卷调查之前,假设性别对城市青少年观看电视节目的内容有

一定的影响,为了验证相关假设,笔者进行了性别和观看电视节目内容选项的 x^2 检验。具体数据如表 3.3-14 所示。

表 3.3-14 性别与观看电视节目内容 x^2 检验(交叉分析)结果

选项		男孩数量 (百分比/%)	女孩数量 (百分比/%)	总计 (百分比/%)	x^2	p
A. 社会新闻节目	选中	864(42.23)	720(36.20)	1584(39.26)	15.377	0.000 **
B. 时事政治节目	选中	486(23.75)	331(16.64)	817(20.25)	31.592	0.000 **
C. 社教文化节目	选中	489(23.90)	408(20.51)	897(22.23)	6.694	0.010 **
D. 戏剧、综艺、 娱乐节目	选中	1164(56.89)	1454(73.10)	2618(64.88)	116.316	0.000 **
E. 体育节目	选中	598(29.23)	215(10.81)	813(20.15)	212.651	0.000 **
F. 卡通节目	选中	839(41.01)	781(39.27)	1620(40.15)	1.272	0.259
* $p<0.05$ ** $p<0.01$						

利用 x^2 检验去研究性别对城市青少年看电视时喜欢看哪类节目的影响的差异关系,从上表可以看出:不同性别对城市青少年看电视时通常喜欢看卡通节目这一项不会表现出显著性($p>0.05$),其他 5 项呈现出显著性($p<0.05$),意味着不同性别的城市青少年选择电视节目内容会有差异,具体可结合括号内百分比进行对比。(1)在看社会新闻节目上呈现出 0.01 水平的显著性差异($x^2 = 15.377$,$p = 0.000<0.01$),通过百分比对比可知,男孩的选择比例为 42.23%,明显高于女孩的选择比例 36.20%。(2)在看时事政治节目上呈现出 0.01 水平的显著性差异($x^2 = 31.592$,$p = 0.000<0.01$),通过百分比对比可知,男孩的选择比例为 23.75%,明显高于女孩的选择比例 16.64%。(3)在看社教文化节目上呈现出 0.01 水平的显著性差异($x^2 = 6.694$,$p = 0.010<0.01$),通过百分比对比可知,男孩的选择比例为 23.90%,高于女孩选择比例 20.51%。(4)在看戏剧、综艺、娱乐节目上呈现出 0.01 水平的显著性差异($x^2 = 116.316$,$p = 0.000<0.01$),通过百分比对比可知,女孩的选择比例为 73.10%,明显高于男孩的选择比例 56.89%。(5)在看体育

节目上呈现出 0.01 水平的显著性差异($x^2 = 212.651, p = 0.000 < 0.01$),通过百分比对比可知,男孩的选择比例为 29.23%,明显高于女孩的选择比例 10.81%。

总结可知:(1)不同性别样本显示城市青少年看电视时,在选择看卡通节目时不会表现出显著性差异,接近 40% 的城市青少年都喜欢观看这类电视节目。(2)不同性别的城市青少年对于体育节目的喜欢,男孩远高于女孩,对社会新闻节目、时事政治节目、社教文化节目的喜欢也是男孩高于女孩。而对戏剧、综艺、娱乐节目,女孩的喜欢程度要高于男孩。

4. 城市青少年喜欢观看的网络内容调查分析

随着手机、电脑、平板电脑在城市家庭的日益普及,越来越多的城市青少年成为"赛博"少年,他们生活中处处接触网络、使用网络。表 3.3-15 中的数据显示拟合优度检验呈现显著性 ($x^2 = 2130.907, p = 0.000 < 0.05$),意味着各项的选择比例具有明显差异,通过表 3.3-15 可以看出城市青少年通常喜欢的社会新闻,戏剧、综艺、娱乐,其他这 3 项的响应率和普及率明显较高。

表 3.3-15 城市青少年观看网络内容响应率和普及率汇总表格

选项	n	响应率	普及率($n = 4035$)
A. 社会新闻	1658	20.18%	41.09%
B. 时事政治报道	759	9.24%	18.81%
C. 时事讨论	543	6.61%	13.46%
D. 社教文化	787	9.58%	19.50%
E. 戏剧、综艺、娱乐	2239	27.25%	55.49%
F. 体育报道	665	8.09%	16.48%
G. 其他	1566	19.06%	38.81%
拟合优度检验:$x^2 = 2130.907\ p = 0.000$			

假设性别对城市青少年使用的网络内容有一定的影响,通过数据调研进行验证。为了验证假设,笔者进行了性别和网络内容选项 x^2 检验如表 3.3-16 所示。

表 3.3-16　性别和网络内容 χ^2 检验(交叉分析)结果

选项		男孩数量 (百分比/%)	女孩数量 (百分比/%)	总计 (百分比/%)	χ^2	p
A. 社会新闻	选中	899(43.94)	759(38.16)	2377(58.91)	13.917	0.000 **
B. 时事政治报道	选中	444(21.70)	315(15.84)	3276(81.19)	22.707	0.000 **
C. 时事讨论	选中	300(14.66)	243(12.22)	3492(86.54)	5.179	0.023 *
D. 社教文化	选中	416(20.33)	371(18.65)	3248(80.50)	1.813	0.178
E. 戏剧、综艺、娱乐	选中	963(47.07)	1276(64.15)	1796(44.51)	119.199	0.000 **
F. 体育报道	选中	473(23.12)	192(9.65)	3370(83.52)	132.849	0.000 **
G. 其他	选中	789(38.56)	777(39.10)	2469(61.19)	0.107	0.744

* $p<0.05$　** $p<0.01$

从上表可知,不同性别城市青少年对是否喜欢看社教文化与其他这 2 项的影响没有表现出显著性差异($p>0.05$),意味着不同性别城市青少年这 2 项表现一致。另外 5 项呈现出显著性差异($p<0.05$),具体差异可结合括号内百分比进行对比。(1)性别对城市青少年喜欢看社会新闻的影响呈现出 0.01 水平的显著性差异($\chi^2 = 13.917, p = 0.000<0.01$),通过百分比对比可知,男孩的选择比例为 43.94%,明显高于女孩的选择比例 38.16%。(2)性别对城市青少年喜欢看时事政治报道的影响呈现出 0.01 水平的显著性差异($\chi^2 = 22.707, p = 0.000<0.01$),通过百分比对比可知,男孩的选择比例为 21.70%,明显高于女孩的选择比例 15.84%。(3)性别对城市青少年喜欢看时事讨论的影响呈现出 0.05 水平的显著性差异($\chi^2 = 5.179, p = 0.023<0.05$),通过百分比对比可知,男孩的选择比例为 14.66%,明显高于女孩的选择比例 12.22%。(4)性别对城市青少年喜欢看戏剧、综艺、娱乐的影响呈现出 0.01 水平的显著性差异($\chi^2 = 119.199, p = 0.000<0.01$),通过百分比对比可知,女孩的选择比例为 64.15%,明显高于男孩的选择比例 47.07%。(5)性别对城市青少年喜欢看体育报道的影响呈现出 0.01 水平的显著性差异($\chi^2 = 132.849, p = 0.000<0.01$),通过百分比对比可知,男孩的选择比例为

23.12%,明显高于女孩的选择比例 9.65%。

总结以上,城市青少年中男孩、女孩在观看社教文化、其他两种网络内容上没有较大差异,而在体育报道等相关内容上,男孩的选择比例远高于女孩,在社会新闻、时事政治报道、时事讨论这三个选项上男孩高于女孩,在戏剧、综艺、娱乐这个选项上女孩远高于男孩。

(四)城市青少年电脑、网络等媒介知识来源数据研究结果分析

1. 城市青少年获取电脑、网络知识的主要渠道调查

为了解城市青少年获取电脑、网络知识的主要渠道,笔者设计了相关多选题来进行调查,并针对多选题各选项选择比例分布是否均匀的问题,使用 χ^2 拟合优度检验进行分析。从表 3.3-17 可知,拟合优度检验呈现出显著性 ($\chi^2 = 1018.756, p = 0.000 < 0.05$),意味着各项的选择比例具有明显差异,通过响应率或普及率具体对比差异。具体来看,城市青少年获得电脑及网络知识的主要来源是学校或者课外班、父母指导、上网自学,这 3 项来源的响应率和普及率明显较高。通过响应率比较可以知道,城市青少年上网自学电脑、网络知识的比例最高达到了 21.06%,父母指导、学校或者课外班两项的选择也较高,分别为 18.31% 和 18.69%。

表 3.3-17　城市青少年电脑、网络知识来源响应率和普及率汇总表格

选项	n	响应率	普及率($n=4035$)
A. 学校或者课外班	1713	18.69%	42.45%
B. 父母指导	1678	18.31%	41.59%
C. 向同学、朋友请教	1300	14.18%	32.22%
D. 上网自学	1930	21.06%	47.83%
E. 电视	774	8.44%	19.18%

续表

选项	n	响应率	普及率($n=4035$)
F. 电脑网络书籍	841	9.18%	20.84%
G. 其他	930	10.14%	23.05%
汇总	9166	100%	227.16%
拟合优度检验：$\chi^2=1018.756$ $p=0.000$			

2. 城市青少年使用网络、电脑遇到问题解决办法调查

笔者设计了多选题进行相关验证，通过分析响应率情况即多选题各选项的选择比例，重点描述比例较高项。通过分析普及率，即整体上看，多选题各选项占所有选择的比例情况，重点分析选择比例较高项。使用χ^2拟合优度检验进行分析，经过计算得到表3.3-18，根据表中数据可知拟合优度检验呈现出显著性（$\chi^2=2474.361$，$p=0.000<0.05$），意味着各项的选择比例具有明显差异。具体来看，城市青少年在使用电脑、网络遇到困难时，通常会找父母帮忙或上网自学，这2项的响应率和普及率明显较高。

表 3.3-18　城市青少年使用网络、电脑遇到困难求助响应率和普及率汇总表格

选项	n	响应率	普及率($n=4035$)
A. 老师	734	9.35%	18.19%
B. 父母	2676	34.08%	66.32%
C. 同学	1353	17.23%	33.53%
D. 朋友	1172	14.93%	29.05%
E. 亲戚	337	4.29%	8.35%
F. 上网自学	1579	20.12%	39.13%
汇总	7851	100%	194.57%
拟合优度检验：$\chi^2=2474.361$ $p=0.000$			

笔者假设性别对城市青少年在使用手机、电脑、网络时遇到困难向谁求助有一定的影响，并对性别和相关内容选项进行了χ^2检验，具体结果如表

3.3-19 所示。

表 3.3-19　性别和使用手机、电脑、网络遇到困难时求助途径 χ^2 检验（交叉分析）结果

选项		男孩数量 （百分比/%）	女孩数量 （百分比/%）	总计 （百分比/%）	χ^2	p
A. 老师	选中	376(18.38)	358(18.00)	734(18.19)	0.097	0.755
B. 父母	选中	1320(64.52)	1356(68.17)	2676(66.32)	6.045	0.014*
C. 同学	选中	651(31.82)	702(35.29)	1353(33.53)	5.467	0.019*
D. 朋友	选中	556(27.17)	616(30.97)	1172(29.05)	7.049	0.008**
E. 亲戚	选中	182(8.90)	155(7.79)	337(8.35)	1.602	0.206
F. 上网自学	选中	830(40.57)	749(37.66)	1579(39.13)	3.585	0.058
* $p<0.05$　** $p<0.01$						

从上表可以看出，不同性别样本在向老师、亲戚求助或上网自学这 3 项上没有表现出显著性差异（$p>0.05$），而在找父母、同学、朋友帮忙这 3 项上呈现出显著性差异（$p<0.05$），具体可结合括号内的百分比进行对比。（1）性别对城市青少年在使用手机、电脑、网络遇到困难时找父母帮忙的影响呈现出 0.05 水平的显著性差异（$\chi^2=6.045$，$p=0.014<0.05$），通过百分比对比可知，男孩选择的比例为 64.52%，低于女孩的 68.17%。（2）性别对城市青少年在使用手机、电脑、网络遇到困难时找同学帮忙的影响上呈现出 0.05 水平的显著性差异（$\chi^2=5.467$，$p=0.019<0.05$），通过百分比对比可知，男孩的选择比例为 31.82%，低于女孩的 35.29%。（3）性别对城市青少年使用手机、电脑、网络遇到困难时找朋友帮忙的影响上呈现出 0.01 水平的显著性差异（$\chi^2=7.049$，$p=0.008<0.01$），通过百分比对比可知，男孩选择的比例为 27.17%，低于女孩的 30.97%。

总结可知：不同性别对城市青少年在使用手机、电脑、网络遇到困难时向老师、亲戚寻求帮助和上网自学这 3 种途径没有表现出显著性差异。另外，不同性别对城市青少年使用手机、电脑、网络遇到困难时找父母、同学、朋友帮忙这 3 种途径呈现出显著性差异，相对来说，都是女孩高于男孩。

(五)城市青少年媒介使用与父母关系数据研究结果分析

此部分笔者通过父母经常限制您使用媒介(手机、电脑、网络);父母经常指导您使用媒介(手机、电脑、网络);最近半年,在媒介使用上,您没有与父母发生过冲突三个问题来进行城市青少年媒介使用和父母关系调查。在选项上采取李克特五级量表来进行相关设置,同时预先假设性别对笔者设置的三个问题都有影响,并进行X^2检验。具体调查结果如下。

1. 城市青少年的父母是否经常限制其使用媒介(手机、电脑、网络)

此项调查采用李克特五级量表来表现父母对子女使用手机、电脑、网络的限制程度。具体数据如表3.3-20所示,从表中可知:有42.83%的城市青少年受访者在父母经常限制其使用媒介(手机、电脑、网络)的问题中选择"比较符合",选择"非常符合"的比例是33.93%。这说明城市青少年父母经常限制其使用手机、电脑、网络等产品。

表3.3-20　父母限制子女使用媒介频数分析结果

题目	选项	频数	百分比/%	累积百分比/%
父母经常限制您使用媒介(手机、电脑、电视)	完全不符合	141	3.49	3.49
	比较不符合	283	7.01	10.50
	不确定	514	12.74	23.24
	比较符合	1728	42.83	66.07
	非常符合	1369	33.93	100

假设性别影响父母对青少年使用手机、电脑、网络等媒介的情况,然后对性别和相关限制选项进行X^2检验,得到具体数据如表3.3-21所示。从表3.3-21的数据可以看出:不同性别样本对父母经常限制其使用媒介(手机、电脑、网络)的选择呈现出显著性差异($X^2 = 11.97, p = 0.018 < 0.05$),通过百分比对比可知,有36.27%的男孩选择"非常符合",有31.52%的女孩选择"非常符合"。选择"比较符合"的男孩为41.84%,选择"比较符合"的女孩为43.84%,其他多数选项是女孩高于男孩。

表 3.3-21 性别与父母限制 χ^2 检验（交叉分析）结果

题目	选项	男孩数量 （百分比/%）	女孩数量 （百分比/%）	总计 （百分比/%）	χ^2	p
父母经常限制您使用媒介（手机、电脑、网络）	完全不符合	73(3.57)	68(3.42)	141(3.49)	11.97	0.018 *
	比较不符合	134(6.55)	149(7.49)	283(7.01)		
	不确定	241(11.78)	273(13.73)	514(12.74)		
	比较符合	856(41.84)	872(43.84)	1728(42.83)		
	非常符合	742(36.27)	627(31.52)	1369(33.93)		
总计		2046	1989	4035		
* $p<0.05$ ** $p<0.01$						

2. 城市青少年父母是否经常指导他们使用媒介（手机、电脑、网络）

青少年的价值观和世界观还没有成熟,他们有时可能会沉迷于网络世界,在使用相关网络产品时需要父母的指导,因此笔者设置了该问题来调查了解城市青少年的父母是否经常指导他们使用相关产品。具体数据如表3.3-22所示。从表中数据可知,样本中有超过三成选择了“比较符合”,而选“非常符合”的有 16.15%,此两项占比达到49.24%,样本中有20.87%的城市青少年选择了“不确定”。

表 3.3-22 父母是否指导青少年使用媒介频数分析结果

题目	选项	频数	百分比/%	累积百分比/%
父母经常指导您使用媒介（手机、电脑、网络）	完全不符合	648	16.06	16.06
	比较不符合	558	13.83	29.89
	不确定	842	20.87	50.76
	比较符合	1335	33.09	83.85
	非常符合	652	16.15	100

3. 城市青少年使用媒介与父母关系调查

笔者设计了问题"最近半年,在媒介使用上,没有与父母发生过冲突"来进行调查,统计结果如表 3.3-23 所示。从表 3.3-23 中可以看出,选择"比较符合"的达到了 29.86%,选择"完全符合"的占到 20.1%,选择"不确定"的达到了 18.69%,说明城市青少年在媒介使用中与父母的关系相对较好,但是依然有 16.95% 的孩子选择了"完全不符合",说明也有不少城市青少年在媒介使用中与父母有冲突。

表 3.3-23　城市青少年与父母关于媒介使用之间冲突频数分析结果

题目	选项	频数	百分比/%	累积百分比/%
最近半年,在媒介使用上,没有与父母发生过冲突	完全不符合	684	16.95	16.95
	比较不符合	581	14.40	31.35
	不确定	754	18.69	50.04
	比较符合	1205	29.86	79.90
	完全符合	811	20.10	100.00

第四节　随迁子女媒介使用基本情况调研

我们还对 196 名进城务工人员的随迁子女进行了调查,以了解其媒介使用情况。问卷全部填答完整,数据使用 SPSS 和问卷星进行分析。在 SPSS 中对问卷进行整体信度分析,最终信度系数值为 0.840,大于 0.8,说明研究数据信度较高。

一、本次调查样本基本情况

参与调查的学生中男学生的比例为 50.71%,高于女学生的 49.29%。由于不同地区小学、中学的学制不同,我们使用一年级至九年级对应九年义务教育的各个年级,如表 3.4-1 所示。在参与调查的学生中,六、七、八、九这 4 个年级的学生较多。

表 3.4-1　参与调查学生的基本特征

年级	一	二	三	四	五	六	七	八	九	高一	高二	高三
人数	5	5	9	6	10	23	47	43	32	6	10	0

　　受访的 196 名进城务工人员随迁子女的家庭收入主要来源是农业收入和父母务工收入,家庭收入情况如表 3.4-2 所示,可以看出此次调查的学生家庭中,87.8%的家庭月收入在 5 000 元以下。

表 3.4-2　父母每月总收入统计

收入区间	频率	百分比/%	有效百分比/%	累积百分比/%
3000 以下	116	59.2	59.2	59.2
3000～5000	56	28.6	28.6	87.8
5000～8000	13	6.6	6.6	94.4
8000～12000	8	4.1	4.1	98.5
12000 以上	3	1.5	1.5	100.0
总计	196	100.0	100.0	—

二、本次调查问卷设计

　　为了充分了解随迁子女媒介使用的基本情况,我们分别从青少年媒介接触情况、媒介产品使用情况、媒介内容使用情况、青少年电脑和网络等媒介知识相关情况、青少年使用媒介和父母之间关系等方面进行研究。

　　(一)随迁子女媒介接触情况数据研究分析

　　1. 随迁子女媒介占有情况统计分析

　　家庭媒介占有情况的具体调查数据如表 3.4-3 所示。通过此次调查我们发现,手机、电视在随迁子女家庭中普及率较高,电脑、平板电脑这些电子设备的普及率较低,手机、电视是随迁子女接触较多的电子媒介。传统媒介,如杂志和收音机占有一定的比重。

表 3.4-3 媒介占有情况

名称	选项	频数	百分比/%
课外读物	有	141	71.94
杂志	有	55	28.06
收音机	有	50	25.51
电视	有	174	88.78
电脑	有	83	42.35
手机	有	181	92.35
平板电脑	有	45	22.96

2. 随迁子女对各种媒介产品喜欢程度的调查分析

随迁子女对各种媒介产品喜爱程度的具体统计结果如表 3.4-4 所示,可以看出传统媒体对青少年的影响越来越弱。进城务工人员家庭中手机占有率较高,电视、平板电脑占有率较低,随迁子女对各种媒介产品的喜爱程度比较均衡,手机和课外读物是随迁子女最喜欢的媒介产品。

表 3.4-4 频数分析结果

名称	选项	频数	百分比/%	累积百分比/%
最喜欢的媒介产品	课外读物	59	30.1	30.1
	杂志	6	3.06	33.16
	收音机	0	0	33.16
	电视	22	11.23	44.39
	电脑	12	6.12	50.51
	手机	95	48.47	98.98
	平板电脑	2	1.02	100
合计		196	100	—

我们在开始调查之前假设性别会影响青少年对媒介的喜爱程度,课题组进行了性别和媒介产品喜爱程度交叉相关分析,分析结果如表3.4-5所示。

表3.4-5 性别与媒介产品喜爱程度交叉(卡方)分析结果

名称	选项	男孩数量 (百分比/%)	女孩数量 (百分比/%)	总计	χ^2	p
您最喜欢的媒介	课外读物	21(20.79)	38(40.00)	59(30.10)	17.31	0.004 **
	杂志	1(0.99)	5(5.26)	6(3.06)		
	收音机	0	0	0		
	电视	11(10.89)	11(11.58)	22(11.22)		
	电脑	8(7.92)	4(4.21)	12(6.12)		
	手机	60(59.41)	35(36.84)	95(48.47)		
	平板电脑	0(0.00)	2(2.11)	2(1.02)		

*$p<0.05$ ** $p<0.01$

从上表可以看出不同性别样本对最喜欢的媒介产品呈现出显著性差异($p<0.05$),这意味着性别会影响青少年对媒介的喜爱程度,差异显著($\chi^2 = 17.31, p=0.004<0.01$)。通过对比可知,男孩更喜欢手机、课外读物,女孩更喜欢课外读物和手机,但其他媒介产品的样本量较少,可比性不高。

3. 随迁子女上学时媒介产品使用情况调查分析

为了了解随迁子女上学时媒介产品的使用情况,我们设计了相关问题并整理相关调查选项①,得到描述性统计表,如表3.4-6所示。从表中可以看出:手机使用时间最长,平均值在3.031;课外读物是随迁子女使用较多的媒介;电视的平均值在2.332,说明在上学期间受访者使用电视也相对较多。

---

① 1~5分别代表选项中的"A. 几乎不用 B. 30分钟以内 C. 30分钟到1小时 D. 1~2小时 E. 2小时以上",中位数表明这组数据的集中趋势,也就是大多数学生的选择。

表 3.4-6　随迁子女上学时媒介产品的使用情况

名称	样本量	最小值	最大值	平均值	标准数	中位数
课外读物	196	1	5	2.291	1.173	2
杂志	196	1	5	1.638	1.08	1
收音机	196	1	5	1.454	1.019	1
电视	196	1	5	2.332	1.247	2
电脑	196	1	5	1.719	1.189	1
手机	196	1	5	3.031	1.377	3
平板电脑	196	1	5	1.668	1.231	1

4. 随迁子女放假期间对各种媒介产品的使用情况

为了了解随迁子女放假期间使用媒介产品的情况,我们设置了学生对各种媒介产品使用时间和对媒介产品依赖程度的自我评价两个问题。对媒介产品依赖程度的自我评价如表 3.4-7 所示,针对该多选题各选项选择比例分布是否均匀的问题,我们使用 χ^2 拟合优度检验进行分析。从表中数据可知,拟合优度检验呈现出显著性 $(\chi^2=32.211, p=0.000<0.05)$,这意味着各项选择比例具有明显的差异性,可通过响应率或普及率具体对比差异性。具体来看,随迁子女放假期间对手机的依赖程度的响应率和普及率明显较高,说明对手机依赖程度较高,其次是课外读物和电视,其他各项则相差不多。

表 3.4-7　媒介依赖程度响应率和普及率汇总表格

媒介产品	n	响应率	普及率($n=196$)
课外读物	24	16.90%	12.24%
杂志	13	9.15%	6.63%
收音机	15	10.56%	7.65%
电视	20	14.08%	10.20%
电脑	12	8.45%	6.12%

续表

媒介产品	n	响应率	普及率($n=196$)
手机	42	29.58%	21.43%
平板电脑	16	11.27%	8.16%
拟合优度检验:$\chi^2=32.211$ $p=0.000$			

(二)随迁子女媒介产品使用情况研究结果分析

1. 媒介产品使用数据统计研究结果

新媒体环境下青少年已经成为网络用户的重要组成部分,了解他们使用媒介产品的情况有利于引导他们合理利用这种产品。具体的调查数据采取平均值雷达图形式,见图3.4-1。从图中可以看出,经常使用社交软件的平均值较高,达到了3.85,使用即时通信的平均值为3.25,使用搜索引擎的平均值为3.10,音乐播放软件的平均值为3.47,短视频APP传统视频网站以及百科类产品使用时间差不多,个性空间网站和微博的使用时间不多。

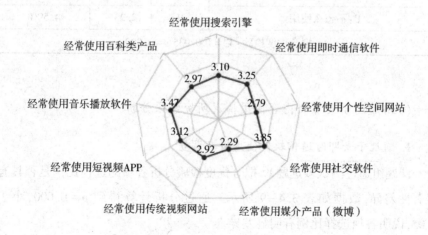

图3.4-1 平均值雷达图

2. 随迁子女使用社交媒体原因调查

为了了解随迁子女使用社交媒体的原因,本次调查采用多选题进行相关研究,并用多重响应进行分析,根据响应率和普及率来对比各个选项的相对选择比例情况,具体如表 3.4-8 所示。针对多选题各选项选择比例分布是否均匀的问题,使用 χ^2 拟合优度检验进行分析。由表可知,拟合优度检验呈现出显著性 ($\chi^2 = 160.035, p = 0.000 < 0.05$),这意味着各项的选择比例具有明显的差异性,可通过响应率或普及率具体对比差异性。具体来看,"方便我与家人、朋友保持联系"和"学习的需求"这两项的响应率和普及率明显较高,说明随迁子女使用相关媒介产品的主要目的是沟通以及学习。获取新闻以及信息(14.85%)和休闲娱乐(14.85%)的响应率紧随其后,还有 2.23%的同学选择不怎么使用这两种产品。

表 3.4-8 社交媒体使用响应率和普及率汇总表格

事项	n	响应率	普及率($n = 196$)
A:方便我与家人、朋友保持联系	153	37.87%	78.06%
B:获取新闻以及信息	60	14.85%	30.61%
C:学习的需求	122	30.20%	62.24%
D:休闲娱乐	60	14.85%	30.61%
E:不怎么使用	9	2.23%	4.59%
拟合优度检验: $\chi^2 = 160.035$ $p = 0.000$			

(三)随迁子女媒介内容使用情况研究结果分析

1. 随迁子女即时通信软件使用情况调查

课题组通过测试多选题 χ^2 拟合优度检验分析各项的选择比例是否具有显著性差异,数据如表 3.4-9 所示。通过分析计算得到 $p = 0.000$,小于 0.05,说明各项选择比例有明显差异。

表 3.4- 9   即时通信软件使用情况响应率和普及率汇总表格

事项	n	响应率	普及率($n=196$)
A:聊天	137	36.15%	69.90%
B:玩游戏	32	8.44%	16.33%
C:养宠物	12	3.17%	6.12%
D:听音乐	59	15.57%	30.10%
E:发邮件	28	7.39%	14.29%
F:写日记	40	10.55%	20.41%
G:其他	71	18.73%	36.22%
拟合优度检验:$\chi^2=190.660$ $p=0.000$			

2. 随迁子女社交软件使用基本情况调查

社交软件在城市青少年对媒介产品依赖程度的自我评价中选择率最高,了解青少年使用社交软件的目的以及利用社交软件了解青少年关注的热点有助于我们了解青少年的媒介使用行为。为了了解随迁子女使用社交软件的基本情况,我们测试该多选题 χ^2 拟合优度检验,分析各项的选择比例是否具有显著性差异,判断各项的选择差异性。由表 3.4-10 可知,拟合优度检验呈现出显著性 ($\chi^2=29.500,p=0.000<0.05$),意味着各项的选择比例具有明显差异性,可通过响应率或普及率具体对比差异性。具体来看,随迁子女在社交软件上经常观看新闻、教育和其他内容,这三项的响应率和普及率明显较高,说明随迁子女大多利用社交软件看新闻,学习与教育相关的知识或做其他事情。其他几项,如阅读娱乐资讯、阅读文学内容、关注艺术和体育的响应率和普及率则差不多。

表 3.4- 10   社交软件使用情况响应率和普及率汇总表格

关注内容	n	响应率	普及率($n=196$)
A:新闻	94	20.98%	47.96%
B:娱乐	51	11.38%	26.02%

续表

关注内容	n	响应率	普及率($n=196$)
C:文学	62	13.84%	31.63%
D:教育	77	17.19%	39.29%
E:艺术	51	11.38%	26.02%
F:体育	43	9.60%	21.94%
G:其他	70	15.63%	35.71%
拟合优度检验:$\chi^2=29.500$ $p=0.000$			

3. 随迁子女观看电视内容基本情况调查

电视不再是当今青少年的首选媒体,但电视仍然是部分青少年的主要媒介产品,因此我们设计了相关多选题来了解城市中随迁子女观看电视节目内容的情况。具体调查数据如表 3.4-11 所示。

表 3.4-11　观看电视内容响应率和普及率汇总

电视内容	n	响应率	普及率($n=196$)
A:社会新闻节目	81	20.30%	41.33%
B:时事政治节目	39	9.77%	19.90%
C:社教文化节目	44	11.03%	22.45%
D:戏剧、综艺、娱乐节目	110	27.57%	56.12%
E:体育节目	51	12.78%	26.02%
F:卡通节目	74	18.55%	37.76%
拟合优度检验:$\chi^2=55.060$ $p=0.000$			

4. 随迁子女喜欢观看的网页内容调查分析

随着手机、电脑、平板电脑的日益普及,青少年在生活中已经离不开网络。随迁子女观看网页内容的具体情况如表 3.4-12 所示,拟合优度检验呈现出显著性 ($\chi^2=55.591$,$p=0.000<0.05$),这意味着各项的选择比例具有明显差异性。通过响应率或普及率具体对比差异性,可以看出城市随迁子女

喜欢看社会新闻,戏剧、综艺、娱乐及其他,这四个选项的响应率和普及率明显较高。

表 3.4-12　随迁子女观看网页内容响应率和普及率汇总表格

网页内容	n	响应率	普及率($n=196$)
A:社会新闻	82	19.71%	41.84%
B:时事政治报道	44	10.58%	22.45%
C:时事讨论	31	7.45%	15.82%
D:社教文化	48	11.54%	24.49%
E:戏剧、综艺、娱乐	94	22.60%	47.96%
F:体育报道	44	10.58%	22.45%
G:其他	73	17.55%	37.24%
拟合优度检验:$\chi^2=55.591\ p=0.000$			

(四)随迁子女使用电脑、网络研究结果分析

1. 随迁子女获取电脑知识、网络知识的主要渠道调查

为了了解随迁子女获取电脑知识、网络知识的主要渠道,我们设计了相关多选题来进行相关调查,针对多选题各选项选择比例分布是否均匀,使用 χ^2 拟合优度检验进行分析。从表 3.4-13 可知,拟合优度检验呈现出显著性($\chi^2=33.346,p=0.000<0.05$),这意味着各项选择比例具有明显差异性,通过响应率或普及率具体对比差异性。具体来看,随迁子女获得电脑知识、网络知识的主要来源是学校或者课外班、父母指导、上网自学和其他途径,这四项的响应率和普及率相对较高。通过比较响应率我们可以知道,随迁子女上网自学电脑知识、网络知识的响应率最高,达到了 22.43%,父母指导、学校或者课外班这两项的响应率也较高,分别为 13.08% 和 16.12%。

表 3.4-13　随迁子女电脑、网络知识来源响应率和普及率汇总表格

渠道	n	响应率	普及率($n=196$)
A:学校或者课外班	69	16.12%	35.20%
B:父母指导	56	13.08%	28.57%
C:向同学、朋友请教	62	14.49%	31.63%
D:上网自学	96	22.43%	48.98%
E:电视	41	9.58%	20.92%
F:电脑网络书籍	43	10.05%	21.94%
G:其他	61	14.25%	31.12%
拟合优度检验:$\chi^2=33.346$ $p=0.000$			

2. 随迁子女遇到电脑问题、网络问题时解决办法调查

针对此方面我们采用多选题进行相关验证,分析响应率情况,即分析多选题各选项的选择比例,重点描述比例较高项。分析普及率,即整体上看多选题各选项占所有选项的比例情况,重点分析选择比例较高项,使用χ^2拟合优度检验进行分析。经过统计计算得到表 3.4-14,根据表中数据可以得到拟合优度检验呈现出显著性 ($\chi^2=33.981$,$p=0.000<0.05$),这意味着各项的选择比例具有明显差异性。具体来看,随迁子女在使用电脑、网络的过程中遇到困难时,通常会找父母帮忙,求助朋友、同学或上网自学,这四项的响应率和普及率明显较高。

3.4-14　随迁子女困难求助响应率和普及率汇总表格

求助方式	n	响应率	普及率($n=196$)
A:老师	57	13.64%	29.08%
B:父母	87	20.81%	44.39%
C:同学	80	19.14%	40.82%
D:朋友	85	20.33%	43.37%
E:亲戚	31	7.42%	15.82%
F:上网自学	78	18.66%	39.80%
拟合优度检验:$\chi^2=33.981$ $p=0.000$			

(五)随迁子女使用媒介与父母关系数据研究结果分析

我们将随迁子女使用媒介分为父母经常限制子女使用媒介(手机、电脑、网络)、父母经常指导子女使用媒介(手机、电脑、网络)以及最近半年在媒介使用上子女没有与父母发生过冲突。在选项上采用李克特五级量表设置相关选项,同时课题组预先假设性别对子女与父母发生冲突、父母限制随迁子女使用媒介和父母指导随迁子女使用媒介都有影响,进行 χ^2 检验。具体调查结果如下:

1. 随迁子女的父母是否经常限制他们使用媒介(手机、电脑、网络)

此项调查采用李克特五级量表来表现父母对子女使用手机、电脑、网络的限制程度,如表 3.4 – 15 所示。有 34.70% 的样本选择"比较符合",29.08% 的样本选择"非常符合",这说明随迁子女的父母经常限制他们使用手机、电脑、网络等媒介产品。

表 3.4-15　父母限制子女使用媒介频数分析结果

名称	选项	频数	百分比/%	累积百分比/%
父母经常限制子女使用媒介(手机、电脑、网络)	完全不符合	12	6.12	6.12
	比较不符合	17	8.67	14.79
	不确定	42	21.43	36.22
	比较符合	68	34.70	70.92
	非常符合	57	29.08	100.00

2. 随迁子女父母是否经常指导他们使用媒介(手机、电脑、电视)

青少年还没有形成比较成熟的价值观和世界观,如果引导不当,他们很容易沉迷网络,因此我们设置了该问题来调查了解随迁子女的父母是否经常指导他们使用相关产品。具体数据如表 3.4-16 所示。从表中数据可知,在随迁子女父母是否经常指导他们使用媒介的各选项中,有 24.49% 的样本选择"比较符合",选"非常符合"的有 10.2%,此两项占比达到 34.69%,有

23.98%的样本选择"不确定"。

表3.4-16　父母是否指导青少年使用媒介频数分析结果

名称	选项	频数	百分比/%	累积百分比/%
父母经常指导您使用媒介(手机、电脑、电视)	完全不符合	51	26.02	26.02
	比较不符合	30	15.31	41.33
	不确定	47	23.98	65.31
	比较符合	48	24.49	89.8
	非常符合	20	10.2	100

为了验证性别是否会影响父母对随迁子女使用相关媒介产品进行指导,我们利用SPSS对数据进行性别和选项x^2检验,具体结果如表3.4-17所示。通过表中数据可以得出,利用x^2检验(交叉分析)去研究性别对父母是否经常指导子女使用媒介(手机、电脑、电视)的影响,从表可以看出$p = 0.445$,未表现出显著性($p > 0.05$),意味着不同性别样本父母是否经常指导子女使用媒介(手机、电脑、电视)表现出一致性,并没有显著差异。

表3.4-17　性别与父母指导x^2检验(交叉分析)结果

名称	选项	男孩	女孩	总计	x^2	p
父母经常指导您使用媒介(手机、电脑、电视)	完全不符合	24(23.76)	27(28.42)	51(26.02)	3.722	0.445
	比较不符合	16(15.84)	14(14.74)	30(15.31)		
	不确定	27(26.73)	20(21.05)	47(23.98)		
	比较符合	21(20.79)	27(28.42)	48(24.49)		
	非常符合	13(12.87)	7(7.37)	20(10.20)		
			$*p < 0.05$　$**p < 0.01$			

3. 随迁子女使用媒介与父母关系调查

本次调查中我们针对最近半年在媒介使用上是否与父母发生过冲突进

行调查,统计结果如表 3.4-18 所示。从表中可以看出,选择"比较符合"的受访者最多,达到了 26.53%,选择"完全符合"的受访者有 17.86%,选择"不确定"的受访者有 27.55%,说明随迁子女在媒介使用上与父母关系相对较好,但是依然有 17.35% 的受访者选择了"完全不符合",说明存在一定比例的受访者因媒介使用而与父母的关系紧张。

表 3.4-18　青少年与父母关于媒介使用发生冲突频数分析结果

名称	选项	频数	百分比/%	累积百分比/%
最近半年, 在媒介使用 上您没有与 父母发生过 冲突	完全不符合	34	17.35	17.35
	比较不符合	21	10.71	28.06
	不确定	54	27.55	55.61
	比较符合	52	26.53	82.14
	完全符合	35	17.86	100.00

第五节　青少年媒介使用的差异与问题分析

随着电脑、手机、平板电脑等设备的普及以及无线网络的覆盖,青少年已经成为使用网络的新生力量。但是青少年的心智尚未成熟,部分青少年在使用媒介时缺少父母监管。了解青少年网络使用情况以及媒介素养现状,指导青少年更好地了解、使用媒介是一个值得我们重点研究的问题。我们采用定量研究方法,主要采用网络问卷的形式收集数据。问卷分为两个部分,第一部分主要是了解青少年基本情况以及青少年使用媒介情况,第二部分参照李金城的中学生媒介素养测量量表以及吴吟的媒介信息素养测评量表。问卷共收回 11033 份,问卷全部填答完整,采用 SPSS 软件进行数据分析,在 SPSS 软件中对问卷进行整体信度分析,最终信度系数值为 0.851,大于 0.8,说明研究数据信度较高。本次调查样本的基本情况如表 3.5-1所示。

表 3.5-1　参与调查学生的基本情况

（单位：人）

种类	城市入读青少年						农村入读青少年				
	4035						6998				
性别	男						女				
	5398						5635				
年级	一	二	三	四	五	六	七	八	九	高一	高二	高三
	127	443	256	386	419	2138	3116	2371	1478	98	179	22
家庭收入主要来源	农业收入	父母务工收入	事业单位、政府部门		企业	经商	其他				
	2749	4499	987		1449	1320	2420				

在本次调查数据中,城市青少年中男孩比例(50.71%)略高于女孩(49.29%)比例,农村青少年中男孩比例(47.9%)略低于女孩比例(52.1%)。本次调查中,整体上男女比例为男生48.9%,女生51.1%。

一、城乡青少年媒介接触数据对比分析

(一)城乡青少年媒介接触情况调查与特征分析

1. 农村青少年的电脑占有率、课外读物占有率、平板电脑占有率均低于城市青少年

课外读物在城市家庭和农村家庭($p=0.115$)之间存在显著差异,城市青少年课外读物的占有率(89.15%)高于农村青少年课外读物的占有率(80.26%)。城市青少年的电脑占有率(75.98%)远高于农村青少年的电脑占有率(45.82%)。农村青少年的平板电脑占有率(17.39%)远低于城市青少年的平板电脑占有率(46.34%)。

2. 手机成为城乡青少年使用最多、依赖程度最高的媒介产品

通过分析数据,我们发现农村青少年和城市青少年在手机接触情况上无明显差别,农村青少年的智能手机占有率为98.15%,略高于城市青少年的97.91%,无明显差异。本次调查中我们发现手机是青少年最喜欢的媒介

产品,有52.61%的青少年认为手机是自己最喜欢的媒介产品,有26.5%的青少年选择了课外读物,青少年喜爱电视的有9.08%,喜爱电脑的有6.18%。无论是在平时还是假期,手机都是青少年使用最多的媒介。在对各种媒介产品依赖程度的自我评估中,19.67%的青少年认为自己非常依赖手机,远高于他们对课外读物(8.18%)以及电脑(6.87%)、电视(6.57%)、平板电脑(7.44%)的依赖程度。在自认为比较依赖的媒介产品调查中,25.38%的青少年选择了手机,25.96%的青少年选择了课外读物,25.38%的青少年选择了电脑。

3. 性别对城乡青少年喜爱媒介产品的影响

城市青少年(52.13%)和农村青少年(53.06%)均认为手机是自己最喜欢的媒介产品。课外读物是青少年第二喜欢的媒介,农村青少年的比例(28.06%)略高于城市青少年的比例(23.72%)。电视排在第三位,农村青少年的比例(10.05%)略高于城市青少年的比例(7.75%)。电脑排在第四位,农村青少年的比例(5.33%)略低于城市青少年的比例(7.4%)。平板电脑排在第五位,农村青少年的比例(1.69%)低于城市青少年的比例(6.45%)。不同性别青少年喜爱各种媒介产品的程度无明显差异,只有在课外读物这项,女孩的比例(28.73%)略高于男孩的比例(24.16%),在电脑这项,女孩的比例(4.84%)略低于男孩的比例(7.58%),其他几项都比较接近。

(二)城乡青少年使用媒介产品分析

1. 城乡青少年使用媒介产品的基本情况

即时通信软件成为青少年使用最多的媒介产品,47.85%的青少年认为即时通信软件是自己使用最多的媒介产品。在青少年使用社交软件、即时通信软件的原因中,有77.56%的青少年选择了"方便我与家人、朋友保持联系"这一选项,69.52%的青少年选择"学习的需求"这一选项。青少年(60.69%)主要使用即时通信软件、社交软件的聊天功能,青少年(69.52%)在即时通信软件、社交软件上观看最多的内容是新闻。青少年(64.76%)观看电视时通常喜欢看戏剧、综艺、娱乐类的节目。青少年(54.81%)浏览网页时最喜欢看的是戏剧、综艺、娱乐类的节目。

2. 城乡青少年在选择媒介产品以及内容时存在明显差异

城市青少年与农村青少年在新闻、搜索引擎、短视频的使用等方面存在明显差异。城乡青少年在社交软件、即时通信软件经常观看的内容方面,在社会新闻的差异上呈现出 0.01 水平的显著性差异($t=2.855,p=0.004$),城市青少年的平均值为 0.51,明显高于农村青少年的平均值 0.48。城乡青少年在社交软件、即时通信软件上经常观看娱乐新闻,呈现出 0.01 水平的显著性差异($t=4.064,p=0.000$),城市青少年的平均值为 0.23,明显高于农村青少年的平均值 0.19。城乡青少年经常使用搜索引擎,呈现出 0.01 水平的显著性差异($t=10.082,p=0.000$),城市青少年的平均值为 3.53,明显高于农村青少年的平均值 3.25。城乡青少年在使用媒介产品上呈现出 0.01 水平的显著性差异($t=-10.945,p=0.000$),城市青少年的平均值为 2.86,明显低于农村青少年的平均值 3.19。城乡青少年在使用媒介产品(短视频软件)上呈现出 0.01 水平的显著性差异($t=-3.858,p=0.000$),城市青少年的平均值为 3.06,明显低于农村青少年的平均值 3.18。城乡青少年在观看时事政治报道上呈现出 0.01 水平的显著性差异($t=4.216,p=0.000$),城市青少年的平均值为 0.19,明显高于农村青少年的平均值 0.16。在通常喜欢看的网页内容方面,城乡青少年呈现出 0.01 水平的显著性差异($t=5.377,p=0.000$),城市青少年的平均值为 0.13,明显高于农村青少年的平均值 0.10。城乡青少年收看社会新闻节目呈现出 0.01 水平的显著性差异($t=3.241,p=0.001$),城市青少年的平均值为 0.39,明显高于农村青少年的平均值 0.36。

3. 不同性别青少年在选择媒介产品以及内容时存在明显差异

(1)男孩更喜欢看社会时政新闻、体育报道。女孩更喜欢看娱乐新闻、文学作品以及戏剧、综艺、娱乐等节目。

男孩和女孩在观看社会时政新闻节目上呈现出 0.01 水平的显著性差异($t=5.303,p=0.000$),男孩的平均值 0.52 明显高于女孩的平均值 0.47。男孩和女孩在观看娱乐新闻节目上呈现出 0.01 水平的显著性差异($t=-6.300,p=0.000$),男孩的平均值 0.18 明显低于女孩的平均值 0.23。男孩和女孩在看文学作品上呈现出 0.01 水平的显著性差异($t=-3.742,p=$

0.000），男孩的平均值 0.24 低于女孩的平均值 0.27。不同性别青少年在喜欢看的电视、网页（包括 BBS）内容方面，男孩和女孩在观看时事政治报道上呈现出 0.01 水平的显著性差异（$t=4.706, p=0.000$），男孩的平均值 0.18 明显高于女孩的平均值 0.15。男孩和女孩在观看体育报道上呈现出 0.01 水平的显著性差异（$t=19.455, p=0.000$），男孩的平均值 0.24 明显高于女孩的平均值 0.10。男孩和女孩在观看戏剧、综艺、娱乐节目上呈现出 0.01 水平的显著性差异（$t=-17.231, p=0.000$），男孩的平均值 0.46 明显低于女孩的平均值 0.63。

（2）女孩更喜欢使用搜索引擎、个性空间网站，使用即时通信软件以及观看视频、短视频。

男孩和女孩在使用即时通信软件搜索引擎上呈现出 0.01 水平的显著性差异（$t=-3.706, p=0.000$），男孩的平均值 3.30 明显低于女孩的平均值 3.40。不同性别青少年在使用媒介产品个性空间网站上呈现出 0.01 水平的显著性差异（$t=-3.721, p=0.000$），男孩的平均值 2.57 明显低于女孩的平均值 2.68。不同性别青少年在使用即时通信软件上呈现出 0.01 水平的显著性差异（$t=-5.194, p=0.000$），男孩的平均值 4.00 明显低于女孩的平均值 4.12。不同性别青少年在使用媒介产品（如视频网站等）上呈现出 0.05 水平的显著性差异（$t=-2.252, p=0.024$），男孩的平均值 2.91 低于女孩的平均值 2.98。男孩和女孩在经常使用短视频网站上呈现出 0.05 水平的显著性差异（$t=-2.305, p=0.021$），男孩的平均值 3.10 明显低于女孩的平均值 3.17。

二、留守儿童和随迁子女接触媒介的对比分析

（一）留守儿童和随迁子女接触媒介的调查与特征分析

1. 随迁子女在手机、课外读物的占有率上低于留守儿童，而留守儿童在平板电脑占有率上低于随迁子女

本次调查数据表明：课外读物选项在随迁子女和留守儿童两个群体间表现出明显差异（$X^2=9.310, p=0.002<0.01$），留守儿童选择"有"的比例为

80.84%，明显高于随迁儿童的 71.94%。随迁儿童选择"没有"的比例为 28.06%，明显高于留守儿童的 19.16%。手机占有率在随迁儿童和留守儿童间呈现出 0.01 水平的显著性差异（$X^2 = 43.552$，$p = 0.000 < 0.01$），通过百分比对比可知，留守儿童选择"有"的比例为 98.63%，明显高于随迁儿童的 92.35%。在平板电脑的媒介拥有率上也呈现出 0.01 水平的显著性差异（$X^2 = 10.461$，$p = 0.001 < 0.01$），通过百分比对比可知，随迁儿童选择"有"的比例为 22.96%，明显高于留守儿童的 14.49%。留守儿童选择"没有"的比例为 85.51%，明显高于随迁儿童的 77.04%。

2. 手机成为随迁子女和留守儿童使用最多、依赖程度最高的媒介产品

在留守儿童和随迁子女智能手机占有率方面，留守儿童的手机占有率（98.63%）高于随迁子女的手机占有率（92.35%），在所有媒介产品中手机的占有率最高。通过本次调查我们发现，48.47%的随迁子女会选择手机作为自己最喜欢的媒介产品，54.43%的留守儿童会选择手机作为自己最喜欢的媒介产品。本次调查中有 27.56%的受访者喜欢课外读物，仅有 9.6%的受访者喜爱电视，喜爱电脑的占 5.51%。本次调查中，54.11%的受访者把手机作为最喜欢的媒介产品，远高于喜欢电视、电脑等媒介产品的比例。在对各种媒介产品依赖程度的自我测评中，20.22%的留守儿童认为自己非常依赖手机，远高于对课外读物（7.10%）、电脑（5.64%）、电视（10.20%）、平板电脑（5.96%）的依赖程度。21.43%的随迁子女认为自己非常依赖手机，远高于对课外读物（12.24%）、电脑（6.12%）、电视（6.10%））、平板电脑（8.16%）的依赖程度。

3. 性别对随迁子女和留守儿童喜爱媒介产品的影响差异

本次调查数据表明：有 48.47%的随迁子女和 54.43%的留守儿童选择手机作为自己最喜欢的媒介产品。课外读物排在第二位，留守儿童对课外读物的喜爱程度（27.41%）略低于随迁子女的（30.1%）。电视排在第三位，留守儿童对电视的喜爱程度（9.51%）略低于随迁子女的（11.22%）。电脑排在第四位，留守儿童对电脑的喜爱程度（5.47%）略低于随迁子女的（6.12%）。平板电脑排在第五位，留守儿童对平板电脑的喜爱程度（1.49%）略高于随迁子女的（1.02%）。在性别对受访者各种媒介产品喜爱

程度的影响上,未发现显著差异,只有课外读物一项呈现出 0.01 水平的显著性差异($X^2=34.779$,$p=0.000<0.01$),通过百分比对比可知,女孩选择课外读物的比例是 30.91%,明显高于男孩的选择比例 24.11%。其他几项都比较接近。

(二)随迁子女和留守儿童使用媒介产品情况分析

1. 随迁子女和留守儿童使用媒介产品基本情况

本次调查数据显示即时通信软件是受访随迁子女和留守儿童使用最多的媒介产品,48.09% 的受访者在即时通信软件是自己使用最多的媒介产品一题上选择"完全符合"。关于使用即时通信软件的原因一题上,有 81.53% 的受访者认为其方便自己与家人、朋友保持联系,69.75% 的受访者认为其满足学习的需求。

2. 随迁子女和留守儿童选择媒介产品的原因存在明显差异

本次调查数据表明随迁子女与留守儿童在搜索引擎、即时通信软件、百科类产品共三项媒介产品的使用上呈现出显著性差异。在使用搜索引擎上呈现出 0.05 水平的显著性差异($X^2=9.794$,$p=0.044<0.05$),通过百分比对比可知,随迁子女选择"完全不符合"的比例为 27.04%,明显高于留守儿童的 19.13%。留守儿童选择"比较符合"的比例为 30.97%,明显高于随迁子女的 23.47%。在经常使用媒介产品即时通信软件一题上呈现出 0.01 水平的显著性差异($X^2=16.482$,$p=0.002<0.01$),通过百分比对比可知,留守儿童选择"比较符合"的比例是 31.28%,明显高于随迁子女的选择比例 23.98%。在使用百科类产品这一项中呈现出 0.01 水平的显著性差异($X^2=15.706$,$p=0.003<0.01$),通过百分比对比可知,随迁子女选择"比较符合"的比例是 23.98%,明显高于留守儿童的 15.90%。在使用社交软件、即时通信软件为满足学习的需求一项上呈现出 0.05 水平的显著性差异($X^2=4.919$,$p=0.027<0.05$),通过百分比对比可知,随迁子女未选择此项的比例为 37.76%,明显高于留守儿童的 30.25%,而留守儿童选择此项的比例为 69.75%,明显高于随迁子女的 62.24%。

3. 不同性别随迁子女和留守儿童选择媒介产品在内容上存在明显差异

本次调查数据表明在随迁子女和留守儿童这一分类中,相对来说,男孩更喜欢看社会时政新闻、体育报道,女孩更喜欢看娱乐新闻、文学作品以及戏剧、综艺、娱乐等节目。在即时通信软件上经常观看社会新闻这一项中,呈现出 0.01 水平的显著性差异($x^2 = 8.436$, $p = 0.004 < 0.01$),通过百分比对比可知,男孩选择此项的比例为 51.79%,高于女孩的 47.01%。在即时通信软件上经常观看娱乐内容这一项中,呈现出 0.01 水平的显著性差异($x^2 = 16.089$, $p = 0.000 < 0.01$),通过百分比对比可知,女孩选择的比例为 23.05%,明显高于男孩的 17.72%。在即时通信软件上经常观看艺术内容这一项上,呈现出 0.01 水平的显著性差异($x^2 = 50.537$, $p = 0.000 < 0.01$),通过百分比对比可知,女孩选择的比例为 26.95%,明显高于男孩的 17.23%。在即时通信软件上经常观看体育内容这一项上,呈现出 0.01 水平的显著性差异($x^2 = 112.943$, $p = 0.000 < 0.01$),通过百分比对比可知,男孩选择的比例为 24.27%,明显高于女孩的 10.96%。在即时通信软件上经常观看其他内容这一项上,呈现出 0.01 水平的显著性差异($x^2 = 8.640$, $p = 0.003 < 0.01$),通过百分比对比可知,男孩选择的比例为 44.48%,明显低于女孩的 49.41%。在电视上喜欢看社会新闻节目这一项上呈现出 0.01 水平的显著性差异($x^2 = 16.637$, $p = 0.000 < 0.01$),通过百分比对比可知,男孩选择的比例为 40.67%,明显高于女孩的 15.78%。在电视上喜欢看时事政治节目这一项上,呈现出 0.01 水平的显著性差异($x^2 = 11.101$, $p = 0.001 < 0.01$),通过百分比对比可知,男孩选择的比例为 19.98%,明显高于女孩的 34.17%。在电视上喜欢看戏剧、综艺、娱乐节目这一项上,呈现出 0.01 水平的显著性差异($x^2 = 133.235$, $p = 0.000 < 0.01$),通过百分比对比可知,女孩选择的比例为 74.33%,明显高于男孩的 56.25%。在电视上喜欢看体育节目这一项上,呈现出 0.01 水平的显著性差异($x^2 = 240.736$, $p = 0.000 < 0.01$),通过百分比对比可知,男孩选择的比例为 31.26%,明显高于女孩的 10.53%。在网页上喜欢看社会新闻一项中呈现出 0.01 水平的显著性差异($x^2 = 11.583$, $p = 0.001 < 0.01$),通过百分比对比可知,男孩选择的比例是 43.04%,明显高于女孩的 37.54%。而在网页上喜欢看戏剧、综艺、娱乐内容这一项上,呈现

出 0.01 水平的显著性差异($X^2 = 118.577$，$p = 0.000 < 0.01$)，通过百分比对比可知，女孩选择的比例为 64.17%，明显高于男孩的 46.34%。在网页上喜欢看体育报道一项中，呈现出 0.01 水平的显著性差异($X^2 = 154.724$，$p = 0.000 < 0.01$)，通过百分比对比可知，男孩选择的比例为 25.26%，明显高于女孩的 9.73%。

三、青少年使用媒介的现状以及问题分析

(一)青少年接触媒介呈现多样化，严重依赖手机

实际调查中的数据显示，青少年接触的媒介主要有手机、电脑、电视等，智能手机的普及率已经达到 98.07%，电视普及率达到 90.15%，电脑普及率 57.23%。部分青少年过度使用手机容易导致手机依赖症，如在我们发放的调查问卷中，有少部分青少年在晚上 12 点以后才填答。我们在调查中发现有 20.94% 的青少年平时使用手机 30 分钟到 1 小时，使用手机 1 小时到 2 小时的占 14.4%，使用手机 2 小时以上的占 25.62%。被调查青少年中只有 12.62% 认为自己不太依赖手机，有 7.5% 认为自己完全不依赖手机，有 18.63% 认为自己非常依赖手机，有 19.65% 认为自己比较依赖手机，有 41.6% 不确定自己是否依赖手机。

(二)传统媒体电视、广播、杂志对青少年的影响越来越小

随着电脑、手机、平板电脑等媒介产品的普及，城乡青少年对传统媒体的喜爱程度越来越低。我们在访谈调查中发现部分青少年的家中已经没有电视，电视的家庭占有率达到 90.16%，但是电视的家庭占有率已经低于手机的 98.09%。在电视使用时间的调查中，我们发现有 36.38% 的青少年选择几乎不用电视，远高于选择不用手机的 14.5%。绝大多数青少年都不用收音机，只有极少部分青少年收听广播节目，少部分青少年会阅读杂志。青少年对电视的喜爱程度随着年级的升高而降低，在小学一年级时 18.11% 的青少年选择最喜欢电视，而到了高二只有 3.06% 的青少年选择最喜欢电视。

（三）父母、学校对青少年使用媒介指导不足

我们在调查中发现农村青少年有 49.94% 的家庭主要收入是父母外出务工，由于父母外出务工，这部分农村青少年就缺少媒介使用监督者，容易出现过度使用手机、电脑、电视的情况。青少年鉴别和使用媒介的能力有限，很容易受到网络中娱乐化内容的影响而沉迷其中。我们在调查中发现，部分青少年沉迷于观看在线视频以及刷短视频甚至玩网络游戏。父母经常指导青少年使用媒介（手机、电脑、电视）的较少，只有 28.99% 的青少年选择"比较正确"，13.6% 的青少年选择"完全正确"。只有 12.12% 的青少年选择"父母经常指导"，14.18% 的农村青少年在"父母经常限制使用媒介"一题中选择"不确定"。"在媒介使用上，您经常与父母发生冲突"这一题选择"不确定"的有 20.1%，选择"比较符合"的有 28.14%，选择"非常符合"的有 20.6%。父母在青少年使用媒介方面指导不足，产生冲突，导致部分青少年躲避父母的监管。通过调查我们发现，青少年在家庭中缺少指导，学校不开展认识媒介的相关教育活动，会导致学生使用媒介缺少监管的情况。

（四）家长和教师要合理引导青少年使用媒介产品

家长和教师不仅要教育青少年合理使用媒介产品，还要教他们如何使用媒介产品。绝大多数青少年主要用媒介产品来聊天、交友，这有利于青少年提高社交能力。家长主要控制青少年使用媒介的时间以及使用频率，避免他们沉迷网络。网络信息庞杂，青少年可能无法准确地判断信息的真实性，这就需要家长指导青少年正确地使用媒介产品，帮助他们在复杂的媒介环境中安全地使用媒介产品并保护好自己。

综上，本书的研究采用问卷调查法，调查了 11033 名城乡青少年接触媒介的情况和使用媒介的情况，并分别对留守儿童和部分随迁子女的情况进行了分析。学校应为中小学生开设与媒介素养相关的课程，培养家长的媒介素养。新闻媒体要做好媒介内容的"把关人"，制定青少年媒介素养的教育策略。家庭、学校和大众传媒是帮助青少年提高媒介素养的三个关键因素，其中家庭的监管是青少年提高媒介素养的基础，学校开设的媒介教育课

程是青少年媒介素养知识的主要来源,大众传媒对内容的把控与引导是提高青少年媒介认识的关键。在新媒体环境下,应汇集政府、学校、社区、家庭和大众传媒机构等社会各界力量,加强监管,形成齐抓共管的监管机制。

第四章 青少年媒介素养的
测量与差异比较分析

随着手机和 5G 网络的普及,媒介成为我们与世界沟通的桥梁,如何使用这些媒介成为人们关注的重点。青少年使用网络的情况以及自身的媒介素养成为研究的热点问题。媒介不仅是青少年获取信息、了解世界的渠道,还影响了青少年的社交方式。媒介素养包括个体获取、利用、理解、评价媒介信息的能力以及创造性地加工和传播媒介信息的能力。青少年媒介素养主要指网络素养,但是媒介素养的测量是难题,目前只有较少的研究成果。

第一节 媒介素养测量问卷的设计、
影响因素与关系模型构建

一、媒介素养相关概念以及测量研究现状

(一)媒介素养

媒介素养教育能帮助人们了解、掌握以及更好地利用媒介,媒介素养教育的普及能提高民众在信息社会的生存能力。学术界关于网络素养的界定,可追溯到 1994 年美国学者麦克库劳提出的"网络素养"。网络素养应包括网络知识和网络技能两个方面。[1] 1992 年,美国媒介素养研究中心对媒介

---

[1] 参见戴仁俊、郭丹、黄纯国:《大学生网络素养现状调查研究——以江苏理工学院为例》,载《大学教育》2017 年第 3 期。

素养的定义为"人们面对媒介各种信息时的选择能力、理解能力、质疑能力、评估能力、创造和生产能力以及思辨的反应能力"①。国内学者对媒介素养的研究取得了一定的成果,如中国传媒大学张开教授提出,媒介素养是人们面对媒介的各种信息时表现出的获取、分析、传播和运用各种形式媒介信息的能力。施勇等研究媒介素养教育内涵以及如何利用家庭、学校进行媒介素养教育。② 陈晓慧等从国外中小学媒介素养教育现状及问题入手,探讨我国中小学媒介素养教育未来发展的方向与策略。从总体上来说,媒介素养教育的理论成果和教育性成果较多,具体可操作的量化测量的相关文章较少。

(二)青少年媒介素养测量指标

1. 联合国教科文组织提出的媒介与信息素养评估框架

媒介素养测量是运用一定的方法和工具对公民的媒介素养进行测量和评价。媒介素养指标体系包含获取、评估、创建三个一级指标,每个一级指标又分为四个二级指标。

2. 国内学者关于媒介素养测量指标的相关研究

在测评指标体系建构方面,国内学界比较认同的是"媒介接触、媒介认知、媒介参与、媒介使用"这四个一级指标,但这些指标在测量的时候差异较大。学者路鹏程等从媒介接触情况、媒介认知、媒介参与③等方面进行调研,把"媒介接触"分解为"媒介拥有率、接触类型比率、接触时间、接触动机、接触内容"等几个方面。学者江宇从知识、媒介信息使用能力、参与意愿和参与行为、网络技能等方面对青少年媒介使用情况进行了调研。学者李金城设计了获取、评估、保护、生产④四个一级指标,每个指标又包含多个问题的中学生媒介素养测量问卷。吴吟等设计了包含信息的检索使用、信息的创

---

① 张玲:《媒介素养教育———一个亟待研究与发展的领域》,载《现代传播》2004 年第 4 期。

② 参见施勇、张舒予:《从困境到超越:我国媒介素养教育发展现状反思》,载《广州广播电视大学学报》2011 年第 1 期。

③ 参见路鹏程、骆昊、王敏晨、付三军:《我国中部城乡青少年媒介素养比较研究——以湖北省武汉市、红安县两地为例》,载《新闻与传播研究》2007 年第 3 期。

④ 参见李金城:《媒介素养测量量表的编制与科学检验》,载《电化教育研究》2017 年第 5 期。

造传播、信息的理解与评估①三个维度共 24 题的网络媒介素养量表。国内学者在媒介素养调查问卷设计中基本都涉及媒介接触、媒介认知、媒介参与以及媒介使用,只是在具体问题的设计上有一定的差异。除了参考相关文献和量表之外,研究者还参照美国媒介素养研究中心提出的媒介素养定义以及国内学者的相关研究成果。

我们通过访谈和问卷调查收集城乡青少年网络使用行为与感受,为青少年媒介素养测量问卷提供参考。本书的研究对青少年媒介接触基本信息进行初步调查,将媒介素养的影响因素划分为四个一级指标:媒介获取、媒介生产、媒介评估、媒介保护。通过数据调查,研究青少年媒介素养影响因素并利用 AMOS 结构方程模型进行相关验证。为探究青少年媒介素养现状,我们以东北部分地区的城乡青少年为研究对象,对城乡青少年的媒介接触情况以及媒介使用情况进行调查,并从媒介获取、媒介评估、媒介生产和媒介保护四个方面设计了青少年媒介素养调查量表,对青少年媒介水平进行了调查研究,对调查结果进行了统计分析,并得出结论:当前我国城乡青少年媒介获取情况较好,初步具备了媒介生产与评估水平,能够做好媒介使用及保护,但城乡之间的媒介使用水平有一定差异。我们试图根据调查结果提出青少年媒介素养的培养路径。

二、青少年媒介素养影响因素的确立与关系模型的构建、修改

（一）青少年媒介素养问卷的编制

青少年首先接触的是家庭,家庭环境会影响青少年的生活习惯、学习行为等。我们在设计"中小学生媒介素养测评问卷"时,考虑到家庭收入、户籍、性别、年龄都会对青少年的媒介素养产生明显的影响,因此我们在家庭维度下的媒介关系,也就是问卷的第一部分设计了户籍情况、工资水平、家庭收入主要来源、年级、性别以及家庭拥有媒介情况等内容,并进行了调查

---

① 参见吴吟、杨聿涵:《青少年网络媒介素养测评研究》,载《中国广播电视学刊》2017 年第9 期。

(具体相关调查结果见本书第二章青少年媒介使用情况调查)。在问卷的第二部分,我们对既有文献的梳理与分析,并参考吴晗的青少年媒介素养调查问卷以及李金城的中学生网络素养调查问卷后,重新对问卷进行了调整与设计。根据媒介素养 MILS 中的分类,并结合国内学者何璇、魏南江、路鹏程等人的论文,初步确定了各因素的测量指标,将青少年媒介素养影响因素划分为四个维度:媒介获取、媒介评估、媒介生产、媒介保护。媒介获取维度会影响媒介生产维度,媒介评估维度会影响媒介保护维度。其结构如图 4.1-1 所示。

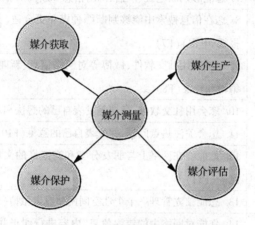

图 4.1-1　媒介素养测量模型

每个维度对应不同的检测变量。具体问题见表 4.1-1。变量采用李克特五级量表进行测量,具体包含媒介获取、媒介评估、媒介生产、媒介保护四个维度。

表 4.1-1　媒介素养测量问卷

维度	具体问题
媒介获取	1. 您能独立使用手机、平板电脑、电脑等设备(F0)
	2. 您能够搜索、查找家庭作业的信息或材料(F1)
	3. 您会用电脑或者手机下载、安装软件(F2)
	4. 您会一些基本网络应用操作,如浏览网页、使用社交软件等(F3)
媒介评估	5. 您观看某个信息或者视频、内容后能够知道要表达的意思(F4)
	6. 您能够自我管理使用媒体时间(F5)
	7. 您能够判断电视、广播、网络信息和新闻的可靠性(F6)
	8. 您在信息搜索中能够判断哪种媒介更合适(如书、电脑、手机、报纸、电视)(F7)
媒介生产	9. 您能利用社交软件、微博等对网络信息、新闻、图片、视频进行编辑和转发(F8)
	10. 您会用社交软件、微博等发表自己的想法和观点(F9)
	11. 您会关注热点问题,并发表自己的意见(F10)
	12. 您能够在网络上与朋友分享和交流好的文章、视频、照片、信息等(F11)
	13. 您能独立管理一个个性空间网站或者微博(F12)
媒介保护	14. 您能对网络中的错误信息、内容进行纠正并编辑加工、转发、传播(F13)
	15. 您能够保护计算机或者手机免受病毒感染(F14)
	16. 您在电视、网络、书籍、手机等看到恐怖、暴力等不良信息时会关掉(F15)
	17. 您对来源不明的信息、视频、图片等会核实信息源并判断其真实性(F16)
	18. 您知道如何避免接收不良短信、电子邮件或者其他不需要的信息(F17)

(二) 变量的测量

1. 媒介获取能力的测量

对农村青少年媒介获取能力的测量主要考察他们是否能够使用基本的网络操作功能,利用网络搜索信息、独自安装软件以及独自操作手机、平板电脑、电脑等媒体设备。在青少年媒介获取能力知识量表中使用题项 F0、F1、F2、F3。

2. 媒介评估能力的测量

测量青少年媒介自我评估能力有利于我们了解青少年媒介使用能力,并能够有针对性地制定相关策略,具有重要的现实意义。对青少年媒介评估能力的测量,主要考察他们能否对当前媒介中存在的问题有比较理性的判断,以及能否自觉管理媒体使用时间,抵制媒体的不良影响,对媒体信息的可靠性和真实性有清晰的判断,并能判断如何选择和使用合适的媒介。在青少年媒介素养评价量表中使用题项 F4、F5、F6、F7。

3. 媒介生产能力的测量

媒介生产能力的测量主要考察青少年是否具有主动介入媒介信息生产的能力。青少年已经成为媒介产品(智能手机、平板电脑、电脑等)的最大用户群体。青少年过度使用媒介产品,会对其产生一定的依赖性,他们的使用动机和媒介生产能力值得关注。在本次调查中我们采用题项 F8、F9、F10、F11、F12 来进行相关测量。

4. 媒介保护能力的测量

媒介保护能力的测量主要考察青少年在媒介渗透到生活的各个方面时是否有自我保护的基本能力,媒介自我保护能力的提升有利于青少年理性地看待各种媒介信息,自觉抵制不良的媒介信息,养成良好的使用媒介产品的习惯。在本次调查中我们采用题项 F13、F14、F15、F16、F17 来进行相关测量。

在设计调查问卷的过程中,以上问题均采用李克特五级量表测量,变量采用"1=完全不正确,2=比较不正确,3=不确定,4=比较正确,5=非常正确"的计分方式。

(三)基于结构方程模型测量的青少年媒介素养测量前期测试

首先选取了吉林省某中学 103 名同学作为研究对象。为保证调查样本的代表性、一般性以及可操作性,选择的调查对象主要是吉林省某中学初一学生,并利用 AMOS24 结构方程模型对受访青少年媒介素养影响进行相关验证,测试结果如表 4.1-2 所示。

表 4.1-2　媒介素养测量问卷以及探索性因子分析(N 样本 = 103)

标签	因子系数	标签	因子系数
F0	0.61	F9	0.74
F1	0.60	F10	0.54
F2	0.84	F11	0.77
F3	0.82	F12	0.74
F4	0.70	F13	0.59
F5	0.83	F14	0.75
F6	0.83	F15	0.80
F7	0.73	F16	0.81
F8	0.74	F17	0.77

媒介获取包含题项 F0、F1、F2、F3,媒介评估包含题项 F4、F5、F6、F7,媒介生产包含题项 F8、F9、F10、F11、F12,媒介保护包含题项 F13、F14、F15、F16、F17。根据测试结果,媒介素养四个维度中的因子载荷量都大于 0.5,媒介素养测量初始模型如图 4.1-2 所示,各个参数如下: $\chi^2 = 322.940$, df = 134 p = 0.0, RMSEA = 0.079, RMR = 0.084 GFI = 0.899, AGFI = 0.871, RFI = 0.885, IFI = 0.911, NFI = 0.899, CFI = 0.911, TLI = 0.899, NNFI = 0.899。

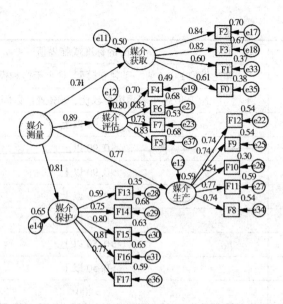

Xsquare=322.940 df=134 p=0.000 RMSEA=0.079 RMR=0.084
GFI=0.899 AGFI=0.871 RFI=0.885 IFI=0.911 NFI=0.899 CFI=0.911 TLI=0.899 NNFI=0.899
PGFI=0.704 PNFI=0.787
CN=170.000 CN=183 NC=2.41
AIC=1065.670 ECVI=1.028 CAIC=1285.636

图 4.1-2 媒介素养测量初始模型结构方程图

该模型中的部分数据不符合 SEM 整体模型适配度的评价指标,评价标准如表 4.1-3 所示。

表 4.1-3 SEM 整体模型适配度的评价指标及其评价标准

统计检验量	适配的标准或临界值
χ^2 值	显著性概率 $p>0.05$ (未达显著水平)
GFI 值	>0.90 以上
AGFI 值	>0.90 以上
RMR 值	<0.05
SRMR 值	<0.05
RMSEA 值	<0.05 (适配良好) <0.08 (适配合理) 0.08<RMSEA<0.10(普通适配)

续表

统计检验量	适配的标准或临界值
ECVI 值	理论模型 ECVI 值小于独立模型,且小于饱和模型 ECVI 值
NCP 值	NCP 值越小表示模型较优,90%置信区间包含 0
NFI 值	>0.90 以上
TLI 值	>0.90 以上
CFI 值	>0.90 以上
RFI 值	>0.90 以上
IFI 值	>0.90 以上
PGFl 值	>0.50 以上
PNFI 值	>0.50 以上
CN 值	>200
NC 值	1<NC<3 表示模型有简约适配度,NC>5 表示模型需要修正
AIC 值	理论模型 AIC 值小于独立模型,且小于饱和模型 AIC 值
CAIC 值	理论模型 CAIC 值小于独立模型,且小于饱和模型 CAIC 值

由于初始模型不理想,调整部分修正指标,结构方程输出里面的修正指标,调整部分 MI 值较大的潜变量之间的关系,在原来模型基础上添加 e11 和 e14,e19 和 e23,e21 和 e37,e33 和 e35 之间的连接关系得到最终模型分析结果,且最终的模型绝对拟合指数($x^2 = 991.67$ df $= 134$ $p = 0.0$ RMSEA $= 0.063$ RMR $= 0.065$ GFI $= 0.934$ AGFI $= 0.913$ RFI $= 0.21$ IFI $= 0.945$ NFI $= 0.933$ CFI $= 0.945$ TLI $= 0.936$ NNFI $= 0.936$)表明该模型整体拟合度较好,模型状态运行较好。最终测试的因子关系结构方程模型假设如图 4.1-3 所示。

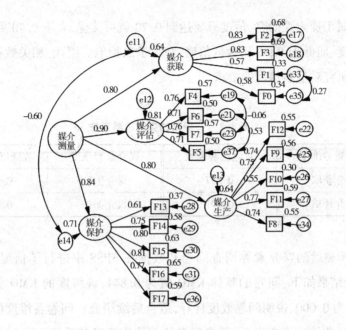

Xsquare=268.580 df=130 p=0.000 RMSEA=0.063 RMR=0.065
GFI=0.934 AGFI=0.913 RFI=0.921 IFI=0.945 NFI=0.933 CFI=0.945 TLI=0.936 NNFI=0.936
PGFI=0.710 PNFI=0.793
CN=249.000 CN=269 NC=2.066
AIC=740.645 ECVI=0.714 CAIC=984.392

图 4.1-3 媒介素养测量调整后模型结构方程图

第二节 农村青少年媒介素养测量与评估

一、农村青少年媒介素养测量与具体研究的设计、实施

我们在前测的基础上进行了大规模的问卷调查,以网络填答为主,共回收农村地区的学生问卷6998份,用以考量以上量表内部一致性的克隆巴赫系数,利用SPSS进行统计,结果如表4.2-1所示。由表中数据可以看出,量表的内部一致性系数均超过了0.7,媒介获取能力系数达到了0.837,媒介评估能力系数达到了0.801,媒介保护能力系数达到了0.816,媒介生产能力系数达到了0.786。在基础研究中,信度至少应达到0.80才可接受,而本书中

的研究属于探索性研究,信度只要达到 0.70 就可接受,介于 0.70 到 0.98 均属高信度,而低于 0.35 则为低信度,必须予以拒绝。因此,相关数据符合本书中的研究对量表信度的要求。

表 4.2-1　量表的克隆巴赫系数

媒介素养维度	克隆巴赫系数	媒介素养维度	克隆巴赫系数
媒介获取	0.837	媒介生产	0.786
媒介评估	0.801	媒介保护	0.816

对调整后的媒介素养调查问卷和数据在 SPSS 中进行了信度、效度检验,检验结果如下:问卷的整体 KMO 值为 0.844,各维度的 KMO 值均高于 0.7,sig 为 0.000,说明问卷效度良好,适合后续研究。问卷各维度的信度克隆巴赫系数均在 0.7 以上,最终问卷的总体克隆巴赫系数为 0.944,说明问卷信度良好。然后对调查数据基于 AMOS 软件进行了结构方程模型因子分析,得到具体媒介素养的结构方程模型($N = 6998$),如图 4.2-1 所示。

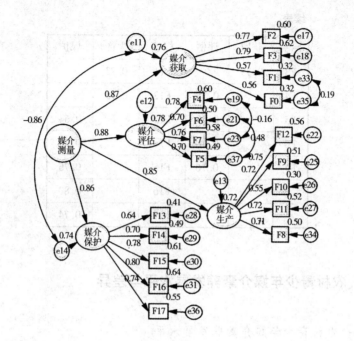

Xsquare=331.890 df=130 p=0.000 RMSEA=0.060 RMR=0.054
GFI=0.947 AGFI=0.931 RFI=0.933 IFI=0.945 NFI=0.943 CFI=0.945 TLI=0.935 NNFI=0.935
PGFI=0.720 PNFI=0.801
CN=320.000 CN=346 NC=2.553
AIC=3533.940 ECVI=0.505 CAIC=3855.928

图 4.2-1　最终媒介素养测量模型

最终的 AMOS 结构方程模型 RMSEA = 0.06 小于 0.08, GFI = 0.947,
AGFI = 0.931, RFI = 0.933, IFI = 0.945, NFI = 0.943, 其他具体媒介素养测量
因子系数如表 4.2-2 所示, 该理论模型拟合度指标得到了较好的验证。

表 4.2-2　媒介素养测量问卷探索性因子分析(N = 6998)

标签	获取	评估	标签	生产	保护
F0	0.56		F8	0.71	
F1	0.57		F9	0.72	
F2	0.77		F10	0.55	

续表

标签	获取	评估	标签	生产	保护
F3	0.79		F11	0.72	
F4		0.78	F12	0.75	
F5		0.70	F13		0.64
F6		0.70	F14		0.70
F7		0.76	F15		0.76
			F16		0.80
			F17		0.74

二、农村青少年媒介素养发展水平与差异

(一)农村青少年媒介素养发展水平

课题组采用以上经过验证的媒介素养测量模型对农村青少年媒介素养水平进行了测量。为了定量描述农村青少年的媒介素养水平,我们分别计算了他们在媒介获取、媒介评估、媒介生产、媒介保护方面的得分均值,结果如表4.2-3所示。从媒介素养的4个一级测量指标的得分均值来看,农村青少年媒介获取4.0419,媒介评估3.8412,媒介生产3.7983,媒介保护3.5513,媒介素养总得分均值为3.8082,这足以表明农村青少年学生具备了一定的媒介素养,媒介获取、媒介评估以及媒介生产的分值较高。

表4.2-3 农村青少年的媒介素养水平

媒介素养维度	N	统计	均值统计	均值标准	偏差统计
媒介获取	6998	28285.25	4.0419	0.00943	0.78907
媒介评估	6998	26880.50	3.8412	0.00900	0.75253
媒介生产	6998	26580.40	3.7983	0.01014	0.84820
媒介保护	6998	24852.00	3.5513	0.01022	0.85497
媒介素养总分	6998	26649.54	3.8082	0.00807	0.67530

（二）农村青少年的媒介素养水平差异分析

已有文献表明,青少年的性别变量、媒介使用行为、家庭环境是影响他们对媒介的认知以及媒介使用效果的主要因素。本书的研究中,我们将农村青少年的人口变量(性别、年级)、家庭收入情况作为自变量,将媒介素养作为因变量进行相关分析,以探寻农村青少年媒介素养的影响因素。

1. 性别差异是否影响农村中小学生的媒介素养水平

本次调查中,男生 3352 名,女生 3646 名,在 SPSS 软件中采用独立样本 t 检验统计,结果如表 4.2-4 和表 4.2-5 所示。我们对男女学生媒介素养的四个维度进行比较,统计结果表明四个维度莱文方差显著性 Sig 都小于 0.05,不满足方差齐性,所以判定方差不齐。采用平均值方差 t 检验,w1 的 Sig.（双尾）大于 0.5,w2、w3、w4 的 Sig.（双尾）小于 0.5,说明男女学生媒介获取维度不存在显著差异,在媒介评估、媒介生产和媒介保护维度三方面存在显著差异。在媒介评估维度,女生的平均值(3.8305)低于男生的平均值(3.8528)。在媒介生产维度,女生的平均值(3.8277)高于男生的平均值(3.7663)。在媒介保护维度,女生的平均值(3.5095)低于男生的平均值(3.5967)。

表 4.2-4 组统计 t 检验

媒介素养维度	性别	个案数	平均值	标准偏差	标准误差平均值
媒介获取	男	3352	4.0400	0.81128	0.01401
	女	3646	4.0437	0.76819	0.01272
媒介评估	男	3352	3.8528	0.77863	0.01345
	女	3646	3.8305	0.72766	0.01205
媒介生产	男	3352	3.7663	0.87904	0.01518
	女	3646	3.8277	0.81785	0.01354
媒介保护	男	3352	3.5967	0.87587	0.01513
	女	3646	3.5095	0.83323	0.01380

表 4.2-5 独立样本检验

		莱文方差等同性检验		平均值等同性 t 检验					差值95%置信区间	
		F	显著性	t	自由度	Sig.（双尾）	平均值差值	标准误差差值	下限	上限
w1	假定等方差	8.092	0.004	−0.196	6996	0.845	−0.0037	0.01888	−0.04072	0.03331
	不假定等方差			−0.196	6864.41	0.845	−0.0037	0.01893	−0.0408	0.0334
w2	假定等方差	12.449	0	1.237	6996	0.216	0.02228	0.01801	−0.01302	0.05757
	不假定等方差			1.234	6839.11	0.217	0.02228	0.01806	−0.01312	0.05767
w3	假定等方差	16.496	0	−3.028	6996	0.002	−0.06141	0.02028	−0.10118	−0.02165
	不假定等方差			−3.018	6830.08	0.003	−0.06141	0.02035	−0.1013	−0.02153
w4	假定等方差	6.806	0.009	4.266	6996	0	0.08717	0.02043	0.04712	0.12723
	不假定等方差			4.257	6872.8	0	0.08717	0.02048	0.04703	0.1273

2. 父母限制媒介使用是否影响农村青少年学生媒介素养水平

利用 SPSS 软件采用单因子方差分析农村青少年男女学生的父母是否限制其使用媒介以及对媒介素养水平的四个维度进行比较分析,结果如图4.2-2、图 4.2-3、图 4.2-4、图 4.2-5 所示。

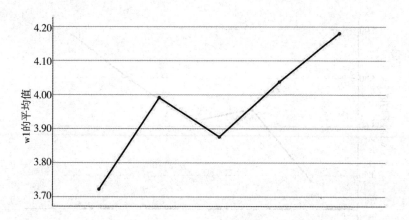

图 4.2-2 媒介获取维度平均值与父母是否限制使用媒介平均值

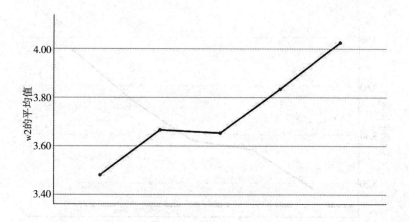

图 4.2-3 媒介评估维度平均值与父母是否限制使用媒介平均值

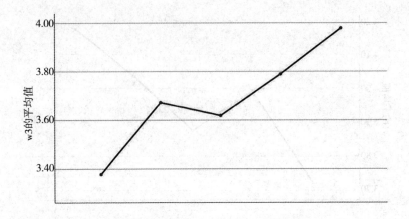

图 4.2-4　媒介生产维度平均值与父母是否限制使用媒介平均值

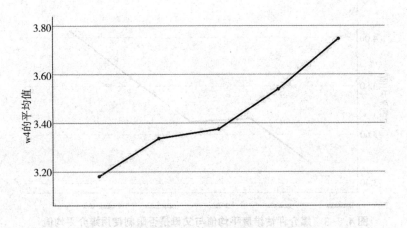

图 4.2-5　媒介保护维度平均值与父母是否限制使用媒介平均值

从以上四个图中可以看出,农村青少年在媒介获取、媒介评估、媒介生产、媒介保护四个维度和父母是否限制其使用媒介有显著的相关性,父母限制其使用媒介产品的水平越高,这四个维度的得分越高。

3. 父母指导青少年使用媒介是否影响农村青少年媒介素养水平

我们在测试中发现学业压力以及家庭环境影响农村青少年的媒介素养水平,因此我们假设父母指导青少年使用媒介有利于提高其媒介素养水平。我们在 SPSS 软件中采用单因子方差分析农村青少年男女学生的父母指导其使用相关媒介产品和媒介素养水平的四个维度之间的关系,进行比较分析后得到的结果如图 4.2-6、图 4.2-7、图 4.2-8、图 4.2-9 所示。

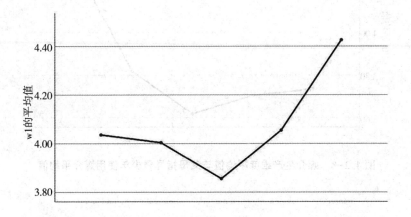

图 4.2-6　媒介获取维度平均值与父母指导青少年使用媒介平均值

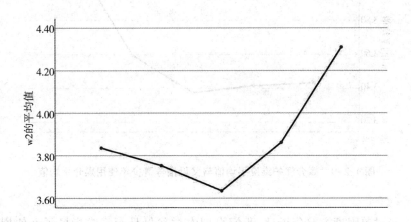

图 4.2-7　媒介评估维度平均值与父母指导青少年使用媒介平均值

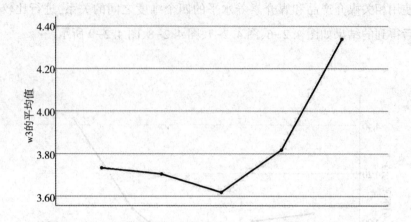

图 4.2-8　媒介生产维度平均值与父母指导青少年使用媒介平均值

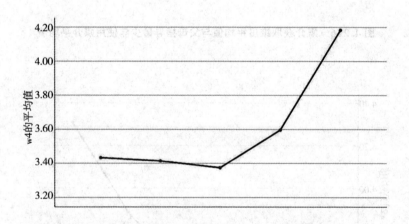

图 4.2-9　媒介保护维度平均值与父母指导青少年使用媒介平均值

经过单因素方差分析后,我们发现农村父母是否经常指导子女使用媒介对青少年媒介素养水平四个维度都存在显著差异,显著性水平都是 0. 00,均小于 0. 5。从图中可以看出,在父母经常指导子女使用媒介的家庭,其子女媒介素养四个维度的平均得分都更高。

4. 家庭媒介关系是否影响农村青少年媒介素养水平

我们假设家庭媒介关系影响青少年的媒介素养水平。在 SPSS 软件中采用单因子方差分析农村青少年男女学生家庭媒介关系影响媒介素养的水平。经单因素方差分析可以发现,父母是否经常指导子女使用媒介对青少年媒介素养水平的四个维度都存在显著差异,显著性水平都是 0.00,均小于0.5。对四个维度之间的关系进行比较分析,结果如图 4.2-10、图 4.2-11、图 4.2-12、图 4.2-13 所示。

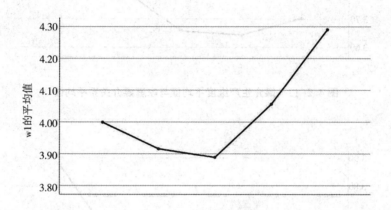

图 4.2-10　媒介获取维度平均值与家庭媒介关系平均值

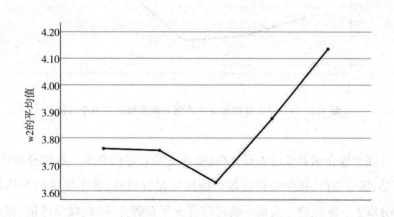

图 4.2-11　媒介评估维度平均值与家庭媒介关系平均值

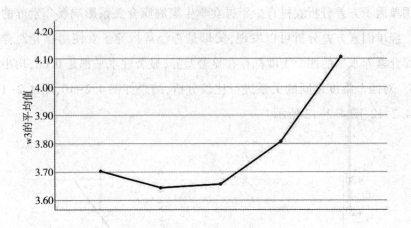

图 4.2-12 媒介生产维度平均值与家庭媒介关系平均值

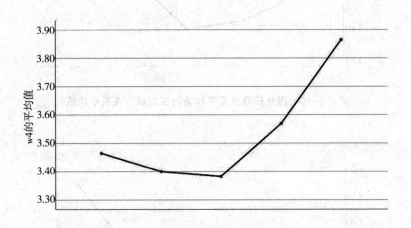

图 4.2-13 媒介保护维度平均值与家庭媒介关系平均值

从四个媒介素养维度来看,家庭媒介关系较好的青少年在媒介获取、媒介评估、媒介生产、媒介保护这四个维度的得分最高,各个维度的平均值都在 4 分以上。家庭媒介关系不确定的青少年在媒介获取、媒介评估、媒介生产、媒介保护这四个维度测评得分最低。因此,家长对子女使用媒介的不确定态度不利于青少年媒介素养水平的提高。

三、结论和建议

全面提升农村青少年媒介素养水平,提高农村青少年在虚拟世界中对海量信息进行收集、评估、生产和利用的能力,进而提升其在新媒体环境下生存与发展的能力。构建农村青少年媒介素养测评模型有利于了解青少年媒介素养的真实水平,对农村青少年媒介素养的目标定位、内容设定和实施路径确定具有重要的现实意义。

（一）农村青少年整体媒介素养水平尚可

农村青少年媒介素养得分均值 3.8082,说明农村青少年媒介素养水平整体较好。具体来说,媒介获取能力 4.0419,媒介评估能力 3.8412,媒介生产能力 3.7983,媒介保护能力 3.5513,表明农村青少年媒体素养水平较高。这一代未成年人是随着互联网的发展成长起来的,他们从小接触网络信息,他们的思想和认知都有明显的网络印记。

（二）不同性别的农村青少年媒介素养水平存在显著差异

通过媒介素养调查可以看出,农村青少年的媒介素养水平在媒介评估和媒介保护上表现出女孩相对低于男孩的特点,在媒介生产方面,女孩的平均表现高于男孩。整体上来说,在农村青少年的媒介素养水平方面,男孩的表现好于女孩。

（三）家庭对农村青少年的媒介素养水平影响较大

通过本次媒介素养调查,我们可以看出家庭对农村青少年媒介素养水平的发展具有重要影响,父母正确引导青少年科学上网,对防止青少年沉迷网络具有重要的现实意义。在本次调查中,我们设置了父母是否限制孩子使用媒介选项,数据表明父母干预青少年使用媒介产品的表现越多,青少年的媒介素养水平平均得分越高。在媒介使用的过程中,父母对子女的媒介使用行为进行一定的干预,可以及时矫正或终止青少年媒介使用中的不良习惯或行为,同时,父母和孩子建立良好的亲子关系更有利于青少年更好地使用媒介和提升自身的媒介素养水平。

第三节　城市青少年媒介素养测量与评估

　　青少年已经成为新媒体受众的主体。城市青少年在享受网络便利的同时,容易沉迷网络,容易受到网络负面信息的影响。推行媒介素养教育是当前新媒体环境下青少年适应数字社会的必然要求,媒介素养已经成为现代社会公民素养的重要组成部分。国内有关网络媒介素养的研究已经取得了丰富的成果,但是绝大多数的调查采用的是描述性统计分析,结果不具有可比性。当前有关城市青少年媒介素养测评的研究不多。设置相关测量问卷和测量模型,了解城市青少年媒介素养水平,对后期开展相关教育研究具有重要的现实意义。

一、城市青少年媒介素养测量与调查具体研究设计及实施

　　在前测基础上,我们进行了大规模的问卷调查,共回收城市青少年问卷4035 份,以网络填答为主。利用 SPSS 软件计算用以考量以上量表内部一致性的克隆巴赫系数,如表 4.3-1 所示。由表 4.3-1 中的数据可以看出,量表的内部一致性系数均超过了 0.7。媒介获取能力克隆巴赫系数达到了0.845,媒介评估能力克隆巴赫系数达到了 0.792,媒介保护能力克隆巴赫系数达到了 0.815,媒介生产能力克隆巴赫系数达到了 0.782。在基础研究中,信度至少应达到 0.80 才可接受,本书中的研究属于探索性研究,信度只要达到 0.70 就可接受,介于 0.70~0.98 均属高信度,而低于 0.35 则为低信度,必须予以拒绝。因此相关数据符合本书中的研究对量表信度的要求。

表 4.3-1　量表的克隆巴赫系数

媒介素养维度	克隆巴赫系数	媒介素养维度	克隆巴赫系数
媒介获取	0.845	媒介生产	0.782
媒介评估	0.792	媒介保护	0.815

　　媒介素养调查问卷和数据在 SPSS 中进行了信度和效度检验,检验结果如下:问卷的整体 KMO 值为 0.944,各个问题的 KMO 值均高于 0.7,Sig. 为 0.000,说明问卷效度良好,适合用于后续研究;问卷各维度的信度克隆巴赫系数均在 0.7 以上,最终问卷的总体克隆巴赫系数为 0.932,说明问卷信度良好。然后对调查数据基于 AMOS 软件进行了结构方程模型因子分析,得到具体媒介素养的结构方程模型($N=4035$),如图 4.3-1 所示。

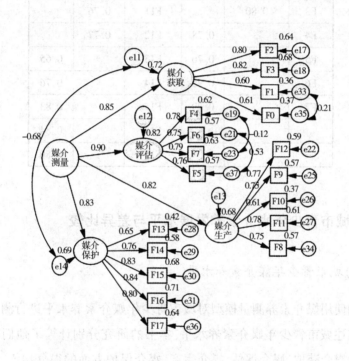

Xsquare=380.640 df=130 p=0.000 RMSEA=0.067 RMR=0.065
GFI=0.935 AGFI=0.914 RFI=0.932 IFI=0.945 NFI=0.942 CFI=0.945 TLI=0.935 NNFI=0.935
PGFI=0.711 PNFI=0.800
CN=259.000 CN=280 NC=2.928
AIC=2542.598 ECVI=0.630 CAIC=2842.011

图 4.3-1　城市青少年媒介素养测量模型

　　最终的 AMOS 结构方程模型 RMSEA=0.067,小于 0.08。RMR=0.065,小于 0.08。GFI=0.935,AGFI=0.914,RFI=0.932,IFI=0.945,NFI=0.942,CFI=0.945,TLI=0.935,NNFI=0.935。CN=280,大于 200。该模型的整体拟合度较好。各个具体问题因子系数如表 4.3-2 所示。

表4.3-2　媒介素养测量问卷探索性因子分析(*N*=4035)

标签	获取	评估	标签	生产	保护
F0	0.61		F8	0.75	
F1	0.60		F9	0.78	
F2	0.82		F10	0.61	
F3	0.80		F11	0.76	
F4		0.78	F12	0.77	
F5		0.76	F13		0.65
F6		0.75	F14		0.76
F7		0.79	F15		0.83
			F16		0.84
			F17		0.80

二、城市青少年媒介素养发展水平与差异比较

(一)城市青少年媒介素养水平

我们使用媒介素养测量模型对城市青少年媒介素养水平进行测量。为了定量描述城市青少年媒介素养水平,本书的研究分别计算了他们在以上量表中的媒介获取、媒介评估、媒介生产、媒介保护方面的得分均值,结果如表4.3-3所示。从媒介素养的4个一级测量指标的得分均值来看,城市青少年媒介素养获取维度平均值4.1740,媒介评估能力3.9308,媒介生产能力3.8313,媒介保护能力3.4984,媒介素养总得分均值3.8586,表明城市青少年具备了一定的媒介素养能力,其中媒介获取能力以及媒介评估能力、媒介生产能力的平均分值较高,都高于3.8,媒介保护能力平均值只有3.50,说明城市青少年媒介保护素养存在一些问题。

表 4.3-3　城市青少年的媒介素养水平描述统计

媒介素养维度	N	最小值	最大值	合计	均值		标准偏差
	统计	统计	统计	统计	统计	标准误差	统计
媒介获取	4035	1.00	5.00	16842.00	4.1740	0.01205	0.76529
媒介评估	4035	1.00	5.00	15860.75	3.9308	0.01184	0.75227
媒介生产	4035	1.00	5.00	15459.20	3.8313	0.01382	0.87800
媒介保护	4035	1.00	5.00	14116.00	3.4984	0.01478	0.93854
媒介素养总分	4035	1.00	5.00	15569.49	3.8586	0.01095	0.69541

（二）城市青少年的媒介素养水平差异分析

已有文献表明,青少年的性别变量、媒介使用行为、家庭环境是影响他们对媒介的认知及媒介使用效果的主要因素。本书的研究将城市青少年的人口变量(性别、年级)、家庭收入情况作为自变量,媒介素养作为因变量进行相关分析,以探寻城市青少年媒介素养的影响因素。

1.性别差异影响城市中小学生媒介素养水平

参与本次调查的城市青少年中男生有 2046 人,女生有 1989 人。在 SPSS 软件中采用独立样本 t 检验统计,结果如表 4.3-4 和表 4.3-5 所示,对城市中小学男女学生的媒介素养进行比较。统计结果表明,媒介生产和媒介获取两个维度的莱文方差显著性 Sig. 都小于 0.05,不满足方差齐性,所以判定方差不齐,采用平均值方差 t 检验。w1 的 Sig.（双尾）大于 0.5,w2、w3 和 w4 的 Sig.（双尾）小于 0.5,说明中小学男女学生在媒介获取两个维度上不存在显著差异,但在媒介评估、媒介生产和媒介保护方面存在显著差异。在媒介评估维度,女孩的平均值(3.9216)低于男孩(3.9398)。在媒介保护维度,女孩的平均值(3.4735)低于男孩的平均值(3.5226)。从表中数据可以看出,性别影响城市青少年媒介素养水平。城市青少年媒介素养四个维度中媒介保护能力平均分较低,需要加强。

表 4.3-4 组统计

媒介素养维度	性别	个案数	平均值	标准偏差	标准误差平均值
媒介获取	男	2046	4.1672	0.78858	0.01743
	女	1989	4.1810	0.74071	0.01661
媒介评估	男	2046	3.9398	0.76479	0.01691
	女	1989	3.9216	0.73924	0.01658
媒介生产	男	2046	3.7858	0.91110	0.02014
	女	1989	3.8780	0.84027	0.01884
媒介保护	男	2046	3.5226	0.93329	0.02063
	女	1989	3.4735	0.94350	0.02116

表 4.3-5 独立样本检验

		莱文方差等同性检验		平均值等同性 t 检验						
		F	显著性	t	自由度	Sig.（双尾）	平均值差值	标准误差差值	差值95%置信区间 下限	差值95%置信区间 上限
w1	假定等方差	5.147	0.023	−0.574	4033	0.566	−0.01384	0.0241	−0.06109	0.03341
	不假定等方差			−0.575	4028.252	0.565	−0.01384	0.02408	−0.06105	0.03337
w2	假定等方差	0.583	0.445	0.768	4033	0.443	0.01819	0.02369	−0.02825	0.06464
	不假定等方差			0.768	4032.868	0.442	0.01819	0.02368	−0.02823	0.06461
w3	假定等方差	7.311	0.007	−3.339	4033	0.001	−0.0922	0.02761	−0.14634	−0.03807
	不假定等方差			−3.343	4021.887	0.001	−0.0922	0.02758	−0.14628	−0.03813
w4	假定等方差	0.118	0.731	1.661	4033	0.097	0.04908	0.02955	−0.00885	0.107
	不假定等方差			1.661	4026.832	0.097	0.04908	0.02955	−0.00886	0.10701

2. 父母限制青少年媒介使用是否影响城市青少年媒介素养水平

在前边的测试中,我们发现学业压力以及家庭环境影响城市青少年的媒介素养水平,因此我们假设父母是否限制青少年使用媒介会影响其媒介素养水平的高低。在 SPSS 软件中采用单因子方差分析,对城市青少年男女学生父母是否限制其使用媒介和媒介素养水平的四个维度进行比较分析,结果如图 4.3-2、图 4.3-3、图 4.3-4、图 4.3-5 所示。

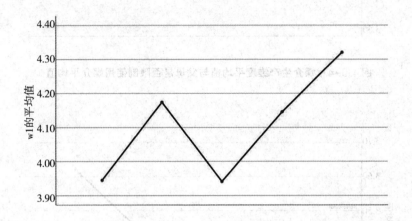

图 4.3-2 媒介获取维度平均值与父母是否限制使用媒介平均值

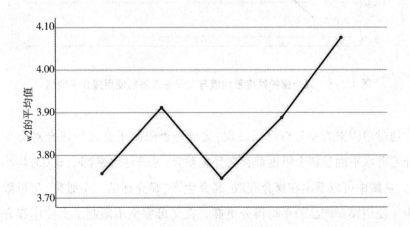

图 4.3-3 媒介评估维度平均值与父母是否限制使用媒介平均值

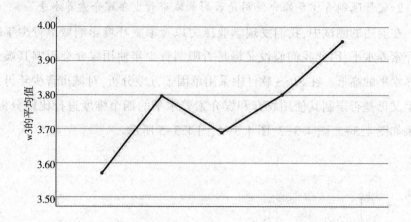

图 4.3-4　媒介生产维度平均值与父母是否限制使用媒介平均值

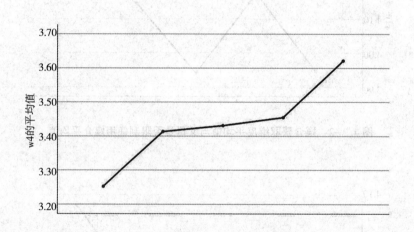

图 4.3-5　媒介保护维度平均值与父母是否限制使用媒介平均值

　　通过单因素方差分析可以发现,父母是否限制子女使用媒介对青少年媒介素养水平测量四个维度都存在显著差异,显著性水平都是 0.00,均小于0.5。从图中可以看出在媒介获取、媒介生产、媒介评估三个维度,父母限制青少年使用媒介产品的平均得分更高。在父母完全不限制子女使用媒介产品时,其媒介获取维度得分更低。在父母态度不明的情况下,子女在媒介获取维度上的得分也较低。在媒介保护这一维度,平均得分与父母是否限制子女使用媒介有直接关系,父母越限制其使用媒介,媒介保护维度的平均得分越高。

3. 父母指导青少年媒介使用是否影响城市青少年媒介素养水平

在前边的测试中,我们发现学业压力以及家庭环境影响城市青少年的媒介素养水平,因此我们假设父母指导青少年媒介使用有利于提高青少年的媒介素养水平。在 SPSS 软件中采用单因子方差分析,对城市青少年男女学生父母指导其使用相关媒介产品和媒介素养水平的四个维度之间的关系进行比较分析,如图 4.3-6、图 4.3-7、图 4.3-8、图 4.3-9 所示。

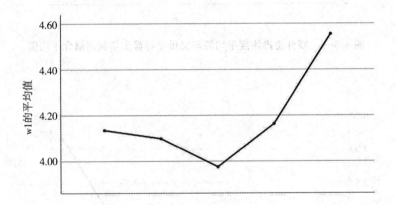

图 4.3-6 媒介获取维度平均值与父母指导青少年使用媒介平均值

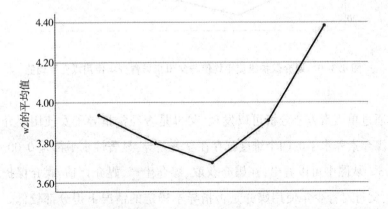

图 4.3-7 媒介评估维度平均值与父母指导青少年使用媒介平均值

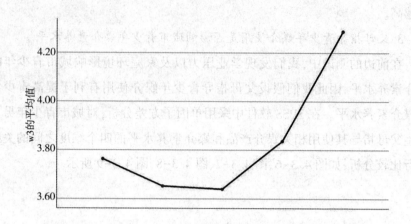

图 4.3-8　媒介生产维度平均值与父母指导青少年使用媒介平均值

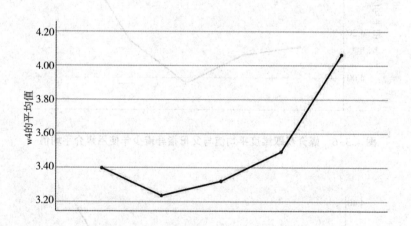

图 4.3-9　媒介保护维度平均值与父母指导青少年使用媒介平均值

　　通过单因素方差分析可以发现,父母是否经常指导子女使用媒介对青少年媒介素养水平的四个维度都存在显著差异,显著性水平都是 0.00,均小于 0.5。从图中可以看出,在媒介获取、媒介生产、媒介评估、媒介保护四个维度,父母对青少年使用媒介是否指导不确定的情况下得分都较低。父母经常指导子女使用媒介的家庭,子女媒介素养四个测试维度平均得分都更高。

4.家庭媒介关系是否影响城市青少年媒介素养水平

我们假设家庭媒介关系会影响青少年媒介素养水平。在 SPSS 软件中采用单因子方差分析城市青少年男女学生家庭媒介关系影响其媒介素养的水平。经单因素方差分析可以发现,父母是否经常指导子女使用媒介对青少年媒介素养水平的四个维度都存在显著差异,显著性水平都是 0.00,均小于 0.5。我们对四个维度之间的关系进行比较分析,结果如图 4.3-10、图 4.3-11、图 4.3-12、图 4.3-13 所示。

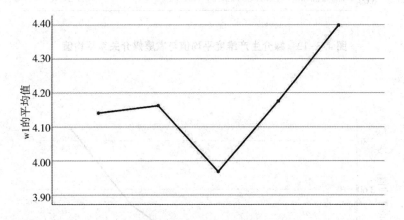

图 4.3-10　媒介获取维度平均值与家庭媒介关系平均值

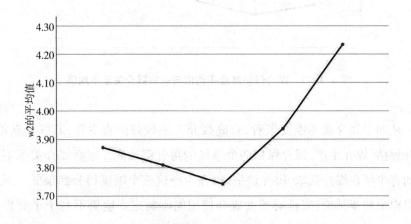

图 4.3-11　媒介评估维度平均值与家庭媒介关系平均值

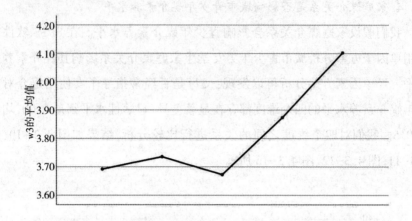

图 4.3-12 媒介生产维度平均值与家庭媒介关系平均值

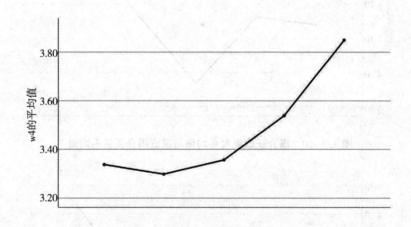

图 4.3-13 媒介保护维度平均值与家庭媒介关系平均值

从四个媒介素养维度来看,家庭媒介关系较好的青少年,其媒介获取、媒介评估、媒介生产、媒介保护四个维度的得分都最高。家庭媒介关系不确定的青少年在媒介获取、媒介评估、媒介生产这三个维度得分都很低。因此可以得出初步结论:家长对子女媒介使用的不确定态度更不利于子女媒介素养水平的提高。

三、结论和建议

(一)城市青少年整体媒介素养水平较高

本次调查通过利用结构方程模型构建的测评量表对城市青少年媒介素养水平进行测量。城市青少年媒介获取能力平均值为 4.1740,媒介评估能力平均值为 3.9308,媒介生产能力平均值为 3.8313,媒介保护能力平均值为 3.4984,媒介素养总分得分均值为 3.8586,表明城市青少年的媒介素养整体水平较好,具有一定的媒介素养能力。城市青少年媒介获取能力最高,这可能与城市家庭媒介占有程度较高有关,也可能与电脑、智能手机、网络以及平板电脑等设备的日益普及息息相关。但是在本次调查中,城市青少年媒介保护能力这一维度的平均得分只有 3.4984,说明城市青少年媒介保护能力不高,应该加强相关教育并解决相关问题,避免青少年迷失自我。

(二)家庭和学校需干预青少年使用媒介情况

本次调查的数据表明,青少年在使用媒介时,家长的指导有利于提高青少年媒介素养水平,家长限制青少年使用媒介产品的干预性越强,其子女的媒介素养水平在各个维度上的平均得分越高。家庭媒介关系也会影响子女的媒介素养水平,良好的家庭亲子关系有利于子女成长。青少年心智还没有完全成熟,如果他们长期沉迷媒介产品,很可能会影响他们的学习成绩。这就需要家庭和学校对青少年进行监管,家长、老师共同与学生沟通、交流,避免他们沉迷网络。

与农村青少年相比,城市青少年会接触更多的媒介信息,若媒介素养缺失,则容易导致青少年沉迷游戏,无法分辨各种虚假信息。网络技术是一把双刃剑,它在为青少年自身发展提供各种便利的同时,也极有可能对青少年的身心造成伤害。

第四节　农村留守儿童媒介素养测量与评估

一、农村留守儿童媒介素养测量与调查具体研究设计及实施

我们在前测基础上进行了大规模的问卷调查,问卷以网络填答为主,回收农村留守儿童3491份问卷,用来考量以上量表内部一致性的克隆巴赫系数利用 SPSS 进行计算,结果如表 4.4-1 所示。由表中数据可以看出,量表的内部一致性系数均超过了 0.7。在基础研究中,信度至少应达到 0.80 才可接受,本书中的研究属于探索性研究,信度只要达到 0.70 就可接受。因此相关数据符合本书中的研究对量表信度的要求。

表 4.4-1　**量表的克隆巴赫系数**

媒介素养维度	克隆巴赫系数	媒介素养维度	克隆巴赫系数
媒介获取	0.818	媒介生产	0.759
媒介评估	0.785	媒介保护	0.793

我们将调查数据在 SPSS 中进行了信度和效度检验,检验结果如下所示:问卷的整体 KMO 值为 0.939,各维度的 KMO 值均高于 0.7, Sig. 为 0.000,说明问卷效度良好,适合用于后续研究。问卷各维度的信度克隆巴赫系数均在 0.7 以上,最终问卷的总体克隆巴赫系数为 0.943,说明问卷信度良好。然后对调查数据基于 AMOS 软件进行了结构方程模型因子分析,得到具体媒介素养的结构方程模型($N=3491$),如图 4.4-1 所示。

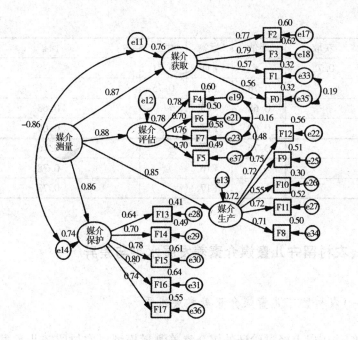

Xsquare=331.890 df=130 p=0.000 RMSEA=0.060 RMR=0.054
GFI=0.947 AGFI=0.931 RFI=0.933 IFI=0.945 NFI=0.943 CFI=0.945 TLI=0.935 NNFI=0.935
PGFI=0.720 PNFI=0.801
CN=320.000 CN=346 NC=2.553
AIC=3533.940 ECVI=0.505 CAIC=3855.928

图 4.4-1   最终农村留守儿童媒介素养测量模型

最终的 AMOS 结构方程模型 RMSEA = 0.059，小于 0.08。GFI = 0.947，AGFI = 0.930，RFI = 0.930，IFI = 0.945，NFI = 0.941，CFI = 0.945。整体上该理论模型拟合度指标得到了较好的验证。

表 4.4-2   媒介素养测量问卷探索性因子分析(N = 3491)

标签	获取	评估	标签	生产	保护
F0	0.57		F8	0.69	
F1	0.57		F9	0.70	
F2	0.77		F10	0.56	

续表

标签	获取	评估	标签	生产	保护
F3	0.78		F11	0.71	
F4		0.76	F12	0.75	
F5		0.68	F13		0.63
F6		0.69	F14		0.69
F7		0.76	F15		0.76
			F16		0.78
			F17		0.73

二、农村留守儿童媒介素养发展水平与差异

(一)农村留守儿童媒介素养发展水平

我们采用以上经过验证的媒介素养测量模型对农村留守儿童媒介素养水平进行了测量。为了定量描述农村留守儿童媒介素养水平,我们分别计算了他们在媒介获取、媒介评估、媒介生产、媒介保护上的得分均值,结果如表4.4-3所示。从媒介素养的四个一级测量指标的得分均值来看,农村留守儿童媒介获取能力4.0592,媒介评估能力3.8419,媒介生产能力3.8123,媒介保护能力3.5546。媒介素养平均值3.8170,表明农村留守儿童具备了一定的媒介素养能力,其中媒介获取能力、媒介评估能力和媒介保护能力的平均分值较高,媒介保护能力得分较低,说明留守儿童的媒介保护能力需要加强。

表4.4-3 农村留守儿童的媒介素养水平

媒介素养维度	描述统计				
	N	合计	均值		标准偏差
	统计	统计	统计	标准误差	统计
媒介获取 w1	3491	14170.50	4.0592	0.01299	0.76780
媒介评估 w2	3491	13412.00	3.8419	0.01247	0.73670
媒介生产 w3	3491	13308.60	3.8123	0.01397	0.82527

续表

描述统计					
媒介素养维度	N	合计	均值		标准偏差
	统计	统计	统计	标准误差	统计
媒介保护 w4	3491	12409.00	3.5546	0.01414	0.83549
媒介素养平均值	3491	3.8170			

(二)农村留守儿童的媒介素养水平差异分析

已有文献表明,青少年的性别变量、媒介使用行为、家庭环境是影响他们对媒介的认知以及媒介使用效果的主要因素。本书研究中,我们将农村留守儿童的人口变量(性别、年级)作为自变量,媒介素养作为因变量进行相关分析,以探寻留守儿童媒介素养的影响因素。

1. 性别差异是否影响留守儿童媒介素养水平

本次调查男生 1716 名,女生 1775 名,在 SPSS 软件中采用独立样本 t 检验统计,结果如表 4.4-4 和表 4.4-5 所示。我们对男女中小学生媒介素养的四个维度进行比较,统计结果表明,四个维度莱文方差的显著性 Sig. 都大于 0.05,满足方差齐性,所以判定这两类样本无明显差别。采用平均值方差 t 检验,w1 的 Sig.(双尾)大于 0.5,w2、w3、w4 的 Sig.(双尾)小于 0.5,说明男女中小学生在媒介获取维度不存在显著差异,在媒介评估、媒介生产和媒介保护维度存在一定差异。在媒介生产维度,女孩的平均值(3.8407)高于男孩(3.7829),在媒介保护维度,女孩的平均值(3.5191)低于男孩(3.5913)。

表 4.4-4 组统计 t 检验

媒介素养维度	性别	个案数	平均值	标准偏差	标准误差平均值
媒介获取 w1	男	1716	4.0625	0.76812	0.01854
	女	1775	4.0559	0.76769	0.01822

续表

媒介素养维度	性别	个案数	平均值	标准偏差	标准误差平均值
媒介评估 w2	男	1716	3.8531	0.73451	0.01773
	女	1775	3.8310	0.73885	0.01754
媒介生产 w3	男	1716	3.7829	0.83064	0.02005
	女	1775	3.8407	0.81927	0.01945
媒介保护 w4	男	1716	3.5913	0.83662	0.02020
	女	1775	3.5191	0.83310	0.01977

表 4.4-5　独立样本 t 检验

		莱文方差等同性检验		平均值等同性 t 检验						
		F	显著性	t	自由度	Sig.（双尾）	平均值差值	标准误差差值	差值95%置信区间	
									下限	上限
w1	假定等方差	0.418	0.518	0.253	3489	0.800	0.00658	0.02600	-0.04439	0.05756
	不假定等方差			0.253	3484.884	0.800	0.00658	0.02600	-0.04439	0.05756
w2	假定等方差	0.001	0.976	0.889	3489	0.374	0.02216	0.02494	-0.02674	0.07106
	不假定等方差			0.889	3486.282	0.374	0.02216	0.02494	-0.02674	0.07106
w3	假定等方差	0.549	0.459	-2.07	3489	0.039	-0.05781	0.02793	-0.11256	-0.00306
	不假定等方差			-2.07	3481.112	0.039	-0.05781	0.02793	-0.11257	-0.00304
w4	假定等方差	0.083	0.774	2.553	3489	0.011	0.07216	0.02826	0.01675	0.12757
	不假定等方差			2.553	3483.961	0.011	0.07216	0.02826	0.01674	0.12758

2. 父母是否限制媒介使用影响农村青少年学生媒介素养水平

在 SPSS 软件中采用单因子方差分析农村青少年男女学生父母是否限制其使用媒介，从媒介素养水平的四个维度进行比较分析，结果如图 4.4-2、图 4.4-3、图 4.4-4、图 4.4-5 所示。

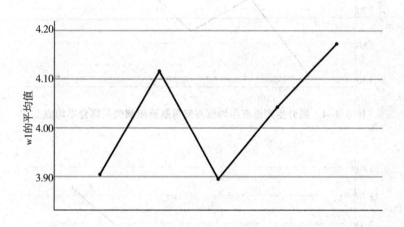

图 4.4-2　媒介获取维度平均值与父母是否限制使用媒介平均值

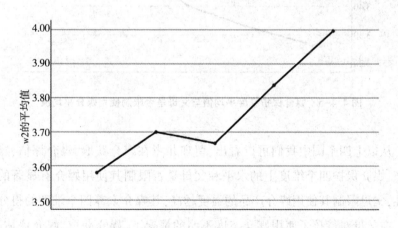

图 4.4-3　媒介评估维度平均值与父母是否限制使用媒介平均值

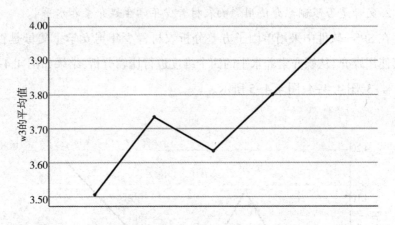

图 4.4-4　媒介生产维度平均值与父母是否限制使用媒介平均值

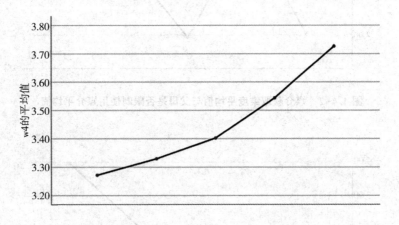

图 4.4-5　媒介保护维度平均值与父母是否限制使用媒介平均值

从以上四个图中我们可以看出,留守儿童在媒介获取、媒介评估、媒介生产、媒介保护四个维度上的水平和父母是否限制其使用媒介有显著的相关性,父母限制其使用媒介产品的强度越高,其媒介素养四个维度的得分越高。在父母对待孩子使用媒介态度不明的情况下,媒介获取、媒介评估、媒介生产三个维度的平均值有明显的下降,说明父母对子女媒介使用态度不明确会使子女媒介素养水平降低,不利于提高子女的媒介素养水平。

3. 父母指导青少年媒介使用是否影响留守儿童媒介素养水平

在前边测试的中我们发现,学业压力以及家庭环境会影响农村留守儿童媒介素养水平。因此,我们假设父母指导青少年媒介使用有利于提高农村留守儿童的媒介素养水平。在 SPSS 软件中采用单因子方差分析农村留守儿童父母指导其使用相关媒介产品,从媒介素养的四个维度进行比较分析,如图 4.4-6、图 4.4-7、图 4.4-8、图 4.4-9 所示。

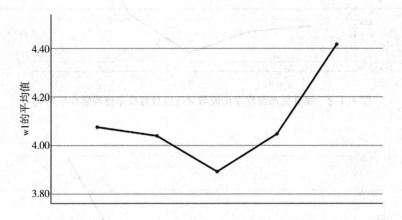

图 4.4-6 媒介获取维度平均值与父母指导青少年使用媒介平均值

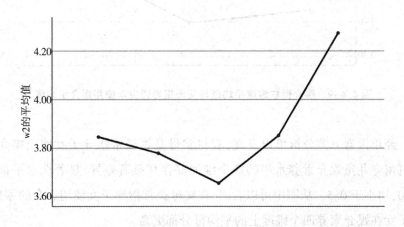

图 4.4-7 媒介评估维度平均值与父母指导青少年使用媒介平均值

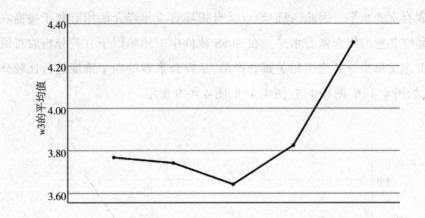

图 4.4-8　媒介生产维度平均值与父母指导青少年使用媒介平均值

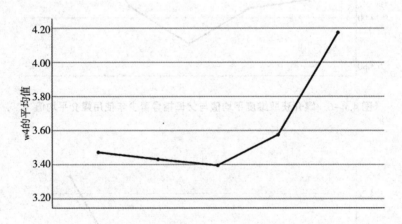

图 4.4-9　媒介保护维度平均值与父母指导青少年使用媒介平均值

经单因素方差分析可以发现,农村父母是否经常指导子女使用媒介对农村留守儿童媒介素养水平的四个维度都存在显著差异,显著性水平都是0.00,均小于0.5。从图中可以看出,在父母经常指导子女使用媒介的家庭,其子女在媒介素养四个维度上的平均得分都更高。

4. 家庭媒介关系是否影响留守儿童媒介素养水平

我们假设家庭媒介关系影响留守儿童的媒介素养水平。在 SPSS 软件中采用单因子方差分析农村留守儿童家庭媒介关系影响其媒介素养的水平。经单因素方差分析可以发现,父母是否经常指导子女使用媒介对留守儿童媒介素养水平的四个维度都存在显著差异,显著性水平都是 0.00,均小于 0.5。对四个维度之间的关系进行比较分析,如图 4.4-10、图 4.4-11、图 4.4-12、图 4.4-13 所示。

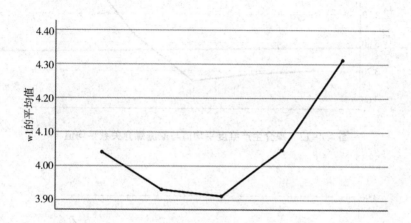

图 4.4-10　媒介获取维度平均值与家庭媒介关系平均值

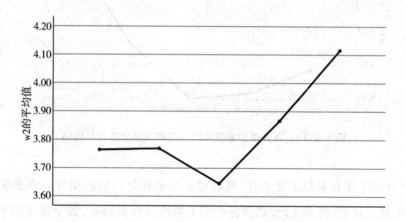

图 4.4-11　媒介评估维度平均值与家庭媒介关系平均值

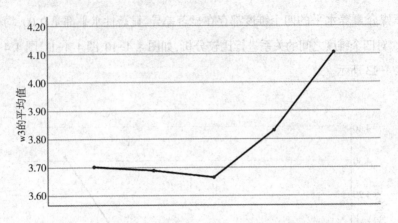

图 4.4-12　媒介生产维度平均值与家庭媒介关系平均值

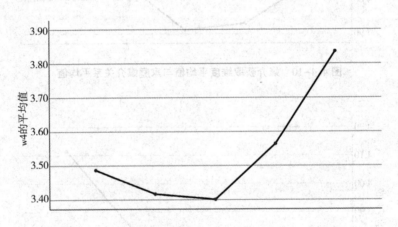

图 4.4-13　媒介保护维度平均值与家庭媒介关系平均值

从四个媒介素养维度来看,家庭媒介关系较好的农村留守儿童的媒介获取、媒介评估、媒介生产、媒介保护四个维度得分都最高,各个维度的平均值都在 4 分左右。家庭媒介关系不确定的留守儿童的媒介获取、媒介评估、媒介生产、媒介保护这四个维度得分都比较低。因此可以得出初步结论:家长对子女媒介使用的不确定态度不利于子女媒介素养水平的提高。

三、结论和建议

应全方位提升留守儿童媒介素养水平,提升留守儿童各项数字技能,提高农村留守儿童在网络世界中对海量信息的收集、评估、生产和保护利用能力,进而提升其在新媒体环境下生存与发展的能力。构建留守儿童媒介素养测评模型有利于了解农村留守儿童媒介素养的真实水平,对确立留守儿童媒介素养培养的目标、内容设定和制定相应的实施路径具有重要意义。

(一)农村留守儿童整体媒介素养水平尚可

农村留守儿童媒介素养得分均值 3.8170,说明这部分农村青少年的媒介素养水平整体较好。具体到媒介素养的四个维度来说,媒介获取能力 4.0592,媒介评估能力 3.8419,媒介生产能力 3.8123,媒介保护能力 3.5546,表明留守儿童媒介素养水平较高。当今的未成年人是伴随互联网的发展成长起来的一代,他们的认知中都有明显的网络印记。由本次调查可以看出,留守儿童的整体媒介素养水平平均得分在 3.8 左右,在及格分以上。

(二)不同性别的留守儿童媒介素养水平差异不大,各个维度之间略有差异

通过媒介素养调查可以看出,在媒介生产维度上,女生的平均值(3.8407)高于男生的(3.7829),在媒介保护维度上,女孩的平均值(3.5191)低于男生的(3.5913),其他两个维度的差别不大。统计数据表明,从整体上来说,留守儿童中女生和男生的整体媒介素养水平差异不大。

(三)家庭对农村留守儿童媒介素养水平影响较大

家庭对农村留守儿童媒介素养水平具有重要影响,父母正确引导青少年科学上网对防止青少年沉迷网络具有重要的现实意义。在本次调查中,我们设置了父母是否限制孩子使用媒介的问题,数据表明,父母限制青少年使用媒介产品的水平越高,其媒介素养水平的平均得分越高。在使用媒介的过程中,父母若能对子女的媒介使用行为进行一定的正向干预,就可以及时矫正或终止青少年在媒介使用中的不良习惯或行为,同时父母和子女建立良好的亲子关系也有利于青少年更好地使用媒介以及提升自身的媒介素养水平。如果父母对待子女使用媒介的态度不明确,就可能不利于留守儿

童媒介素养水平的提高。通过本次的媒介素养调查,我们可以看出父母的经济收入也可能影响青少年的媒介素养水平,数据表明,媒介素养四个维度的平均值会随着父母收入的变化出现差异,但是青少年的媒介素养水平是一个受多种因素影响的综合性指标,还需要进一步的研究。

第五节　随迁子女媒介素养测量与评估

一、随迁子女媒介素养测量与调查

本次调查回收随迁子女媒介素养测量调查问卷 196 份。我们利用 SPSS 软件计算用以考量以上量表内部一致性的克隆巴赫系数,数据如表 4.5-1 所示。由表 4.5-1 中的数据可以看出,量表的内部一致性系数均超过了 0.7,媒介获取能力克隆巴赫系数达到了 0.860,媒介评估能力克隆巴赫系数达到了 0.854,媒介生产能力克隆巴赫系数达到了 0.864,媒介保护能力克隆巴赫系数达到了 0.792。在基础研究中,信度至少应达到 0.80 才可接受。本书中的研究属于探索性研究,信度只要达到 0.70 就可接受。因此相关数据符合本书中的研究对量表信度的要求。

表 4.5-1　量表的克隆巴赫系数

媒介素养维度	克隆巴赫系数	媒介素养维度	克隆巴赫系数
媒介获取	0.860	媒介生产	0.864
媒介评估	0.854	媒介保护	0.792

我们把媒介素养调查问卷和相关数据在 SPSS 软件中进行了信度和效度检验,检验结果如下:问卷的整体 KMO 值为 0.799,各个问题的 KMO 值均高于 0.7,Sig. 为 0.000,说明问卷效度良好,适合用于后续研究。问卷各维度的信度克隆巴赫系数均在 0.7 以上,最终问卷的总体克隆巴赫系数为 0.864,说明问卷信度良好。对调查数据基于 AMOS 软件进行结构方程模型

因子分析,得到具体媒介素养的结构方程模型($N=196$),如图 4.5-1 所示。

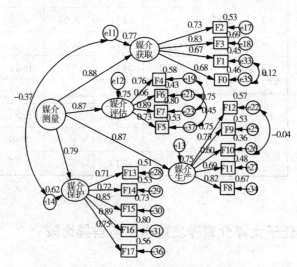

Xsquare=287.280 df=129 p=0.000 RMSEA=0.079 RMR=0.059
GFI=0.903 AGFI=0.929 RFI=0.901 IFI=0.921 NFI=0.906 CFI=0.920 TLI=0.905 NNFI=0.905
PGFI=0.651 PNFI=0.730
CN=207.000 CN=115 NC=2.227
AIC=371.280 ECVI=1.904 CAIC=550.961

图 4.5-1 随迁子女媒介素养测量模型

最终的 AMOS 结构方程模型 RMSEA = 0.079,小于 0.08,RMR = 0.059,小于 0.08,GFI = 0.903,AGFI = 0.929,RFI = 0.901,IFI = 0.921,NFI = 0.906,CFI = 0.920,TLI = 0.905,NNFI = 0.905。CN = 207,大于 200。该模型的整体拟合度较好,该理论模型拟合度指标得到了验证。各个问题因子系数如表 4.5-2 所示。

表 4.5-2 媒介素养测量问卷探索性因子分析($N=196$)

标签	获取	评估	标签	生产	保护
F0	0.68		F8	0.82	
F1	0.67		F9	0.78	
F2	0.73		F10	0.60	

续表（$N=196$）

标签	获取	评估	标签	生产	保护
F3	0.83		F11	0.69	
F4		0.76	F12	0.75	
F5		0.73	F13		0.71
F6		0.66	F14		0.72
F7		0.89	F15		0.85
			F16		0.80
			F17		0.75

二、随迁子女媒介素养发展水平与差异比较

（一）随迁子女的媒介素养水平

我们利用媒介素养测量模型对随迁子女媒介素养水平进行了测量。为了定量描述随迁子女的媒介素养水平，本书的研究分别计算了他们在以上量表中，媒介获取、媒介评估、媒介生产、媒介保护的得分均值，结果如表4.5-3所示。从媒介素养的四个一级测量指标的得分均值来看，随迁子女的媒介获取能力3.8342，媒介生产能力3.6827，媒介评估能力3.6798，媒介保护能力3.4531，媒介素养总分得平均值3.6624，表明随迁子女具备一定的媒介素养能力，其中媒介获取能力、媒介评估能力和媒介生产能力的平均分值较高，都高于媒介素养总得分平均值3.6624，媒介保护能力的平均值只有3.4531，说明随迁子女在媒介保护层面欠缺。

表 4.5-3　随迁子女的媒介素养水平描述统计

媒介素养维度	N	最小值	最大值	合计	均值		标准偏差
	统计	统计	统计	统计	统计	标准误差	统计
媒介获取	196	1.00	5.00	3.8342	0.07025	0.98348	0.967
媒介评估	196	1.00	5.00	3.6798	0.06429	0.90007	0.810
媒介生产	196	1.00	5.00	3.6827	0.06819	0.95472	0.911
媒介保护	196	1.00	5.00	3.4531	0.06889	0.96441	0.930
媒介素养总分	196	1.00	5.00	3.6624	0.05722	0.80101	0.642

（二）随迁子女的媒介素养水平差异分析

本书的研究中，我们将随迁子女的人口变量（性别、年级）、家庭收入情况作为自变量，媒介素养作为因变量进行相关分析，以探寻影响随迁子女媒介素养的因素。

1. 性别差异是否影响随迁子女媒介素养水平

参与本次调查的受访随迁子女中，男生 101 人，女生 95 人，在 SPSS 软件中使用独立样本 t 检验统计，结果如表 4.5-4、表 4.5-5 所示，对受访的男女学生的媒介素养的四个维度进行比较。统计结果表明，媒介生产和媒介获取、媒介评估、媒介保护维度的莱文方差显著性 Sig. 都大于 0.05，不满足方差齐性，所以判定这两个样本离散无明显差异，采用平均值方差 t 检验。媒介评估、媒介保护、媒介生产和媒介获取的 Sig.（双尾）大于 0.5，说明本次调查中随迁子女媒介获取、媒介生产、媒介评估和媒介保护四个维度不存在显著差异。从表中数据看出，性别并不影响随迁子女的媒介素养水平。随迁子女媒介素养四个维度中媒介保护能力平均分较低，需要加强。

表 4.5-4　组统计

媒介素养维度	性别	个案数	平均值	标准偏差	标准误差平均值
媒介获取	男	101	3.8243	1.03896	0.10338
	女	95	3.8447	0.92626	0.09503
媒介评估	男	101	3.6856	0.89138	0.08870
	女	95	3.6737	0.91390	0.09376
媒介生产	男	101	3.6337	0.98227	0.09774
	女	95	3.7347	0.92688	0.09510
媒介保护	男	101	3.4475	0.99605	0.09911
	女	95	3.4589	0.93484	0.09591

表 4.5-5　独立样本检验

		莱文方差等同性检验		平均值等同性 t 检验						
		F	显著性	t	自由度	Sig.（双尾）	平均值差值	标准误差差值	差值95%置信区间 下限	上限
w1	假定等方差	1.179	0.279	−0.145	194	0.885	−0.0204	0.14092	−0.29841	0.25745
	不假定等方差			−0.146	193.45	0.884	−0.0204	0.14042	−0.29744	0.25648
w2	假定等方差	0.003	0.960	0.093	194	0.926	0.01196	0.12897	−0.24240	0.26632
	不假定等方差			0.093	192.56	0.926	0.01196	0.12907	−0.24261	0.26653
w3	假定等方差	0.146	0.702	−0.740	194	0.460	−0.10107	0.13661	−0.37051	0.16836
	不假定等方差			−0.741	193.99	0.459	−0.10107	0.13637	−0.37003	0.16788
w4	假定等方差	0.364	0.547	−0.083	194	0.934	−0.01142	0.13819	−0.28397	0.26113
	不假定等方差			−0.083	193.99	0.934	−0.01142	0.13792	−0.28344	0.26060

2. 父母限制青少年使用媒介是否影响随迁子女媒介素养水平

我们在前测中发现学业压力以及家庭环境会影响青少年的媒介素养水平，因此我们假设，父母是否限制子女使用媒介会影响其媒介素养水平。在SPSS 软件中使用单因子方差分析受访随迁子女的父母是否限制其使用媒介，并对其媒介素养水平的四个维度进行比较分析，结果如图 4.5-2、图 4.5-3、图 4.5-4、图 4.5-5 所示。

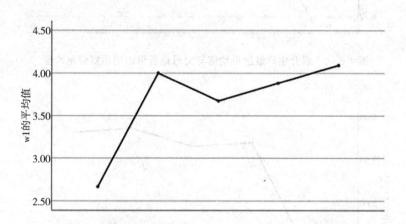

图 4.5-2　媒介获取维度平均值与父母是否限制使用媒介平均值

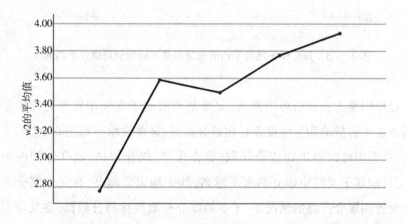

图 4.5-3　媒介评估维度平均值与父母是否限制使用媒介平均值

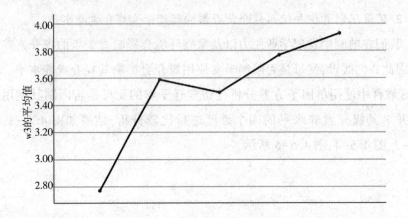

图 4.5-4　媒介生产维度平均值与父母是否限制使用媒介平均值

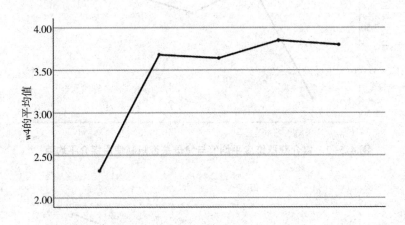

图 4.5-5　媒介保护维度平均值与父母是否限制使用媒介平均值

　　经单因素方差分析可以发现,父母是否限制子女使用媒介对青少年媒介素养水平测量的四个维度都存在显著差异,显著性水平都是 0.00,均小于 0.5。从图中可以看出在媒介获取、媒介生产、媒介评估、媒介保护四个维度,父母限制子女使用媒介的水平越高,其平均得分越高,在父母完全不限制子女使用媒介产品的情况下,子女的媒介获取维度得分较低,在父母态度不明的情况下,子女的媒介获取维度得分也较低。从媒介素养整体平均值来看,得分与父母是否限制子女使用媒介有直接关系,父母越限制子女使用媒介,各个维度的平均得分越高。

3. 父母指导青少年使用媒介是否影响城市青少年媒介素养水平

在前测中我们发现学业压力以及家庭环境会影响青少年媒介素养水平,因此我们假设父母指导青少年媒介使用有利于提高青少年的媒介素养水平。我们在 SPSS 软件中使用单因子方差分析随迁男女学生父母指导其使用相关媒介产品的情况,并与其媒介素养水平的四个维度之间的关系进行比较分析,结果如图 4.5-6、图 4.5-7、图 4.5-8、图 4.5-9 所示。

图 4.5-6　媒介获取维度与父母指导青少年使用媒介平均值

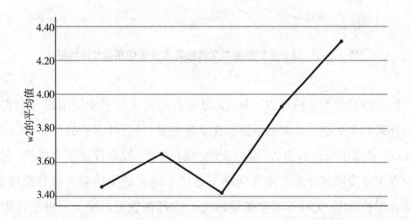

图 4.5-7　媒介评估维度与父母指导青少年使用媒介平均值

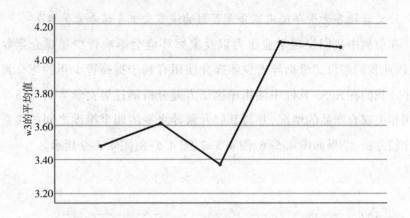

图 4.5-8　媒介生产维度与父母指导青少年使用媒介平均值

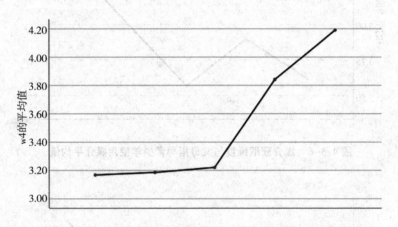

图 4.5-9　媒介保护维度与父母指导青少年使用媒介平均值

经单因素方差分析可以发现,父母是否经常指导子女使用媒介对青少年媒介素养水平四个维度测量值存在显著差异,显著性水平都是 0.00,均小于 0.5。从图中可以看出,在媒介获取、媒介生产、媒介评估三个维度,在父母对青少年使用媒介是否指导问题下选择不确定的受访者的得分都较低。在媒介保护维度,父母不经常指导的得分值都在较低水平。父母经常指导子女使用媒介的家庭,其子女媒介素养四个维度平均得分都更高。

4. 家庭媒介关系是否影响随迁子女媒介素养水平

我们假设家庭媒介关系会影响青少年媒介素养水平。在 SPSS 软件中

使用单因子方差分析城市随迁子女学生家庭媒介关系对其媒介素养水平的
影响。经单因素方差分析可以发现,父母是否经常指导子女使用媒介对青
少年媒介素养水平的四个维度都存在显著影响,显著性水平都是 0.00,均小
于 0.5。四个维度之间关系进行比较分析,结果如图 4.5-10、图 4.5-11、图
4.5-12、图 4.5-13 所示。

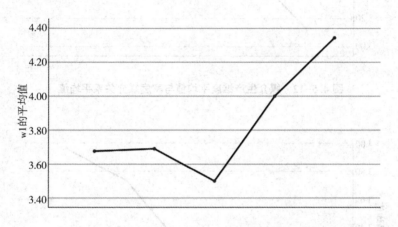

图 4.5-10 媒介获取维度平均值与家庭媒介关系平均值

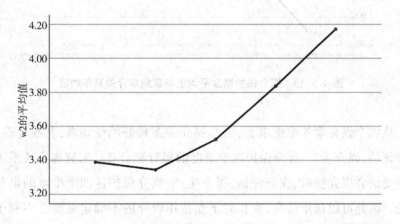

图 4.5-11 媒介评估维度平均值与家庭媒介关系平均值

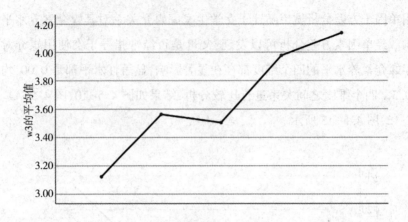

图 4.5-12　媒介生产维度平均值与家庭媒介关系平均值

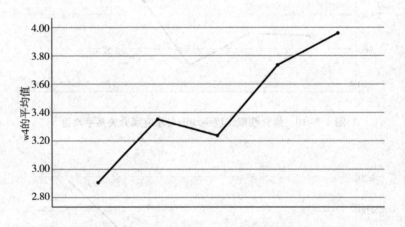

图 4.5-13　媒介保护维度平均值与家庭媒介关系平均值

从四个媒介素养维度来看,家庭媒介关系较好的受访者,其媒介获取、媒介评估、媒介生产、媒介保护四个维度的得分都最高。家庭媒介关系不确定的受访者媒介获取、媒介评估、媒介生产、媒介保护这四个维度的得分都最低。因此可以初步认为,家长对子女使用媒介的不确定态度更不利于其媒介素养水平的提高。

三、结论和建议

(一)随迁子女媒介素养水平有待提高

本次调查随迁子女媒介素养水平通过利用结构方程模型构建的测评量表进行测量。随迁子女媒介获取能力平均值 3.8342,媒介评估能力平均值 3.6798,媒介生产能力平均值 3.6827,媒介保护能力平均值 3.4531。媒介素养总分平均值 3.6624。从整体上来看,随迁子女媒介素养水平一般,具有一定的媒介素养能力。其中媒介获取能力最高,这可能与各受访家庭的媒介占有程度较高有关,即与电脑、智能手机、网络以及平板电脑等的日益普及息息相关。但是本次调查中随迁子女在媒介保护能力这一维度上的平均得分只有 3.4531,说明这部分儿童的媒介保护能力不高,应该加强相关教育。

(二)家庭和学校对随迁子女使用媒介情况的干预有利于提高其媒介素养水平

本次调查的数据表明,青少年使用媒介时家长的经常指导有利于青少年媒介素养水平的提高,家长限制青少年使用媒介产品的水平越高,其子女媒介素养水平各个维度的平均得分更高。家庭媒介关系也会影响子女的媒介素养水平,良好的家庭亲子关系更有利于子女成长。

第六节　青少年媒介素养现状比较分析与培养路径研究

一、青少年媒介素养测量与调查

(一)青少年媒介素养调查的基本情况

本次青少年媒介素养调查受访者的基本情况(年级、家庭收入主要来源等情况)如表 4.6-1 所示。

表 4.6-1　参与调查学生的基本情况

单位:人

年级	一	二	三	四	五	六	七	八	九	高一	高二	高三
	127	443	256	386	419	2138	3316	2371	1478	98	179	22
家庭收入主要来源	农业收入		父母务工收入		事业单位、政府部门			企业	经商		其他	
	2749		4499		987			1449	1320		2420	

(二)本次媒介素养问卷调查整体测试情况

整体调查中,媒介获取维度包含 F0、F1、F2、F3 四个问题,媒介评估维度包含 F4、F5、F6、F7,媒介生产维度包含 F8、F9、F10、F11、F12,媒介保护维度包含 F13、F14、F15、F16、F17。媒介素养测量问卷以及探索性因子的分析具体如表 4.6-2 所示。

表 4.6-2　媒介素养测量问卷以及探索性因子分析($N=11033$)

标签	因子载荷	均值	标准差	标签	因子载荷	均值	标准差
F0	0.56	3.96	1.035	F9	0.78	3.81	1.125
F1	0.58	3.91	1.095	F10	0.78	3.69	1.042
F2	0.80	4.19	0.977	F11	0.74	3.87	1.076
F3	0.78	4.3	0.892	F12	0.76	3.74	1.175
F4	0.78	4.05	0.892	F13	0.66	3.15	1.19
F5	0.72	3.8	0.929	F14	0.72	3.54	1.136
F6	0.72	3.73	0.936	F15	0.80	3.64	1.062
F7	0.78	3.92	0.896	F16	0.82	3.66	1.060
F8	0.73	3.94	1.078	F17	0.76	3.68	1.079

本次调查共回收问卷 11033 份,我们对最终的数据在 SPSS 中进行了信度和效度检验。问卷的整体 KMO 值为 0.837,各维度的 KMO 值均高于 0.7,

Sig. 为 0.000,说明问卷效度良好,适合用于后续研究;问卷各维度的信度克隆巴赫系数均在 0.8 以上,最终问卷的总体克隆巴赫系数为 0.838,说明问卷信度良好。然后对调查数据基于 AMOS 软件进行结构方程模型因子分析,得到具体媒介素养的结构方程模型($N=11033$),其测量指标媒介关系结构方程模型如图 4.6-1 所示。最终得到的 AMOS 结构方程模型 RMSEA = 0.062,小于 0.08。RMR = 0.056,GFI = 0.945,ACFI = 0.928,RFI = 0.935,IFI = 0.946,NFI = 0.945,CFI = 0.946,TLI = 0.937,NNFI = 0.937,PGFI = 0.719,PNFI = 0.803,其他具体参数如图 4.6-1 所示。整体上该理论模型拟合度指标较好地得到了验证。

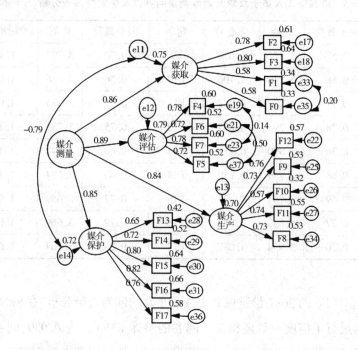

Xsquare=383.630 df=130 p=0.000 RMSEA=0.062 RMR=0.056
GFI=0.945 AGFI=0.928 RFI=0.935 IFI=0.946 NFI=0.945 CFI=0.946 TLI=0.937 NNFI=0.937
PGFI=0.719 PNFI=0.803
CN=310.000 CN=336 NC=2.951
AIC=5691.583 ECVI=0.516 CAIC=6032.238

图 4.6-1　整体媒介素养测量模型图

(三)进城务工人员子女媒介测量整体情况

本次调查回收留守儿童问卷 3491 份,随迁子女问卷 196 份,总共 3687 份问卷。对这一类进城务工人员子女的媒介素养情况进行单独分析,媒介获取对应题项 F0、F1、F2、F3,媒介评估对应题项 F4、F5、F6、F7,媒介生产对应题项 F8、F9、F10、F11、F12,媒介保护对应题项 F13、F14、F15、F16、F17。进城务工人员子女媒介素养测量问卷以及探索性因子分析结果具体如表 4.6-3 所示。

表 4.6-3　进城务工人员子女媒介素养测量问卷以及探索性因子分析($N = 3687$)

题项	因子载荷	均值	标准差	题项	因子载荷	均值	标准差
F0	0.57	3.871	1.050	F9	0.70	3.793	1.136
F1	0.58	3.848	1.106	F10	0.56	3.686	1.029
F2	0.77	4.177	0.982	F11	0.71	3.855	1.061
F3	0.78	4.293	0.888	F12	0.75	3.759	1.165
F4	0.76	3.990	0.911	F13	0.63	3.141	1.164
F5	0.68	3.759	0.939	F14	0.69	3.574	1.113
F6	0.69	3.704	0.937	F15	0.77	3.659	1.043
F7	0.77	3.880	0.897	F16	0.79	3.669	1.040
F8	0.70	3.934	1.087	F17	0.73	3.704	1.065

我们对回收的 3687 份进城务工人员子女的问卷进行分析,在 SPSS 中对收集数据进行了信度和效度检验。问卷的整体 KMO 值为 0.939,问卷的总体克隆巴赫系数为 0.918,说明问卷信度良好。然后对调查数据基于 AMOS 软件进行了结构方程模型因子分析,得到具体关于媒介素养的结构方程模型($N = 3687$),其测量指标媒介关系结构方程模型图如图 4.6-2 所示。最终得到的 AMOS 结构方程模型 RMSEA = 0.058,小于 0.08。RMR = 0.052,GFI = 0.948,AGFI = 0.931,RFI = 0.932,IFI = 0.947,NFI = 0.943,CFI = 0.947,TLI = 0.937,NNFI = 0.937,PGFI = 0.715,PNFI = 0.795,CN = 333,其他具体参

数如图 4.6-2 所示。整体上来说,该理论模型拟合度指标较好地得到了验证。

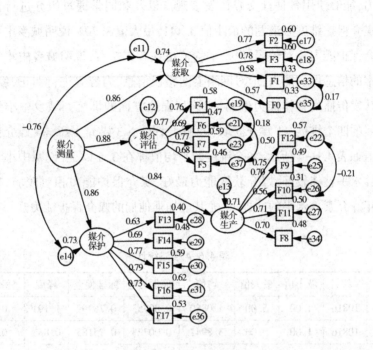

Xsquare=313.728 df=129 p=0.000 RMSEA=0.058 RMR=0.052
GFI=0.948 AGFI=0.931 RFI=0.932 IFI=0.947 NFI=0.943 CFI=0.947 TLI=0.937 NNFI=0.937
PGFI=0.715 PNFI=0.795
CN=333.000 CN=361 NC=2.432
AIC=1816.716 ECVI=0.493 CAIC=2119.644

图 4.6-2　进城务工人员子女整体媒介素养测量模型图

二、城乡中小学生媒介素养水平差异比较分析

(一)城乡中小学生媒介素养发展水平整体比较分析

通过对问卷数据处理可以发现,各题均值最低为 3.141,最高为 4.293,表明城乡中小学生整体的媒介素养水平较高。媒介获取维度四道题最低平均值 3.848,最高 4.293,说明城乡中小学生整体的信息获取能力较好。媒介评估维度四道题的平均值是 3.990、3.759、3.704、3.880,说明城乡中小学生

具有很好的媒介评估能力、媒介理解能力以及信息搜索能力。媒介生产维度五道题最小值3.686,最大值3.934,说明城乡中小学生具有良好的信息处理能力,能够使用各种社交媒体发表观点以及和同学通过媒介进行交流沟通。媒介保护维度五道题的最小值3.141,最大值3.704,说明城乡中小学生的媒介保护能力相对较弱,但是平均值也在3.5左右,说明城乡中小学生具备基本的信息保护能力,但对网络上的错误信息、内容等进行纠正、编辑、加工并转发传播的整体能力偏弱,应该加强这方面的训练。城乡中小学生媒介素养的四个维度w1媒介获取、w2媒介评估、w3媒介生产、w4媒介保护的平均值如表4.6-4所示,各个维度的平均值都在3.5以上,说明中小学生媒介素养水平整体较好,媒介获取能力最好,媒介保护能力相对较弱,在提高青少年媒介素养水平的前提下,尤其应加强他们的媒介保护能力。

表 4.6-4 描述统计

维度	N统计	最小值	最大值	均值	标准误差	标准偏差	峰度	标准误差
w1	10816	1.00	5.00	4.0880	0.00753	0.78299	1.191	0.047
w2	10816	1.00	5.00	3.8941	0.00723	0.75185	0.833	0.047
w3	10816	1.00	5.00	3.8061	0.00826	0.85931	0.457	0.047
w4	10816	1.00	5.00	3.5252	0.00852	0.88585	0.219	0.047

本次调查数据中,城乡青少年媒介素养四个维度的平均值中,农村青少年媒介获取维度的平均值4.0419,小于城市青少年媒介获取维度的平均值4.1740。农村青少年媒介评估维度的平均值3.8412,小于城市青少年媒介评估维度的平均值3.9308。农村青少年媒介生产维度的平均值3.7983,小于城市青少年媒介生产维度的平均值3.8313。农村青少年媒介保护维度的平均值3.5513,大于城市青少年媒介生产维度的平均值3.4980。农村青少年媒介素养的整体得分的平均值3.8082,小于城市青少年媒介素养整体得分的均值3.8586。因此,本次调查样本中,城乡青少年媒介素养较好,城市青少年媒介素养水平比农村青少年媒介素养水平稍好一些。在媒介获取、媒介评估、媒介生产这三个媒介素养维度上,农村青少年的得分要稍低于城

市青少年,在媒介保护维度上,城市青少年的得分低于农村青少年。整体上来说,本次调查样本中城市青少年媒介接触情况明显好于农村青少年,城市青少年的父母对其使用媒介的指导和干预多于农村父母对农村青少年的指导和干预。本次调查中,城市青少年媒介保护能力弱于农村青少年可能是由于青少年处于成长敏感期,过度的限制和指导反而可能对其使用媒介产品产生负面影响。因此,我们应该转变思维,由原来的"保护"转变为"引导",着力引导青少年合理使用媒介产品,培养他们媒介使用的技能,提高其媒介素养综合能力,使其在使用媒介的过程中形成独立的见解,并能判别是非,进而做出理性的选择,从而更好地适应新媒体环境下社会的变迁和发展。

(二)父母对子女媒介使用干预的城乡差异研究

我们使用 SPSS 软件的独立样本 t 检验,对本次调查样本中城乡中小学男女学生媒介素养及其四个维度进行比较。统计结果表明,其在四个维度的莱文方差显著性 Sig. 都大于 0.05,不满足方差齐性,所以判定方差不齐,具体如表 4.6-5、表 4.6-6 所示。

在媒介使用方面,最近半年在媒介使用上发生冲突,题项的 Sig.(双尾)大于 0.5,父母经常限制青少年使用媒介产品。父母经常指导青少年使用媒介产品的 Sig.(双尾)小于 0.5,说明城乡父母是否指导青少年使用媒介(手机、电脑、电视)呈现出 0.01 水平显著性差异($t=11.128, p=0.000$)。由具体对比可知,城市青少年的平均值 3.19 明显高于农村青少年的平均值 2.90。城乡青少年父母是否经常限制子女使用媒介(手机、电脑、电视)呈现出 0.01 水平显著性差异($t=2.635, p=0.008$)。具体对比可知,城市青少年的平均值 3.97,高于农村青少年的平均值 3.91。总结可知:不同户籍的城乡青少年样本对在最近半年在媒介使用上没有与父母发生过冲突这一个题项上没有表现出显著性差异,另外城乡样本在"父母经常指导您使用媒介(手机、电脑、电视)"和"父母经常限制您使用媒介(手机、电脑、电视)"这两项的选择上呈现出显著性差异。城市青少年父母对子女的干预限制会更多一些。过往的许多实证研究表明,父母的受教育程度以及经济条件都会影响父母和子女之间的亲子关系,也会影响子女的成长。父母对子女在媒介使用上的干预与指导有利于矫正青少年在媒介使用上的一些不良习惯。本次调查样本数据表明,在子女媒介使用和指导方面,城市青少年父母比农村青少年父母严格。在媒介冲突选项上,无论是农村青少年还是城市青少年,都和父母存在一定的冲突。

表 4.6-5　组统计

	学校	个案数	平均值	标准偏差	标准误差平均值
19. 父母经常限制您使用媒介(手机、电脑、电视)	城市	4035	3.97	1.030	0.016
	农村	6998	3.91	1.022	0.012
20. 父母经常指导您使用媒介(手机、电脑、电视)	城市	4035	3.19	1.312	0.021
	农村	6998	2.90	1.340	0.016
21. 最近半年,在媒介使用上,您没有与父母发生过冲突	城市	4035	3.22	1.370	0.022
	农村	6998	3.19	1.393	0.017

表 4.6-6　独立样本检验

		莱文方差等同性检验		平均值等同性 t 检验					差值95%置信区间	
		F	显著性	t	自由度	Sig.	平均值差值	标准误差差值	下限	上限
19	假定等方差	0.442	0.506	2.635	11031	0.008	0.053	0.02	0.014	0.093
	不假定等方差			2.629	8362.25	0.009	0.053	0.02	0.014	0.093
20	假定等方差	2.495	0.114	11.128	11031	0	0.292	0.026	0.241	0.344
	不假定等方差			11.191	8560.16	0	0.292	0.026	0.241	0.344

续表

		莱文方差等同性检验		平均值等同性 t 检验							
		F	显著性	t	自由度	Sig.	平均值差值	标准误差差值	差值95%置信区间		
									下限	上限
21	假定等方差	0.442	0.506	0.933	11031	0.351	0.026	0.027	−0.028	0.079
	不假定等方差			0.937	8525.97	0.349	0.026	0.027	−0.028	0.079

三、进城务工人员子女媒介素养水平差异比较分析

(一)进城务工人员子女媒介素养发展水平整体比较分析

本次调查样本中,媒介素养问卷可以反映被调查青少年媒介素养水平。通过对问卷数据处理可以发现,进城务工人员子女各题均值最低 3.141,最高 4.293,表明其整体媒介素养水平较高。媒介获取维度四个选项最低平均值为 3.871,最高 4.293,说明其整体获取信息能力较好;媒介评估维度四道题的平均值分别是 3.990、3.759、3.704、3.880,说明其具有很好的媒介评估能力;媒介生产维度五道题的最小值 3.686,最大值 3.934,说明其具有良好的信息处理能力,能够使用各种社交媒体发表观点以及和同学通过媒介进行交流沟通;媒介保护维度五道题的最小值 3.141,最大值 3.704,说明被调查学生的媒介保护能力相对较弱,但是平均值也在 3.5492,说明其已具备基本的信息保护能力,但在对网络错误信息甄别、编辑、加工及转发传播等方面的整体能力偏弱,应该加强这方面的能力。被调查学生媒介素养的四个维度 w1 媒介获取、w2 媒介评估、w3 媒介生产、w4 媒介保护上的平均值如表 4.6-7 所示,各个维度的平均值都在 3.5 以上,说明被调查学生的媒介水平整体较好,媒介获取能力较好,媒介保护能力相对较弱,在提高其媒介素养水平的前提下,更应加强其媒介保护能力。

表 4.6-7　描述统计

维度	N	最小值	最大值	均值		标准偏差	峰度	
	统计	统计	统计	统计	标准误差	统计	统计	标准误差
w1	3687	1.00	5.00	4.0472	0.01288	0.78223	0.612	1.243
w2	3687	1.00	5.00	3.8333	0.01230	0.74702	0.558	0.791
w3	3687	1.00	5.00	3.8054	0.01372	0.83302	0.694	0.469
w4	3687	1.00	5.00	3.5492	0.01388	0.84300	0.711	0.317

对比随迁子女和留守儿童媒介素养四个维度的平均值可以看出：留守儿童在媒介获取维度的平均值 4.0592，大于随迁子女媒介获取维度平均值 3.8342；随迁子女媒介评估维度的平均值 3.6798，小于留守儿童媒介评估维度的平均值 3.8419；随迁子女媒介生产维度的平均值 3.6827，小于留守儿童媒介生产维度的平均值 3.8123；随迁子女媒介保护维度的平均值 3.4531，小于留守儿童媒介保护维度的平均值 3.5546。留守儿童媒介素养整体得分的平均值 3.8170，大于随迁子女媒介素养整体得分平均值 3.6624。通过以上数据可以得出，进城务工人员子女媒介素养水平较好，留守儿童媒介素养水平比随迁子女媒介素养水平稍好一些。在媒介获取、媒介评估、媒介生产、媒介保护四个维度上，留守儿童媒介素养能力稍好于随迁子女媒介素养能力。这可能是由于随迁子女生活在父母身边，父母对其媒介使用的干预较多，而青少年处于成长期，若干预与限制的程度不当，则可能产生逆反心理。因此，我们应该转变思维，由"保护"转变为"引导"，引导他们合理、高效地使用媒介产品，享用新媒体、新技术，培养他们的媒介使用技能，提高他们的媒介素养综合能力，使其在媒介使用过程中形成自己独立的见解，并能自己甄别真假、对错，进而做出理性的选择，从而更好地适应新媒体环境下的社会发展。

（二）随迁、留守是否影响青少年的媒介素养水平

本次调查涉及留守儿童 3491 人、随迁儿童 196 人，在 SPSS 软件中使用独立样本 t 检验，对他们的媒介素养从四个维度进行比较，得到表 4.6-8、表

4.6-9。统计结果表明,四个维度的莱文方差显著性 Sig. :w1、w2、w3、w4 都小于 0.05,不满足方差齐性,所以判定方差不齐。采用平均值方差 t 检验,w1、w2、w4 的 Sig. (双尾)小于 0.05,w3 的 Sig. (双尾)大于 0.05。从数据上看,在媒介获取、媒介评估、媒介生产三个维度都是随迁子女的平均值小于留守儿童,说明在这三个维度上,留守儿童的媒介素养水平相对高于随迁子女。

表 4.6-8 组统计

维度	随迁还是留守	个案数	平均值	标准偏差	标准误差平均值
w1	随迁	196	3.8342	0.98348	0.07025
	留守	3491	4.0592	0.76780	0.01299
w2	随迁	196	3.6798	0.90007	0.06429
	留守	3491	3.8419	0.73670	0.01247
w3	随迁	196	3.6827	0.95472	0.06819
	留守	3491	3.8123	0.82527	0.01397
w4	随迁	196	3.4531	0.96441	0.06889
	留守	3491	3.5546	0.83549	0.01414
w	随迁	196	3.6624	0.80101	0.05722
	留守	3491	3.8170	0.65255	0.01104

表 4.6-9　平均值等同性 t 检验

| | | 莱文方差等同性检验 | | 平均值等同性 t 检验 | | | | | | |
		F	显著性	t	自由度	Sig.（双尾）	平均值差值	标准误差差值	差值95%置信区间 下限	差值95%置信区间 上限
w1	假定等方差	20.207	0.000	−3.926	3685	0.000	−0.22497	0.05731	−0.33733	−0.11261
	不假定等方差			−3.149	208.560	0.002	−0.22497	0.07144	−0.36581	−0.08413
w2	假定等方差	13.595	0.000	−2.958	3685	0.003	−0.16203	0.05478	−0.26943	−0.05463
	不假定等方差			−2.474	209.928	0.014	−0.16203	0.06549	−0.29113	−0.03293
w3	假定等方差	7.765	0.005	−2.121	3685	0.034	−0.12961	0.06112	−0.24944	−0.00978
	不假定等方差			−1.862	211.683	0.064	−0.12961	0.06961	−0.26682	0.00761
w4	假定等方差	9.228	0.002	−1.641	3685	0.101	−0.10151	0.06187	−0.22281	0.01979
	不假定等方差			−1.443	211.759	0.150	−0.10151	0.07032	−0.24013	0.03712
w	假定等方差	12.529	0.000	−3.184	3685	0.001	−0.15453	0.04854	−0.24969	−0.05936
				−2.652	209.786	0.009	−0.15453	0.05827	−0.26940	−0.03966
	不假定等方差	20.207	0.000	−3.926	3685	0.000	−0.22497	0.05731	−0.33733	−0.11261

（三）父母对子女媒介使用的干预与随迁子女、留守儿童之间的差异研究

我们在 SPSS 软件中采用独立样本 t 检验，对受访的进城务工人员子女

媒介素养水平就其随迁、留守的差异进行比较分析,具体数据如表4.6-10、表4.6-11所示。统计结果表明,在父母经常限制子女使用媒介(手机、电脑、电视)题项上,莱文方差显著性Sig.都小0.05,不满足方差齐性,所以判定方差不齐。采用平均值方差t检验,$p=0.016$,小于0.05,在最近半年在媒介使用上没有与父母发生过冲突题项上,表现出显著性差异。通过百分比对比差异可知,随迁子女选择"不确定"的比例为21.43%,明显高于留守儿童的14.92%。留守儿童选择"比较符合"的比例为46.09%,明显高于随迁子女的34.69%。在题项"父母经常指导使用媒介(手机、电脑、电视)"和"父母经常限制使用媒介(手机、电脑、电视)"这两项上,莱文方差显著性Sig.都大于0.05,满足方差齐性,所以判定方差整齐。采用平均值方差t检验,p值大于0.05,说明随迁子女、留守儿童在父母指导使用媒介上没有明显的数据差异。在这两个类别中,父母对子女的干扰限制都比较多。过往的许多实证研究表明,父母的受教育程度、经济水平都会影响父母和子女之间的亲子关系,也会影响子女的成长。父母对子女在媒介使用上的合理干预与指导,有利于及时矫正青少年在媒介使用上的一些不良习惯。本次调查的数据表明,随迁子女、留守儿童父母在子女的媒介使用和指导方面都比较关注,而媒介冲突选项的调研数据表明,随迁子女、留守儿童在媒介使用上与父母有较多的冲突。

表4.6-10　组统计

	随迁还是留守	个案数	平均值	标准偏差	标准误差平均值
19.父母经常限制用媒介(手机、电脑、电视)	随迁	196	3.72	1.154	0.082
	留守	3491	3.92	0.991	0.017
20.父母经常指导使用媒介(手机、电脑、电视)	随迁	196	2.78	1.344	0.096
	留守	3491	2.87	1.333	0.023

续表

	随迁还是留守	个案数	平均值	标准偏差	标准误差平均值
21.最近半年,媒介使用上,没有与父母发生冲突	随迁	196	3.17	1.327	0.095
	留守	3491	3.19	1.394	0.024

表 4.6-11　独立样本检验

		莱文方差等同性检验		平均值等同性 t 检验						
		F	显著性	t	自由度	Sig.(双尾)	平均值差值	标准误差差值	差值95%置信区间	
									下限	上限
19	假定等方差	21.100	0.000	−2.788	3685	0.005	−0.205	0.073	−0.349	−0.061
	不假定等方差			−2.434	211.466	0.016	−0.205	0.084	−0.370	−0.039
20	假定等方差	0.239	0.625	−1.012	3685	0.312	−0.099	0.098	−0.291	0.093
	不假定等方差			−1.004	217.096	0.316	−0.099	0.099	−0.293	0.095
21	假定等方差	3.794	0.052	−0.245	3685	0.807	−0.025	0.102	−0.225	0.175
	不假定等方差			−0.256	219.862	0.798	−0.025	0.098	−0.218	0.168

四、结论和建议

全面提升青少年的媒介素养以适应信息化时代的需求,需要了解青少年媒介素养水平。我们分析了青少年媒介素养的结构、内涵,在前人基础上进行了问卷的设计,并划定测量范围,在东北地区的多个中小学校开展调查,在学生中发放调查问卷,构建了信度、适配性较好的测量模型,以期为将来更大范围的中小学生媒介测量提供一点参考和经验。经过调查以及对调查数据的分析,我们认为,全面提升青少年媒介素养,应从以下几个方面着手。

(一)加强教师的媒介素养教育能力

1. 在职教师利用教育培训加强媒介素养教育能力

1999 年,我国出台《中小学教师继续教育规定》,提出新教师应完成不少于 120 学时,老教师每五年不少于 240 学时的继续教育培训。2010 年,由教育部、财政部联合推出中小学教师国家级培训计划,简称"国培计划",可以在"中小学教师继续教育""国培计划"中增加教师在媒介素养方面的相关课程,提高中小学教师的媒介素养水平和媒介素养教育能力,提升教师引导青少年正确使用媒介的能力。

2. 加强教师在媒介素养相关课程中的教学能力

师范教育是未来教师的摇篮。针对师范教育中的媒介素养教育,国家出台了《师范生信息化教学能力标准》,在框架中提到基础技术素养模块①,但如果只靠师范教育中的现代教育技术这一门公共课程,很难真正提升教师信息技能和媒介素养教育的相关能力,因此我们建议,应逐步提高师范教育在能力标准方面关于媒介素养相关能力的要求,同时利用公共选修课开设媒介素养相关课程,提高师范生的媒介素养能力,从而提高教师的媒介教学素养能力。

(二)在基础教育领域开设中小学生媒介素养相关课程

笔者对哈尔滨市部分中小学开设"媒介素养"课程的情况进行了调查,发现目前没有一所中小学把媒介素养教育单独作为一门课程。从全国范围看,也只有少数的中小学与大学的相关科研机构合作开设了一些相关活动课。如东北师范大学 2007 年成立媒介素养课程研究中心,并在长春市几所

---

① 参见任友群,闫寒冰,李笑樱:《〈师范生信息化教学能力标准〉解读》,载《电化教育研究》2018 年第 10 期。

小学进行了媒介素养相关实验教学。教育部 2000 年发布的《中小学信息技术课程指导纲要（试行）》，已提出在高中和有条件的初中、小学普及计算机操作和信息技术教育。2011 年版《义务教育思想品德课程标准》中第二部分课程目标中提到，思想品德课程引导、帮助学生学习收集、处理、运用信息的方法，提高媒介素养，能够积极适应信息化社会。我们可以将媒介素养相关内容融入中小学信息技术以及思想品德等相关课程中，提高我国青少年的媒介素养水平。在基础教育领域引入中小学生媒介素养相关课程，有利于完善青少年网络素养教育体系。依托学校实施媒介素养教育，能够实现媒介素养教育全国覆盖，有利于更好地实施媒介素养教育。此外，在基础教育引入媒介素养相关课程，还有利于媒介素养教育理论与实践结合，将网络技术操作实务融入相关中小学重点课程中，培养青少年的媒介技术运用能力，促进青少年网络媒介素养的全面提高。

（三）加强家长的媒介素养培养

父母是儿童成长的第一监护人，他们在儿童的成长中具有重要作用。部分家长由于受自身文化水平的限制，对媒介并不是很了解，使用能力更是有限。因此，我们可以利用现代交互媒体对家长进行教育培训，以增强家长对青少年媒介素养教育的能力，并帮助父母与孩子之间建立良好的亲子关系。家长对青少年上网行为合理干预频率的提高，有利于青少年养成良好的网络媒介使用习惯。本次调研的数据也充分表明，父母适度干预青少年的上网行为，可促进青少年媒介素养能力的提高。但是需要注意的是，对处在青春期的青少年来说，过度的干预可能适得其反，不利于和谐亲子关系的发展，因此家长应采取平和的、多角度的干预方式，建立合理的家庭媒介使用规则，同时也建议父母经常与青少年平等讨论和分享使用媒介的经验和心得。2016 年发布的《教育部等九部门关于进一步推进社区教育发展的意见》中提出，要"统筹发展城乡社区教育，加强基础能力建设，整合各类教育资源"。在发展城乡社区教育的过程中，构建以政府为主导，社会各方积极参与的学校、家庭、社区媒介素养教育平台，形成一个面向家长的关于青少年媒介素养教育的立体协作平台，共同促进青少年媒介素养教育的全面实施与发展。提高青少年家长的媒介素养水平,提高家长的媒介使用能力,帮助他们引导子女使用媒介,与学校、社会形成合力,帮助青少年合理使用新兴媒介。

(四)完善立法,强化新闻媒体的媒介内容"把关人"角色

大众传媒,特别是以互联网为代表的新媒体已经成为青少年获取信息的主要来源。传统媒体如广播、电视的影响越来越小。青少年由于年龄以及文化水平等原因,对媒介信息选择的能力有限。电视、电脑、手机、广播以及报纸、杂志等媒体都成为影响青少年健康成长的重要媒体因素。因此,以手机、电脑、平板电脑为主的新兴媒体以及电视、广播等传统媒体在青少年的媒介素养教育中应承担起更大的社会责任,当好"把关人",对传播的信息进行有效的管理和过滤,提供更多积极、健康的内容,避免在媒体中出现低级趣味以及消极的内容。"培养理论"提出,大众传播媒介会在潜移默化中影响受众的世界观。结合我国具体国情建立有关青少年使用媒介的法律法规,如青少年使用网络的规定、网络游戏时间限制、网络内容分级限制等,并做好青少年网络相关法律法规和道德规范的教育和普及工作。加强公众对网络内容的社会监督。新闻工作者应恪守新闻职业道德规范,做好新闻内容的把关人。加强对青少年媒介使用行为的立法引导,通过建立相关法律法规来强化网络媒体的正确的舆论导向,要求其公正、客观地报道新闻事件与社会热点问题,发挥媒介的正面导向功能。同时,还要引导青少年在网络生活中不断地提高媒介素养、提高自身在媒介使用、媒介信息判别和自我保护方面的能力,引导青少年合理使用媒介。

总的来说,我们需要构建青少年媒介素养教育的一个完整的生态系统,家庭、学校和大众传媒是这个生态系统中的三个关键因素。学校开设媒介素养相关课程,无论是在基础教育中单独开设媒介素养课程的方式,还是在其他课程中融合相关内容的方式,都有利于青少年媒介素养的提高。在学校开设相关课程时,教师的媒介素养水平是关键,教师的媒介素养水平会影响青少年媒介素养的形成。因此,应在教师入职和继续教育课程中进一步加强相关知识培训,提高教师媒介素养水平,才能更好地提高青少年的媒介

素养水平。同时,学校还要重视社会育人的作用,应积极引入社会、媒体、企业、公益组织等媒介教育资源和力量,积极引导媒体组织进校园、进课堂、进社团等系列活动,形成合力,共同提高青少年媒介素养水平。家庭媒介素养监管是培养和提升青少年媒介素养的基础,学校的媒介教育是青少年媒介素养知识的主要来源,大众传媒对内容的把控与引导是提高青少年媒介认识的关键。在新媒体环境下,我们需要融合政府、学校、社区、家庭和大众传媒机构以及其他各种力量,加强监管,形成齐抓共管的青少年媒介使用和监管机制,提高青少年的媒介素养水平。

第五章　青少年媒介素养教育目标、内容与实现路径研究

随着大众媒介的日益普及,移动智能终端、5G 网络技术的日渐成熟,媒介在带给青少年便利的同时也给青少年带来虚假、色情、暴力等不良信息,已经使得部分青少年沉迷网络,如果不严格监管和教育青少年正确地使用媒介,媒介就必然影响青少年的身心健康发展,甚至对他们的成长产生危害,因此,加强青少年媒介素养教育成为基础教育亟须解决的问题。媒介通过文字和影像再现现实世界的人和事物,但是这种"媒介重现"被注入了传播者的思想和观点,这种"媒介真实"和"客观真实"有着明显的差异。媒介虽然带给我们信息和知识,但是这种信息和知识也可能是错误和假象,众多网络新闻发生反转是媒介真实挑战客观真实的现实演绎。高度发达的媒介社会要求我们对各种信息有辨别是非的能力,只有具备更高的媒介素养才能更好地适应新媒体时代。

第一节　媒介素养教育的基本目标

我们所处的时代已经进入数字媒体时代,无时无刻不存在各种媒介信息,大众传媒越来越普及,受众也越来越多,无论是青少年还是老年人都成为大众媒介的受众。青少年网民还处于思想成长期,尚未形成完整的价值观和世界观,极易受到各种虚假网络信息的影响,进而形成错误的世界观和价值观。青少年是国家的未来和希望,少年强则国家强,只有加强青少年媒介素养教育才能提高青少年媒介素养,才能使青少年真正充分利用媒介,而

不是被媒介所操控,从而更好地适应未来数字社会,成为媒介的主人。

一、媒介素养教育的国家发展目标

媒介素养教育的国家发展目标应该是培养具有自主、独立人格的媒介社会的合格公民,对媒介信息及其背后的运作机制具有自主的批判力和理解能力。媒介素养教育应能够增强青少年参与社会的意识与参与社会活动的能力,并使他们在参与社会活动过程中获得自信,从而提高青少年参与公共决策的能力。同时,提高青少年媒介使用中的伦理道德修养,使自己的行为处于正确的环境之下,真正享受数字媒介带来的生活、学习、工作上的便利。从世界范围内各国媒介素养教育发展的过程来看,媒介素养教育大都经历了一个自下而上的发展过程。最初的媒介素养教育一般是由民间组织发起并组织实施的,在实施过程中取得一定成绩之后得到政府的关注和重视,然后开展大规模的研究和普及。媒介素养教育的发展离不开政府机构和教育部门的政策支持和财政资助。从发展目标来看,媒介素养教育最终应该进入学校的教育体系之中。在媒介素养教育开展较早的英国、加拿大等国,媒介素养教育以独立课程或者融入其他课程中的形式实施。我国也正在逐步把媒介素养教育纳入中小学课程体系。2011 年版《义务教育思想品德课程标准》中的"能力"提到学习搜集、处理、运用信息的方法,提高媒介素养,能够积极适应信息化社会,学会面对复杂的社会生活和多样的价值观念,以正确的价值观为标准,作出正确的道德判断和选择。而此前在 2003 年版的《义务教育思想品德课程标准》中的"能力",对应的是逐步掌握和不断提高搜集、处理、运用社会信息的方法和技能,学会独立思考、提出疑问和进行反思,能够理解法律的规定及其意义,理解社会生活中的必要规则,能遵纪守法,增强寻求法律保护的能力。2011 年版《义务教育思想品德课程标准》是国家在教育文件中第一次明确提出媒介素养的相关概念。近年来,我国的媒介素养教育虽然有所发展,但发展速度及效果仍不尽如人意。鉴于这种形势,应逐步在基础教育相关课程中加入媒介素养教育的相关内容,制订媒介素养教育发展规划,逐步将媒介素养教育纳入基础教育体系。青少年是否能够运用媒介素养相关知识处理信息社会的纷杂信息以及适应新媒体时代的信息化社会发展趋势,关系到我国未来人才的培养质量以及适应未来社会发展趋势的能力。因此,引导青少年学会独立思考、提出疑问和进行反思,在使用媒介过程中理解法律法规及其意义,理解社会生活中的必要规则,并主动适应和遵守社交媒体使用规范、《全国青少年网络文明公约》、社交网络平台监管规则等,具有十分重要的意义。

二、媒介素养教育的社会发展目标

媒介素养教育的主要目标是教育青少年适应媒介环境,构建人类与媒介和谐发展的社会。具体来说,媒介素养教育的社会发展目标主要是提高青少年通过媒介表达意愿的能力。媒介赋权主要是使青少年通过自身参与来提高自己表达和沟通的能力,并且帮助青少年正确认识自己的社会角色和社会责任,引导青少年参与到公共决策之中,在公共议程中发出属于他们自己的声音。我们所处的新媒体时代构建了一个网络虚拟社会,给社会管理带来了许多现实问题:由于网络虚拟社会的开放性,以现有条件无法对网上信息进行全面的甄别和把控。从外部媒介环境来看,部分国家利用其在网络技术上的主导地位在互联网上不断渗透,传播特定的价值观念和意识形态并且对我国优秀的传统文化和伦理道德产生一定冲击。从内部环境来看,由于网络虚拟社会的开放性,网络上充斥着各种虚假信息,部分网民媒介素养不高,在各种社交媒体上肆意发布虚假信息,转发各种虚假、造谣、诽谤的信息。媒介素养教育的意义在于教育民众抵御大众传媒的负面影响,帮助青少年建立正确的价值观。因此从媒介素养的社会发展目标的角度来看,媒介素养教育的目标是帮助青少年在互联网的虚拟社会中遵守传统习俗和道德规范,避免其在网络中不受限制、缺少社会责任感、沉迷于网络。媒介素养教育不仅仅要培养青少年的网络社会责任感,还要鼓励其关心和参与社会公益事业。青少年已经成为网络的主力军,保护青少年媒介生产的权利是青少年参与公共活动并发挥作用的基本保证。媒介素养教育不仅要培养青少年对各种社会事件进行独立思考、发表恰当评论的能力,还要鼓励他们通过媒介表达自己的感受。维护网络安全和稳定不仅需要国家健全网络虚拟社会的法律法规,也需要加强对青少年自律意识的培养。加强网络道德建设,提高青少年的思想道德素质,引导青少年养成自律意识,坚决抵制和举报不良内容,在网络上传播正能量,关注和维护社会公共利益,形成健康、积极、乐观、友善的网络文明新风。

三、媒介素养教育的个人发展目标

媒介素养教育的个人发展目标就是培养青少年自主选择媒介的能力,使他们具有使用媒介获取、分析、评价和传输各种形式信息的能力,并且具有对媒介传播的信息的甄别能力,进而具备自我保护的能力。青少年媒介素养教育需要青少年掌握以下几方面的知识:

第一,了解媒介的基础知识,学会合理使用媒介,并逐步养成良好的媒介使用意识和习惯。青少年不仅需要了解传统的媒介知识和特点,更要了解各种新型媒介的知识和特点,了解和掌握使用各种媒介环境下媒介信息的方法,学会在法律和道德的框架内合理使用媒介信息。第二,具备判断媒介信息是否具有价值的能力。大众传媒是一把双刃剑,就其积极作用来说,大众传媒极大地扩展了文化时空,每一个人既是受众,也是传播者。因此青少年应该具备甄别信息的能力,对接收到的信息分清其背后的意识和价值观念,去伪存真,坚持健康的文化观念,自觉抵制金钱至上、消费主义的文化和观念,学习判断媒介信息的意义和价值,具备自我保护的能力。第三,学习传播信息的知识和技巧。不同媒介的属性并不相同,青少年需要掌握不同的媒介工具的使用方法,并能使用这些媒介工具解决生活中遇到的问题。第四,善于使用大众传媒进行学习。我们所处的时代是一个信息高度发达的时代,各种信息层出不穷,适应未来社会的前提就是要学会并利用好媒介,如此才能发展和壮大自己。

第二节　媒介素养教育的内容

联合国教科文组织于 2013 年发布媒介素养指标体系,其中包括获取、评估、创建三个一级指标。① 青少年媒介素养教育也应该培养以下三个层面的能力:第一层能力是获取媒介信息的能力,即具备正确、有效使用各种媒介产品的知识技能,要求青少年能够利用各种媒介产品进行各种社交活动,利用媒体进行学习活动。第二层能力是青少年使用媒介产品获取各种信息并理解信息、质疑信息、评估信息的能力,并能够对相应信息进行甄别,做出判断取舍。网络上充斥着各种不良信息,青少年应该在学会合理使用网络的同时遵守法律和伦理规范的要求,学会在面对复杂的社会生活和多样的价值观时,做出正确的判断和选择,同时学会在法律法规的合理范围内使用媒介维护自己、社会和国家的权益。第三层能力是对信息加工的能力以及思辨的能力。学者卜卫提出,青少年媒介素养教育,应包括以下四个方面的内容:(1)了解媒介的基础知识以及如何使用媒介;(2)学习判断媒介信息的意义和价值;(3)学习创造和传播信息的知识和技巧;(4)了解如何有效利用大众传媒发展自己。学者陈晓慧等总结出六个维度的能力目标②,具体内容如表 5.2-1 所示。

表 5.2-1　青少年媒介素养教育的内容

能力内容	具体知识内容
了解与认知媒体的能力	1. 能够通过举例说出哪些是媒体;2. 能够说出身边常用的媒体;3. 能简单描述出媒体发展至今经历的不同阶段;4. 能够说出新媒体的形式、特点与功能;5. 能够说出新媒体的形式及其与传统媒体之间的异同之处。

---

① 联合国教科文组织:《全球媒介与信息素养评估框架:国家状况与能力》,联合国教科文组织2013 年版。

② 陈晓慧、张哲、赵鹏:《基于公民教育视域的我国小学媒介素养课程标准与目标设计研究》,载《中国电化教育》2013 年第 7 期。

续表

能力内容	具体知识内容
使用媒体工具与技术的能力	1. 具有利用媒体检索信息与资源的意识;2. 熟练掌握不同媒体工具的基本使用方法与技巧;3. 能够说出不同媒体的用途;4. 能够说出不同媒体在使用时的优点及不足之处;5. 能够举例描述沉迷于媒体环境中带来的危害,如"宅现象""网络成瘾"的危害等;6. 具有合理安排使用媒体时间的意识和能力。
选择媒体工具与资源的能力	1. 面对纷繁复杂的媒体资源,具有筛选有价值媒体信息的能力与意识;2. 具有根据任务需求的不同,选择不同媒体解决问题的能力和意识;3. 能够正确判断媒体信息中具有价值引导功能的部分,并筛选出哪些是能够满足个人需求的;4. 能够了解不同媒体的表现形式,提高对美的欣赏水平与美学鉴赏能力;5. 面对不同形式的媒体产品,能够根据个人审美需求选择相应的媒体产品。
评价媒体形式与资源的能力	1. 正确看待媒体世界中的虚拟人物形象的性格特点,并自我认知;2. 能够认识到媒体呈现的虚拟世界与现实世界的联系与差异;3. 对于公众人物有比较正确的认识,不盲目追随与模仿;4. 能够批判性地识读与理解媒体呈现的信息,不盲目接受或盲目否定;5. 能够认识到媒体是跨文化传播交流的重要工具;6. 正确看待不同文化背景下产生的媒体产品,认识到文化多元性以及我国传统文化的价值。
参与媒体互动的能力	1. 能够意识到个体在媒介环境中拥有知情权与传播权;2. 能够合乎道德规范地使用个体的传播权利;3. 了解新媒体环境中的文明礼仪以及道德规范,并能自觉遵守;4. 在参与媒体互动中能够自我保护,如保护自己的信息安全、慎重交友、防止网络诈骗等;5. 在参与媒体互动中能够做到尊重他人,如尊重他人的知识产权、肖像权等;6. 了解并践行媒介生活中的文明礼仪以及道德规范。
创造媒体作品的能力	1. 能够认识到媒体作品背后蕴含着宣传与加工的成分;2. 了解不同的媒体作品的创作与生成过程;3. 能够独立或与其他同伴合作完成简单媒体作品的创作;4. 在与同伴协同完成媒体作品创作的过程中培养与他人的沟通交流能力和合作意识;5. 通过自主创作媒体作品,了解基本的媒介组织与运行模式。

在总结前辈学者相关研究的基础上,我们认为,媒介素养教育应该包括以下几部分内容。

一、媒体的基本知识

媒体基本知识和大众传播理论是开展媒介素养教育的基础。青少年要了解传统四大媒体,即电视、杂志、广播、报纸的特点、功能以及发展阶段等基础知识。随着科学技术的不断发展,青少年还要了解不断衍生的新型媒体。手机作为一种新型人际传播的媒介,其中间传播者对新闻能够进行自主的且更为夸张的改动,同时手机媒介又具有大众媒介的所有特征。因此,开展媒介素养教育要开设相关课程帮助青少年了解这些媒体的特点以及优缺点,如此才能帮助他们学会合理使用相关媒介。青少年在使用媒介的过程中还要了解大众传播的基本理论知识,如了解大众传播的基本过程,具体包括:1. 传播者,指的是讯息源头发起者,同时也是传播行为的引发者,即以发出讯息的方式主动作用于他人的人。2. 受传者,指的是讯息的接收者和反应者,是传播者发生作用的对象。传播者和受传者并不是固定不变的,他们可以相互转化,也可以相互影响。3. 讯息,指的是由一组相互关联的有意义的符号组成,能够表达某种完整意义的信息。4. 媒介,又称传播渠道、信道、手段或工具。媒介是讯息的搬运者,也是将传播过程中的各种因素相互连接起来的纽带。5. 反馈,指受传者对接收到的讯息的反应或回应,也是受传者对传播者的反作用。还要了解一些传播的基本模型,如拉斯韦尔明确提出了传播过程及其五个基本构成要素,包括:谁(who)、说什么(what)、通过什么渠道(in which channel)、对谁说(to whom)、取得什么效果(with what effect),即"5W 模式",只有了解相关媒介知识才能真正了解媒介信息的传播过程,了解"新闻真相"和"客观真相"之间的差异,才能具备辨别信息真伪的能力,从而更好地使用媒介。

二、使用媒体处理媒介信息的能力

媒介素养教育的目的在于使青少年具备使用媒体处理媒介信息的能力。新媒体环境下的网络不仅存在着大量虚假信息,"算法跟踪"等新技术还可能使人们处于被"透视"的状态,算法能够帮助人们过滤掉大量的网络无用信息和各种无用广告,但同时容易使人们长期接触大量感兴趣的统一信息,进而处在"信息茧房"之中,即算法能够实现受众点对点、个性化的信息定制,但可能使受众被推送同类偏好的内容,进而使受众沉浸在自我的想象中,成为与世隔绝的孤立者。因此,媒介素养教育不仅要教会青少年利用媒体检索信息与资源,学会不同媒体工具的基本使用方法与技巧,更要教授青少年辨别是非的意识,防范青少年沉迷于媒体环境之中,造成"网络沉迷"、"宅"等现象。媒介素养教育要教会青少年合理安排使用媒体的意识和能力,并具有自主接收、生产、创新和传播媒介信息的能力。只有具备了利用媒体处理信息的能力,青少年才能合理使用媒介,才能从正面引导青少年在重大活动、热点事件中积极发声传递"正能量",避免青少年受到网络暴力、网络谣言、色情、消极等不良信息的影响。

三、媒介法律与自我保护相关知识

网络信息中存在着大量虚假、负面的不良信息,因此青少年应该掌握相关法律法规知识,明白行使知情权和传播权要合乎法律和道德的规范。青少年使用相关媒介产品要具有法律意识,通过媒介素养教育使他们了解《新时代公民道德建设实施纲要》《全国青少年网络文明公约》并遵守相关法律规定。此外,各种网络犯罪事件时有发生,还应切实提高青少年的安全意识,使青少年在参与媒体互动时能够保护自己的信息安全、生命安全,在使用媒介产品时能够自觉尊重他人的知识产权、肖像权等,维护社会公共秩序,自觉践行媒介生活中的文明礼仪以及道德规范。

四、媒体综合运用的能力

媒介素养教育的最终目的是引导青少年认识当前复杂的媒介环境,培养青少年运用媒体工具制造、发布、传播信息以及搜索信息的能力,使其能够利用媒介交流沟通并高效解决生活中的现实问题,并能够与同伴共同利用媒介参与社会协作活动,在协作中培养与他人的沟通交流能力与合作意识,加强团队意识和合作精神。

媒介素养教育在内容上要包含以上四个部分,只有这样才能培养青少年正确认识媒介性质的基本能力,使青少年对媒介信息逐步形成批判意识,构建对不良信息的免疫力,最终使青少年高效、合理地利用大众媒体,促进青少年的身心健康发展。

第三节　媒介素养教育实现路径研究

各国媒介素养教育的发展历程表明,媒介素养教育是一项需要全社会共同参与实施的系统工程,既需要政府、社会团体组织、学校、公众、媒介组织的努力,也需要家庭、个人的共同参与。约翰·彭金特提出了媒介素养教育的八大理念:"①媒介素养教育是一个自下而上的运动。②编写适合老师和学生的媒介素养教育教材和相关辅导材料。③为在职教师和媒介素养教育者提供足够的相关师资培训课程。④制定相关的媒介素养教育评估标准。⑤说服政府部门推广媒介素养教育运动。⑥说服教育部门,将媒介素养教育课程列为学校正规课程的一部分。⑦发行由教育部或相关部门制定的媒介素养教育文件和指南。⑧在高校设立正规的媒介素养教育师资培训课程。"从我国媒介素养教育发展的现状来看,已经有个别省份出版了媒介素养教育的相关教材,也有一些学校开设了与媒介素养教育有关的课程,但是大多数地区的媒介素养教育仍未正式开展。我国媒介素养教育的主要实施途径是学校教育,不仅需要政府在政策和资金方面提供支持,更需要社会力量的参与以及大众媒体的宣传,只有各方相互协作,才能形成良性互动,最终促进良好媒介文化的形成。

一、媒介素养教育逐步纳入正规化、系统化的学校教育

2000 年教育部下发了《关于在中小学实施"校校通"工程的通知》,目标是在 2010 年之前,争取使全国 90% 以上独立建制的中小学都能上网。2000年教育部发布《关于在中小学普及信息技术教育的通知》,通知中要求从2001 年起利用 5~10 年的时间,在中小学普及信息技术教育,将《信息技术课程》列入中小学生的必修课程,在义务教育阶段,从小学三年级起,将信息

技术教育列入综合实践活动国家必修课。2018 年,教育部办公厅、工业和信息化部办公厅联合下发了《关于开展学校联网攻坚行动的通知》,通知指出,要全面改善学校网络接入和带宽条件,到 2020 年底前,全国中小学(含教学点)宽带接入率需要达到 98% 以上、出口带宽需要达到 100 Mb/s 以上,并探索采用卫星通信等多种技术手段实现学校互联网全覆盖,真正实现"宽带网络校校通"。这两个教育部重点工程的实施,奠定了中小学开展媒介素养教育的物质基础。目前,我国在义务教育阶段的综合实践活动课程中专门安排了信息技术教育课,结合中小学德育课程,加强学生信息素养教育。在高中设置信息技术课程,加强网络安全教育,促进学生在网络社会中的健康成长。这些措施说明我国已经意识到开展媒介素养教育的重要性,但是这同把媒介素养教育纳入正规化、系统化的学校教育仍有较大差距。

我国幅员辽阔,各地经济发展水平差异较大,不同学校的发展程度也有很大不同,在所有地区的中小学校统一开展媒介素养教育并不现实。我国农村和城市、东部和西部、内地和沿海城市经济的发展水平差异较大,因此我们可以在经济发达的沿海地区的学校率先开展媒介素养教育。如广东地区目前已在小学课堂开设媒介素养相关课程,配套编写的媒介素养课程教材以漫画、案例、思考题等形式对中小学生进行媒介素养教育,这是国内第一套进入中小学公共教育课程教材体系的相关教材。广东地区率先在中小学开展媒介素养教育的宝贵经验,值得其他地区借鉴,可以依此由中心城市逐步向农村推广媒介素养教育相关课程。新媒体时代城乡之间的"数字鸿沟"不断被拉大,如果不尽快在欠发达地区开展媒介素养教育相关课程,这种趋势会更加难以遏制。同时,国外媒介素养教育的经验也值得我们借鉴:1. 美国将媒介素养课程融入语言与传播艺术课程、社会学习课程、健康教育课程等学科课程中。2. 英国把"媒介研究"作为一门独立的课程。3. 部分国家把媒体研究作为某一科目中的组成部分,对中小学学生开展媒介素养教育。4. 部分国家将媒体研究作为一门整合的、跨学科的课程对学生进行媒介素养教育。借鉴这些经验,我国可以尝试在经济发达的地区和中心城市的中小学单独开设媒介素养课程,在欠发达地区和广大农村中小学,把媒介素养教育内容融合在其他课程中逐步培养中小学学生的媒介素养,如把媒介素养相关知识融入艺术、信息技术、品德、科学等课程之中,作为通识教育的一部分进行教学。

《义务教育品德与社会课程标准》(2011年版)中的"能力与方法"要求:初步掌握收集、整理和运用信息的能力,能够选用恰当的工具和方法分析、说明问题。据此,我们可以具体分析相关教材,把媒介素养教育分解在中小学各门课程之中,根据教学内容及青少年认知发展的规律,设计相关课程。例如,小学低年级阶段主要以了解和认识媒介为主,小学高年级逐步增加媒介评价方面的知识,让高年级小学生学会理性评价媒介,就传播内容进行解读,识别不良媒体信息,免受其害。初中阶段的媒介素养教育应该加强对中学生"媒介参与"能力的培养,设置相关课程,引导中学生参与媒介生产,引导学生使用媒介表达自己的观点。依靠单一学科很难全面开展媒介素养教育,应根据相关学科特点,在多个相关学科之中融入媒介素养知识,只有这样,才能真正把媒介素养教育在中小学顺利开展起来。2012年底,国家教育资源公共服务平台已经上线运行,该平台基于云计算技术创设了全国优质教育资源应用环境,同时该平台提供各类优质数字教育资源和实名制网络学习空间。近年来,该平台已经涵盖了中小学各科网络资源。因此,我们可以在该平台上制作发布媒介素养相关课程资源,利用信息化手段扩大媒介素养教育资源覆盖面。媒介素养教育在我国开展较为缓慢的一个重要原因是缺少合适的教材,目前市面上的媒介素养相关教材多是针对新闻传播专业的学术教材,理论性强,但实际操作性较差。因此,还应尽快组织专家、学者、一线教师编写出一套按照媒介素养教育的目标体系,充分遵循全体中小学学生认知能力和心智发展水平,适合社会主义时代发展特征以及青少年自身成长规律的教材。此外,应针对小学阶段、中学阶段、大学阶段开展不同形式的媒介素养教育。小学阶段注重培养小学生的媒介意识,中学阶段注重加强理论基础教学和技能训练,大学阶段将媒介素养教育与学生思想政治教育相结合,进行社会主义核心价值观的教育,并结合媒体生存环境、媒体运营机制和价值取向等对大学生进行媒介素养教育理论层面的培养。

二、加强中小学媒介素养教师队伍建设

媒介素养教育是一个综合性研究领域,我国学者对此的研究主要集中在新闻传播领域和教育技术领域。我国中小学教师的主要来源是师范院校,教师的媒介素养水平在一定程度上影响着青少年媒介素养的发展水平,但是目前我国的师范教育还缺少相关课程模块。教育专业化的经验表明,必须率先加强师资的培养才能更好地进行专业化的教育。目前我国部分中小学教师的媒介素养水平、信息技术水平不容乐观。媒介素养教育成功的关键在教师,为了积极配合和推动基础教育改革,教育部出台了《关于加强中小学教师职业道德建设的若干意见》(教基〔2000〕28 号)、《关于在中小学普及信息技术教育的通知》(教基〔2000〕33 号)等文件。通知要求:第一,加强师范院校计算机科学、信息技术和教育技术等专业建设,加强中小学信息技术专职教师的培养和培训工作。通过加强计算机科学、信息技术和教育技术等专业建设,为未来中小学提供更多的硬件管理人才以及中小学信息技术教师人才的培养。未来我国如果在基础教育领域单独把媒介素养作为一门课程开设,那么就需要更多的计算机科学、信息技术、教育技术、通用技术等学科的专门人才。第二,加强师范院校现代信息技术公共课程教育,提高学生的信息素养,增强他们运用现代教育技术开展教学实践和教学改革的意识和能力。媒介素养教育在其他国家中小学领域的经验表明,把媒介素养教育融入相关课程是一条可行之路。这就要求我们的中小学教师不仅需要具备教育专业领域的知识,还需要掌握信息技术以及媒介素养相关知识。国家在出台的《师范生信息化教学能力标准》中提到基础技术素养模块,但是缺少对应的相关课程。目前,绝大多数师范院校开设的教育相关课程,主要包括教育基本理论、中小学心理健康教育、班主任管理、现代教育技术等,部分师范院校的一些师范专业只有"现代教育技术"一门公共课程,这很难真正提高未来教师所需要的信息技能和媒介素养相关能力。因此,我们建议,在《师范生信息化教学能力标准》中加强对媒介素养相关能力的要求,同时利用公共选修课开设媒介素养相关课程,提高师范生的媒介素养能力,进而提高未来教师的媒介素养能力,有条件的师范院校和师范专业可以

开设专门的媒介素养相关课程,聘请新闻传播学、教育传播学、教育技术学等领域的专家学者担任这些课程的主讲人,甚至可以以校外导师或者专题讲座的形式聘请记者、媒体工作人员进行相关方面知识的讲解。《教育信息化"十三五"规划》提出,实现公共服务平台协同发展,大幅提升信息化服务教育教学与管理的能力。《教育信息化 2.0 行动计划》提出,构建一体化的"互联网+教育"大平台,逐步实现资源平台、管理平台的互通、衔接与开放。2017 年以来,教育部推动建设国家级精品"互联网+"教师教育课程,先后认定包括信息技术与教育教学融合课程在内的国家级精品在线开放课程 1200余门。借助这一国家平台,可以开设媒介素养相关课程,为各师范院校的师范生提供自主学习的机会。只有这样,才能真正提高师范生的媒介素养能力,使他们掌握未来教师必备的媒介素养。提高师范生的媒介素养能力,是提高未来教师媒介素养能力的必然手段;提高在职教师的媒介素养能力,也是开展媒介教育的基本要求。我国各级学校的教师水平参差不齐,提高在职教师,尤其是广大农村地区中小学教师的信息技术和媒介素养能力是当务之急。通知中提到:各级各类师范院校要采取多种形式对中小学教师进行不同层次的信息技术培训,到"中小学教师继续教育工程"结束时,为实现基本完成对中小学教师培训一遍的目标做出积极贡献。此外,还应在相关培训课程中加大信息技术以及媒介素养相关课程的内容,积极利用教育部推行国家级精品"互联网+"教师教育课程的机会,促进中小学教师信息技术、媒介素养相关培训网络资源的开发和建设,努力实现师范教育各类信息资源共享,积极运用现代教育技术手段提高在职教师教育理念、学科知识、信息技术能力、媒介素养等方面的能力。

三、加强中小学与高校科研机构、组织的交流合作

在当前环境下,各级政府部门和师范院校并没有足够的资源为在校师范生以及在职教师和中小学媒体素养教育者提供足够的相关课程。而媒介素养教育必须"自下而上"才能真正开展起来。各个研究机构、组织、协会等社会组织是媒介素养教育的先行者和生力军。我国媒介素养教育行进的过程同样证明,媒介素养教育要想真正开展起来,必须实现中小学和高校科研

机构、组织的联合互动。复旦大学新闻学院于 2007 年 4 月成立"媒介素养教育行动小组",对上海市复旦小学和同济小学的四年级学生普及媒介素养教育。2008 年 9 月,中国传媒大学张洁教授团队与北京黑芝麻胡同小学合作开展媒介素养教育课程实验,对该校五年级学生进行媒介素养教育,此项目一直开展到 2011 年。[①] 此后,中国传媒大学先后与中国传媒大学附属小学、中国传媒大学附属中学、西安市第三十中学、北京市史家胡同小学、佛山市实验中学、威海市环翠国际学校、北京市中关村外国语学校开展合作,在媒介素养、语言艺术素养、影视艺术素养、新闻素养、动漫素养以及艺术创意素养在内的五大课程模块体系,推进国内中小学媒介素养教育课程。此外,东北师范大学于 2007 年 4 月成立媒介素养课程研究中心,撰写出版了《中国媒介教育实验教程系列丛书:小学媒介教育实验教程》,并与长春市西五小学合作对高年级学生进行媒介素养教育。[②] 浙江传媒学院自 2008 年起,面向新闻专业开设媒介素养课程,于 2011 年设立公共选修课,并与浙江传媒小学开始媒介素养教育实践。此外,国内一些著名的科研院校也陆续开展了一系列媒介素养教育科研实践活动。这些实践活动使中小学生认识媒体、合理使用媒体的能力以及自身的媒体素养得到了一定的提高。这些高校与中小学在媒介素养教育方面的紧密合作,为中小学带来了先进的媒介素养理念,并能够结合案例将其运用到中小学媒介素养教育课程实践当中。中小学与各个研究机构、组织和协会的交流合作,对中小学校开展媒介素养教育来说是有益的、必要的尝试,为今后在全国各地中小学统一开展媒介素养教育提供了一定的参考。

四、开展社会教育,提升全民媒介素养

媒介素养教育的开展经验表明,媒介素养教育如果仅仅依靠学校课程实施,是难以取得良好效果的,还需要通过广泛的社会教育提高全民媒介素

---

① 张洁、常征、李健:《媒介素养教育效果研究——以北京市东城区黑芝麻胡同小学为例》,载《少年儿童研究》2009 年第 20 期。
② 彭静:《小学媒介素养教育课程教学设计研究——以长春市西五小学为例》,东北师范大学硕士学位论文,2012。

养水平。在我国,可以通过学校对包括大学生、中学生、小学生在内的在校学生进行媒介素养教育,同时通过社会力量开展针对学龄前儿童、家长以及老年人的媒介素养教育,只有这样,才能切实提高全民媒介素养水平。具体来说,我们可以通过一些公益媒体、媒介素养教育专业组织或专业协会,组织传播学领域和教育学领域的专家学者以及其他社会各界人士,通过举办专题短训班、研讨会等形式,提高媒介素养教育的影响力,进而提高政府和教育部门以及社会各界对媒介素养教育的重视程度,从而推动国民媒介素养水平的全面提高。目前,我国媒介素养教育公益项目和志愿服务的主体参与者是大学生,缺少具备专业背景的专业人员和教师力量参与其中,这使得相关媒介素养教育无法深入开展,因此当务之急是吸引更多的专家、学者以及媒体工作者参与其中,如此才能真正使媒介素养社会教育全面开展起来。

五、开展家庭媒介素养教育

家庭教育是青少年接受教育的起点,我们的一生都受家庭影响。家庭是青少年接触、使用媒介最多的地方,家庭教育越来越在现代教育中扮演更加重要的角色。2021 年 10 月 23 日《中华人民共和国家庭教育促进法》颁布实施,规定省级以上人民政府应当组织有关部门统筹建设家庭教育信息化共享服务平台,开设公益性网上家长学校和网络课程,开通服务热线,提供线上家庭教育指导服务,畅通学校家庭沟通渠道,推进学校教育和家庭教育相互配合。我们可以通过公益性网上学校和网络课程开展家庭媒介素养教育,以此为切口,进而提升全民媒介素养水平。《中华人民共和国家庭教育促进法》第四十六条规定,图书馆、博物馆、文化馆、纪念馆、美术馆、科技馆、体育场馆、青少年宫、儿童活动中心等公共文化服务机构和爱国主义教育基地每年应当定期开展公益性家庭教育宣传、家庭教育指导服务和实践活动,开发家庭教育类公共文化服务产品。我们可以以此为契机,开展家长媒介素养培训,家长只有在自己熟练掌握媒体素养基本知识之后,才能更好地指导和融入青少年的媒体活动中。在传统媒体时代,文化的传承都是长辈传递给晚辈,同辈传递给同辈,但在互联网时代,老年人数字技能生疏,多数无法熟练使用相关产品和设备,需要后辈来帮助。通过家庭媒介教育形成数字反哺,能够更好地促进这一工作的开展。家长媒介素养水平的提高有利于家长在日常家庭生活中对子女的媒介使用行为进行更好的引导和监督。家长媒介素养的提高有助于家长把自己学习、生活、工作中的人生经验与教训更好地传递给青少年,从而更好地帮助青少年形成正确的媒体意识和良好的媒体习惯。无数研究表明,良好的家庭氛围有利孩子的健康成长。在新媒体时代,电视文化、网络文化已经成为主导文化,家长教育孩子正确使用媒介的前提是,自己要先养成良好的媒介使用习惯,这样才能培养孩子在媒介使用上的良好习惯,避免青少年的网络沉迷。家长要在日常生活中创造良好的阅读环境,并在日常家庭环境中养成良好的亲子阅读、亲子学习氛围,并且注意培养青少年对传统文化的热爱。

六、争取政府政策、资金支持

经验表明,教育的发展离不开政府的政策支持和资金支持。我国的媒介素养教育经过仅30年的发展,越来越受到学者和专家的高度重视,但整体上仍处于起步阶段。把媒介素养教育课程纳入基础教育课程体系,不仅仅需要政府在政策上的支持,更需要政府资金的投入。一是加大各级中小学信息化设备的资金投入,普及中小学信息化教学和管理。《教育信息化"十三五"规划》明确提出实现公共服务平台协同发展,提升信息化服务教育教学与管理的能力。《教育信息化2.0行动计划》提出,构建一体化的"互联网+教育"大平台,逐步实现资源平台、管理平台的互通、衔接与开放。二是推动建设国家级精品"互联网+"教师教育课程。这些都需要政府投入更多的财力物力才能实现相关目标。三是各级科研基金加大力度支持媒介素养教育的相关理论研究项目,如此才能更好地了解各类人群的媒介素养现状,才能够更好地进行媒介素养相关理论和实践的研究。媒介素养教育要想在我国真正开展起来,不仅需要在基础教育领域把媒介素养教育纳入基础教育课程体系,也需要在高等教育阶段广泛开展媒介素养教育,把媒介素养课程纳入高校"美育课程"和"两课"工程等,高校也要建立起相关评估、监督和反馈机制,只有这样,才能推进普及媒介素养教育,真正提高国民媒介素养水平。

七、理清新闻媒体责任,做好把关人和媒介教育践行者角色

随着新媒体技术的不断发展,自媒体已经融入我们当前的网络生活中,所有人都可以成为信息的采集者、制作者、发布者。大众传播越来越受到市场化、全球化、网络化和技术手段的影响,信息传播方式正在发生巨大的变革,人人都是信息的传播者和受众。然而低级庸俗的内容、虚假消息泛滥等大众传媒的副作用也越来越明显。单纯通过加强对传播者的管理遏制大众传媒副作用的影响越来越难以达成预期效果,加强法制建设、提高受众的媒介素养水平已成为关键。国家也出台了一系列法律、法规,强调加强文化建设和保护青少年健康成长。1991 年 8 月 13 日,国务院办公厅转发国家教委等部门发布的《关于创造良好社会教育环境保护中小学生健康成长的若干意见》的通知,要求各级教育、文化、科研、新闻、出版、体育、广播、影视等部门、群众团体和学校明确自己的责任和义务,关心和保护青少年健康成长。要求各级组织消除大众传媒的负面影响,保护青少年健康成长。要形成强大的社会舆论,使社会各方面从不同角度为中小学生健康成长创造条件。新闻、出版、广播影视、文化、教育、科技等一切从事精神产品生产部门,要努力为广大中小学生提供更多更好的精神食粮。2001 年 12 月 25 日,国务院令第 341 号公布《音像制品管理条例》,并于 2011 年 3 月 19 日发布《国务院关于修改〈音像制品管理条例〉的决定》,对《音像制品管理条例》进行第一次修订,根据 2013 年 12 月 7 日发布的《国务院关于修改部分行政法规的决定》,对《音像制品管理条例》进行第二次修订:出版、制作、复制、进口、批发、零售、出租音像制品,应当遵守宪法和有关法律、法规,坚持为人民服务和为社会主义服务的方向,传播有益于经济发展和社会进步的思想、道德、科学技术和文化知识。《中共中央国务院关于进一步加强和改进未成年人思想道德建设的若干意见》《互联网站管理工作细则》《互联网电子邮件服务管理办法》《新时代公民道德建设实施纲要》《全国青少年网络文明公约》等一系列文件,无一不表明网络虚拟世界并不是"法外之地",要关注未成年人在网络世界健康成长的权益。这就要求务必厘清责任并完善新闻媒介法律法

规,为此新闻媒体要做到以下两点:

第一,做好新闻把关者角色。

我国目前正在逐步完善互联网法律法规体系,做到有法可依,实现依法办媒、依法治媒、依法用媒,既要规范"受众"使用媒介的行为,还要规范传播者的行为。媒体做到"媒体自律",扮演好新闻"把关人"的角色,从源头上净化媒体环境,消除媒体内容对媒体受众及社会发展所造成的消极影响。新闻媒体要加强新闻媒体从业人员媒介素养教育,使他们在日常报道中注意自身的行为,避免生产传播暴力、攻击性、色情、反动等低俗内容,多生产和传播反映主流价值、弘扬主旋律的新闻和媒介内容。国家互联网信息办公室于2019年12月15日发布《网络信息内容生态治理规定》,该规定对网络信息内容服务平台提出要求:应当履行信息内容管理主体责任,加强本平台网络信息内容生态治理,培育积极健康、向上向善的网络文化。该规定对网络信息内容服务提供者和使用者都做出了细致的规定。在大数据时代背景下,网络信息内容提供者同样要做好"把关人"。要建立以"客观性原则"为标准的媒介从业平台,实施守则并优化"算法推荐模型+人工干预+用户自主选择"的内容生产模型,保证提供给使用者高雅、健康的网络内容和服务。这便要求媒介从业平台应严格算法把关,人工负责审核信息内容、发布,杜绝不良信息泛滥。审核者应履行好社会责任,严格遵守法律法规和道德规范,避免不良信息对青少年造成负面影响。

第二,新闻媒体要承担媒体素养教育平台和协同教育的职责。

新闻媒体本身就是具有教育功能的传播机构,新闻媒体能够帮助受众了解和掌握社会主义核心价值观、引导正向社会伦理规范和社会文化。无论是传统媒体还是新兴媒介,都应当传播社会主义正能量、传播和弘扬祖国优秀传统文化,宣传社会主义核心价值观,培养起受众对各种新兴文化的鉴别能力,建立多元视角、多元思维,从而形成良好的媒介使用习惯和行为,进而形成良好的社会风尚。新闻媒体应该发挥正面教育功能,弥补学校教育的不足,宣传和普及媒介素养知识,积极推广宣传媒介素养的概念和内涵,提高全社会对媒介素养重要性的认识,加大社会各界对媒介素养教育的关注和支持,从而进一步推动媒介素养教育的发展。媒体从业者还应该利用自身的媒介知识参与到社会媒介素养教育的实践活动中去,协同学校、社区、家庭等机构开展媒介素养教育活动,从而更好地推动媒介素养教育的实施和实践。

　　媒介素养教育在我国还处在起步阶段,媒介素养教育的发展需要全社会参与其中,政府、学校、家庭、社会组织、媒体组织、各个高校院所都应该承担起自身的责任,政府加强媒体管理、制定相关政策和法规,学校发挥媒介素养教育的主体作用,家庭、社会组织、媒体组织等积极参与,通过多层互动推广,我国的媒介素养教育才能实现长足发展。

第六章　信息化环境下的媒介素养协同教育

第一节　协同教育概述

协同教育主张让家长享有更多的参与权,倡导家长和学校之间建立伙伴关系。1994 年,美国制定了"家庭参与教育伙伴计划",致力于让每一所学校都与家庭建立伙伴关系,增进父母的参与程度。在我国,家庭教育、家校协同已被写入《中华人民共和国未成年人保护法》和《中华人民共和国义务教育法》。例如,2006 年第一次修订的《中华人民共和国未成年人保护法》第二十五条明确提出家校协同的教育理念,"对于在学校接受教育的有严重不良行为的未成年学生,学校和父母或者其他监护人应当互相配合加以管教"。《中华人民共和国义务教育法》第三十六条规定,"学校应当把德育放在首位,寓德育于教育教学之中,开展与学生年龄相适应的社会实践活动,形成学校、家庭、社会相互配合的思想道德教育体系,促进学生养成良好的思想品德和行为习惯",明确提出建立学校-家庭-社会协同教育体系。自此以后,诸多法律条令都对协同教育的参与方式进行了相关规定。《中国儿童发展纲要(2011—2020 年)》明确提出家庭教育的目标是:适应城乡发展的家庭教育指导服务体系基本建成;90%的城市社区和80%的行政村建立家长学校或家庭教育指导服务点;加大公共财政对家庭教育指导服务体系建设的投入,鼓励和支持社会力量参与家庭教育工作;建立以社区为基础的儿童保护工作运行机制,充分挖掘和合理利用社区资源,动员学校、幼儿园、医院等机构和社会团体、志愿者参与儿童保护;整合社区资源建设儿童活动场所,配备专兼职工作人员,提高运行能力,为儿童及其家庭提供服务。2016年发布的《关于指导推进家庭教育的五年规划(2016—2020年)》的总体目标是:继续巩固发展学校、家庭、社区相衔接的指导服务网络,城市社区、学校建立家庭教育指导服务站点或家长学校的比率达到90%,农村社区(村)、学校建立家庭教育指导服务站点或家长学校的比率达到80%。深入挖掘家庭教育公共文化服务资源,大力拓展新媒体服务阵地,搭建基本覆盖城乡的信息共享服务平台。2017年国务院印发《国家教育事业发展"十三五"规划》,其中明确提出"建立政府、学校、社会、家庭全面参与的协同育人工作机制",同时还提出了协同教育的具体内容,"落实政府主导责任,坚持正确的舆论导向,壮大主流思想舆论,创新和改进网上宣传,把握网络传播规律,充分利用微博、微信等新媒体、新手段,为青少年提供内容健康向上、具有艺术魅力的精神产品,弘扬主旋律,激发正能量,加强教育公益宣传,引导社会树立正确的教育观、人才观,营造良好舆论环境……促进企事业单位和社区履行教育责任,充分利用各类教育资源,积极参与举办职业教育与培训及育人活动,主动为学生实习、实训和社会实践提供条件和便利。认真执行就业准入制度,促进企业提高技术技能人才收入水平。明确家庭教育责任,强化家长教育,普及家庭教育常识,引导父母做好学生的第一任老师,促进青少年人格养成、心理健康成长"。可见,协同教育已经成为信息时代教育的重要议题,利用协同教育进行媒介素养教育有利于媒介素养教育的全面开展。

一、协同教育的内涵

"协同教育"这一概念首次出现在我国的学术文献中,是在1996年学者刘纯姣的《学校家庭协同教育构想》一文中。该文将其定义为,协同教育是将协同学理论移植于教育领域,探索教育系统(学校教育、家庭教育、社会教育构成的教育系统)中的两个主要子系统及学校教育系统与家庭教育系统怎样发挥其各自的自组织能力,在一定条件下形成的合作、协同、同步、互补的协同效应。[①] 中国家庭教育学会于1997年第一次正式使用"协同教育"这

---

① 刘纯姣:《学校家庭协同教育构想》,载《怀化师专学报》1996年第3期。

一概念,认为协同教育是指在素质教育观念的指导下,学校、家庭、社会等多方面教育资源、教育力量彼此主动协调、积极合作、形成合力,实施同步教育,共同培养青少年。本书的研究立足于信息化环境下的协同教育。根据南国农先生于 2006 年在《成功协同教育的四大支柱》中提出的"现代信息技术环境下的协同教育,不是一般的协同教育,而是指联合学校、家庭、社区的力量,三位一体合作利用现代信息技术对学生进行教育"①,我们认为,信息化环境下的协同教育是指在现代教育思想和协同理论指导下,利用现代信息技术,学校、家庭、社会互通教育信息,提高教学效果、教育质量、效益和效率的教育方式。协同教育的本质是家庭、学校和社会的信息交流与资源共享,以改善亲子关系、师生关系、伙伴关系、社群关系,最终实现促进学生共同发展的目标。长期以来,时空限制阻碍了家庭、学校和社会之间的信息互通,直接影响到协同教育的效果。在当今的信息化环境下,凭借现代网络技术和现代信息技术,学校与家庭、家庭与社会、社会与学校之间在信息交流和资源共享上已经有了充分的物质基础和技术保障。

二、协同教育类型

根据要素进入系统主体的不同,可将协同教育分为如下类型:协同家庭教育(学校协同家庭教育、社会协同家庭教育)、协同学校教育(家庭协同学校教育、社会协同学校教育、学校协同学校教育)、协同社会教育(家庭协同社会教育、学校协同社会教育),如图 6.1-1 所示。与此同时,学校之间、家庭之间、社会组织之间的协同也是协同教育的一部分。②

---

① 南国农:《成功协同教育的四大支柱》,载《开放教育研究》2006 年第 5 期。
② 李运林:《协同教育研究引领教育发展进入新时代》,载《电化教育研究》2018 年第 3 期。

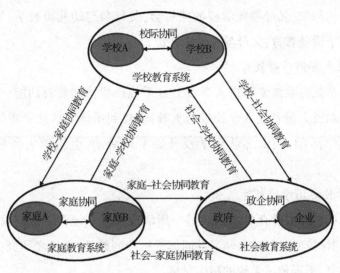

图 6.1-1　协同教育类型图

（一）协同家庭教育

1. 学校协同家庭教育

指学校教育系统要素联系家庭教育系统，协同产生教育功能。例如，教师通过家访、开家长会等方式与家长互通信息，指导家长如何辅导家庭作业、如何与子女进行沟通，针对学生在学校期间发生的事件与家长讨论问题根源，也包括学校图书馆、教学资源网站对学生家长开放。

2. 社会协同家庭教育

指社会教育系统要素联系家庭教育系统，协同产生教育功能。例如：电影、电视、网络等大众传媒进入家庭，父母利用大众传媒资源对子女进行教育；社团组织志愿者进入社区，走进家庭，进行亲职教育；父母指导孩子开展家务活动，进行劳动教育，带领子女参观各种展览；等等。

（二）协同学校教育

1. 家庭协同学校教育

家庭协同学校教育即家校合作，也是协同教育的起源，主要是家庭辅助学校工作。例如,父母参加学校的家长会,父母参与幼儿园教学,父母参加学校的亲子活动教育,父母参与学生评价。

2. 社会协同学校教育

指社会教育系统要素进入学校教育系统产生协同教育功能。例如,社会团体组织或志愿者进入学校进行支教,学校利用优质的社会媒体资源进行教育教学活动,组织部队到学校开展军训活动,组织学生到校外工厂参观。

3. 学校协同学校教育

指一所学校的教育要素进入另一所学校教育系统产生协同教育功能。例如,不同学校的教师建立学习共同体进行协同教学,学校之间进行优质教学资源共享,不同地区学校的招生对接。

(三)协同社会教育

1. 家庭协同社会教育

指家庭教育要素进入社会教育系统产生协同教育功能。例如,家长积极参加社会团体组织的家庭亲职教育课程,家长参加博物馆、科技馆、工厂等组织的科学知识普及或科学探索活动。

2. 学校协同社会教育

例如,教师参加电视台组织的教育活动,学校为社会团体组织的各种志愿活动提供协同辅助工作,学校协同社团组织或企事业单位进行教育调研活动,对教育产品研发提出意见和建议。

三、信息化环境下的媒介素养协同教育功能

媒介素养协同教育是指媒介素养教育需要家庭、学校、社会三大教育系统共同实施,某一系统的要素进入另一系统与其中的要素相互作用,产生协同效应,影响该系统的教育功能。① 在过去,家庭教育要素进入学校教育系统的主要障碍是时间和空间的限制,信息化环境下的现代信息技术排除了

---

① 李运林:《协同教育是未来教育的主流》,载《电化教育研究》2007 年第 9 期。

时间和空间障碍,为各系统之间要素的相互进入提供了物质保障。媒介素养协同教育的功能表现在以下几个方面。

首先,以学校为核心的协同教育可以有效地促进媒介资源公平与教育均衡发展。在计算机技术日益普及的今天,城乡青少年之间存在"数字鸿沟",利用网络技术平台进行社会协同学校教育,使得更多的现代教育媒体和高质量的教育资源应用到各个级别、地区的学校教育系统。同时利用网络平台实现学校协同学校教育,实现资源共享共建,不同学校的教师之间、同学之间利用网络平台进行协同教学、协同学习有利于促进教育公平,实现以人为本、均衡发展的教育理念。

其次,以社会为核心的媒介素养协同教育可以有效促进学生媒介素养的全面发展。在数字媒体日益普及的今天,学校协同社会教育系统能够把学校的优质课程资源以视频公开课的形式整合到教育资源平台,成为所有学校、教师、青少年使用的社会资源,各种媒介知识、媒体技术课程都可以通过现代信息技术制作成网络培训和"微课"等。家庭教育和社会教育可以利用丰富的网络资源,帮助青少年具备基础的媒介知识、技能和判断力,从而将青少年培养成德智体美劳全面发展的社会主义建设者和接班人。

最后,媒介素养协同教育能促进全民教育和终身教育。媒介素养教育是一种国民素质教育,青少年是媒介素养教育的重点人群之一,其他人群同样需要接受媒介素养教育。媒介素养教育本质上是一种全民教育和终身教育,以家庭为核心的协同教育是实现全面教育和终身教育的有效方式。随着信息技术的发展,学校协同家庭教育的形式越来越多,教师可以利用手机、网络平台与家长进行学业、生活、心理、媒体教育等方面的沟通,促进学生健康全面发展。社会协同家庭教育,在网络技术环境下,家庭可以及时有效地获得媒介素养教育资源以及其他各种社会资源,进一步促进家庭教育发展。家长通过网络平台充分利用这些社会教育资源,实现终身学习,提升自身的媒介素养水平,继而更好地指导青少年使用媒介,最终从整体上提高家庭媒介素养使用水平。

第二节　信息化环境下媒介素养协同
教育主体与要素分析

信息化环境下的媒介素养协同教育系统可以分为"三大主体"和"六要素"。三大主体包括教师、学生和家长,六要素包括学校、家庭、社区、媒体、信息、学生。[①]

一、媒介素养协同教育主体分析

（一）教师

教师是媒介素养协同教育的主要实施者,是学校教育系统中协同教育实施的关键要素。教师在协同教育过程中除了教学之外,还担负着汇集家庭、社会力量促进学生媒介素养全面发展的责任。因此,信息化环境下的教师的职业能力、媒介素养、信息素养、信息技术水平和信息化教学能力,决定了媒介素养协同教育目标实现和效果达成的力度。教师通过开展教育教学活动,为学生提供各种媒介学习资源和学习指导,帮助学生了解媒介知识,提高学生媒体认知水平和媒介技能学习能力,培养学生判断媒介价值的能力,使学生能够利用媒介解决自身发展问题,从而实现个人的全面发展。在这一过程中,教师不仅是信息的传播者、家庭教育的指导者、学生能力的培养者、家庭意见的征求者,更是整个媒介素养教育的统领者。

（二）学生

学生是媒介素养协同教育的核心参与者。媒介素养协同教育的整个过程都是围绕学生这个主体进行的。实现全体学生共同发展、全面发展和个性发展是媒介素养协同教育的预期目标。党的二十大报告指出:"办好人民满意的教育……全面贯彻党的教育方针,落实立德树人根本任务,培养德智

---

① 南国农:《成功协同教育的四大支柱》,载《开放教育研究》2006 年第 5 期。

体美劳全面发展的社会主义建设者和接班人……加快建设高质量教育体系,发展素质教育,促进教育公平。"我们身边无时无刻不存在着各种媒介信息。大众传媒是一把双刃剑,既给我们提供了大量的有用信息,也带给我们大量无用和有害的信息。要想实现全体学生共同发展,实现教育公平,在全面发展的同时要兼顾个性发展,即报告中强调的的素质教育和德智体美劳共同发展。全体青少年必须利用信息化的便利条件进行媒介素养学习,在学习的过程中,学生的媒介素养协同学习方式、协同学习过程是教师主体和家长主体需要重点关注的方面。学生参与媒介素养协同教育的主动性是协同教育成功完成的重要保证,同时也是媒介素养协同教育的中心问题。《国家中长期教育改革和发展规划纲要(2010—2020年)》第十一章指向人才培养体制改革,其中第三十二点倡导启发式、探究式、讨论式、参与式教学,帮助学生学会学习。媒介素养教育应该为青少年提供参与创作的平台,青少年借助信息化的媒体环境学习媒介知识,掌握媒介技能,参与使用媒体,积极讨论,才能形成独立的媒介信息判别能力,成为一个合格的信息接收者和传播者,最终成为一名合格的信息制造者。

(三) 家长

家长在媒介素养协同教育系统中不仅仅是共同教育者,还是媒介素养的学习者,为青少年提供情感支持和态度支持,培养青少年的安全意识,帮助青少年养成良好的媒介使用习惯、媒介自我管理能力、社交能力等。同时,家长也负有积极参与学校媒介素养教育活动的责任。在媒介素养协同教育系统中,家长的参与角色主要可以归结为:信息的接收者,接收学校和社会教育系统的教育信息;家庭教育者,指导和参与孩子的媒介使用;主动沟通者,主动与学校和社会教育系统沟通,配合第三方或主动进行媒介素养家庭教育活动;决策的干预者,向学校或社会教育系统提出媒介素养教育教学的具体意见和建议,参与学校和政府重大事项的决策。在这一过程中,家长还要做好媒介素养的学习者,不断提高自身媒介素养水平,如此才能更好地指导青少年使用媒介,形成良好的家庭媒介使用关系,保持良好的亲子关系,这样有利于家长掌握青少年媒介使用情况,也有利于教育和引导青少年具备网络安全意识,从而更好地使用媒介。

　　媒介素养协同教育的三个主体之间的关系如图 6.2-1 所示。在媒介素养协同教育系统中,学生是整个协同教育系统的核心,是教师和家长协同教育的目标。教师引导学生进行媒介学习和接受媒介素养教育,同时鼓励家长积极参与到媒介素养协同教育系统中;家长满足学生的各种情感和心理需要,同时协助教师进行媒介素养协同教育,也有向教师提供青少年媒介使用基本情况的义务和提出媒介素养教育教学建议的权利。学生是媒介素养协同教育的核心,但并不是被动地接受知识灌输,而是主动参与到媒介素养教育的实践活动之中,家长和教师主要为学生提供技术支持和思想引导。媒介素养协同教育引导、激励、鼓舞学生主动学习、了解、掌握媒介知识、媒介使用技能和媒体制作的基本方法,具备媒介判别能力,从而能主动选择媒介,并利用媒介为自我健康成长创造条件。

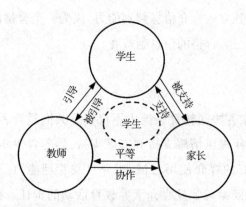

图 6.2-1　媒介素养协同教育主体关系图

二、媒介素养协同教育要素分析

(一)学校

学校是一种特殊的社会组织,是青少年走出家庭后最重要的社会化场所。学生在学校不仅能学习到系统的科学知识,同时学校以独特的方式帮助学生为进入社会做准备。媒介素养协同教育中的学校应该是科学、民主、协同、和谐的。信息化环境下的和谐校园是指学校协调、均衡、有序发展。和谐是一种理念、一种状态,同时也是一种协同关系,具体包括以下几种关系的协同:

1. 团结向上、协调配合、积极创新的领导协同。目前,教育部门还没有制定统一的媒介素养教育政策和方针,各个地区所实施的媒介素养教育是学校自主和相关研究机构共同制定实施的媒介素养教育相关尝试。

2. 办学资源通畅、办学关系良好、办学氛围优良的办学环境协同。

3. 学科课程、活动课程、氛围课程、国家课程、地方课程、校本课程的使用和开发协同。《基础教育课程改革纲要(试行)》规定,学校具体实施国家课程、地方课程的课时计划中可以开发或选用10%~12%的地方与学校的课程。因此,媒介素养协同教育更需要本地学校的协同,才能更好地推进媒介素养教育。

4. 资源配置合理、组织结构要素和谐、办学软硬件条件匹配的资源和结构协同。

5. 教师和家长合理使用媒介交流沟通,促进师生和睦、教师和家长和睦的人际协同。

6. 尊师重道、教书育人、鼓励创新,促进学生合理借助媒介的育人理念协同。[①]

(二)家庭

家庭是孩子成长和生活的第一环境,对孩子的德智体美劳全面发展起着至关重要的作用。可以说家庭教育是其他教育的基础,学校教育和社会教育都是在家庭教育的基础上开展的。家庭教育的内容包括:生活能力和生活习惯的培养,语言能力的培养,人际交往能力、信息素养的养成,思想道德教育以及气质、性格的影响。家庭成员可以通过环境熏陶、说服教育、榜样示范、鼓励表扬、批评惩罚、实际参与、暗示提醒等方式实施家庭协同教

---

① 顾飞宇、范峻瑱:《协同教育的101个视角》下卷,国家行政学院出版社2013年版。

育。我们所处的媒介环境已经是一种拟态环境,青少年更多是在学校之外使用和接触媒介,因此,家庭在青少年使用媒介和监管媒介使用的过程中占有重要的地位。有研究表明,青少年媒介使用行为和效果与家庭关系有着密切关联。良好的家庭关系有利于培养青少年良好的媒介使用习惯。本书第四章的调查表明,亲子关系良好的家庭,媒介素养水平也较高。父母的指导有利于提高青少年的媒介素养水平,父母的积极介入和引导有利于避免青少年过度使用媒介或沉迷于媒介。父母和子女一起参与媒介实践讨论也有利于构建和谐的亲子关系,形成良好的家庭氛围。

(三)社区

社区是青少年成长生活和媒介接触的重要空间,是家庭教育和学校教育联结的纽带。2004年3月3日,教育部发布《2003—2007年教育振兴行动计划》,提出积极推进社区教育。2016年6月,教育部等九部门联合发布《关于进一步推进社区教育发展的意见》,进一步提出社区教育是我国教育事业的重要组成部分,是社区建设的重要内容。社区教育是家庭教育和学校教育的纽带,社区教育在媒介素养协同教育系统中参与协同家庭教育和学校教育表现在以下五个方面:

1. 利用媒介开展相关教育。充分利用各种媒体帮助家庭营造良好的家庭学习环境。例如,通过组织活动,告知家长如何了解青少年在每一年龄阶段的心理特点,并根据青少年的心理特点进行相关媒介素养教育。

2. 沟通交流。社区在学校和家庭之间架构起有效的双向沟通桥梁,可以就学校的教学计划、教学方式,学生的学习进度等进行沟通。例如,定期通过电话、内部通讯、学校网站的信息与家长沟通,将学校的教学信息通过各种媒体发布出去,为家长提供互联网安全方面的资讯等。

3. 提供志愿者服务。社区组织招募志愿者,以便为学校媒介素养教育提供支持和帮助,同时也为家长和学生接受社会志愿者的帮教服务提供信息资源和环境资源。例如,组织媒介工作者参与校园媒介安全等项目。媒介工作者具有丰富的传媒行业工作经验,通过让他们参与学校、家庭、学生辅导工作,有利于教师、家长、青少年共同提高媒介素养知识,提高全民媒介素养水平。

4. 媒介使用指导。2016 年 6 月发布的《关于进一步推进社区教育发展的意见》提出,广泛开展学习型乡镇(街道)、学习型社区、学习型家庭等各类学习型组织创建活动,推动学习型城市建设。部分家长自身文化水平不高,社区教育能够为这些家长进行家庭媒介教育提供帮助,让家长知道该如何指导青少年使用媒介,如何引导青少年参与媒介活动,并帮助他们制订合理使用媒介产品的规划。例如,定期开展亲职教育并进行家庭教育指导,告诉家长每个年级的学生应该掌握的知识和技能,举行家庭阅读活动改善亲子关系,减少青少年对媒介的依赖。

5. 社区协作。将社区的各种资源和服务整合在一起,能为学校教育教学、家庭教育以及学生的学习和发展带来益处。例如,将有关社区卫生、文化、娱乐和社会支持项目的信息告诉学生和家长,同时组织学生、家庭及学校为社区服务。[①]

(四)媒体

2017 年 8 月 17 日,教育部发布《中小学德育工作指南》,明确提出"建设网络文化……提升网络素养,打造清朗的校园网络文化"。媒体是传播信息的媒介,更是网络文化的建设者和传播者,是实现信息从信息源传递到受信者的一切技术手段。信息化环境下的媒体除了四大传统媒体(电视、广播、报纸、杂志),还包括各种数字移动媒体和网络媒体。媒体是协同教育的物质保障,三大系统之间信息的传递与互通完全靠媒体进行,媒体在三大系统中发挥着桥梁作用,具体包括:一是知识和信息的传递;二是影响家长、教师、学生的角色认知;三是影响学生的社会化进程。因此,协同教育系统中各个成员的媒介素养成为至关重要的因素。各媒体内容提供平台和相关研究机构应该做好内容把关工作,并积极开展媒介素养相关教育活动。

[①]　乔伊斯·L. 爱泼斯坦:《大教育:学校、家庭与社区合作体系(第三版)》,曹骏骥译,黑龙江教育出版社 2016 年版。

（五）信息

媒介素养协同教育中的信息，主要是指和学生相关的各种信息以及媒介相关信息，包括政策信息、学习信息、生活信息、心理健康信息、思想道德信息、生命安全信息、网络内容信息等。信息是流动在协同教育三大系统之间的要素，也是三大系统共同关注的对象。

（六）学生

学生既是媒介素养协同教育的主体也是协同教育的构成要素。协同教育成功与否，学生起着至关重要的作用。对于学校来说，学生是教育的客体，学生在学校教育方面扮演着重要角色，这一点毋庸赘述。而对于家庭和社区来说，学生是连接家庭和学校的桥梁，负责将信息从一方传递给另一方。只有得到学生的支持和积极参与，媒介素养协同教育才能取得成功。

六要素之间的关系如图 6.2-2 所示：学校、家庭和社区围绕学生通过媒体进行信息传递和信息互通。整个图形由以学生为中心的三个小信息流动环和一个大信息互通环构成，即学校-学生-家庭、学校-学生-社区、家庭-学生-社区以及学校-家庭-社区。每个信息流动环都通过各种传统和现代媒介进行信息交流。

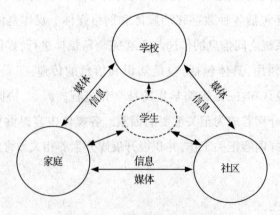

图 6.2-2　协同教育要素关系图

第三节　媒介素养协同教育实施的支持技术

随着新媒体技术的不断发展和网络流量供应商之间竞争的加剧,移动互联网的软硬件技术都在不断更新和优化。当前,不论是经济发达地区还是欠发达地区,学生和家长绝大多数都已拥有智能手机,数字网络技术、移动通信技术和云计算技术是实现媒介素养协同教育的技术保障。

一、数字网络技术

数字技术是信息技术的核心技术,网络技术是数字技术发展的依托。网络技术、数字技术、数字网络技术的概念与信息技术概念通常情况下可以通用,指以计算机技术为基础的现代通信技术,它是按照网络协议,将位置不同、功能独立的多个计算机系统相互连接,实现硬件、软件、资源共享的信息传递系统。数字网络技术本身具有开放性、平等性和全球性等特点。时至今日,数字网络技术已经成为社会的主导技术,渗透到社会生活的每一个角落,改变着人们的生活方式、工作方式和交往方式。协同教育中协同教育网站的开发、家校互联系统的构建、协同教学的实施等都离不开数字网络技术。[①]

二、移动通信技术

移动通信技术的目标是,让任何人在任何时间、任何地点、与任何人进行任何方式的通信。从第一代模拟系统到第二代的数字系统再到 3G 宽带系统,从已经普及的 4G 网络到高速发展的 5G 技术,移动通信技术使人与人之间的通信交流和信息获取变得更方便、更快捷,同时也给教育方式、学习方式带来巨大的变化,使教育从学校走向家庭、社区、乡村成为可能,打破了传统校园教育的界限。教育可以发生在任何通信技术能够触及的地方,发达的现代移动通信技术是信息化环境下协同教育能够实现的前提。

---

① 傅钢善、马红亮:《网络远程教育》,科学出版社 2007 年版。

三、云计算技术

云计算是新一代核心计算平台技术,是通过互联网将计算机软件、操作系统、信息资源统一起来,协同为用户提供计算服务、动态扩展资源存储、高效信息资源服务的一种计算机技术。"云计算"的核心是海量数据的计算与存储,是分布式文件系统技术、并行处理技术和网络计算技术的综合与创新。多种技术的结合,使得云计算具有数据储存安全、灵活性高、处理快速等特点。

第四节　信息化环境下的媒介素养协同学习方式

"信息化"带来了社会和时代的变革,信息化时代的学习方式和教学方式也相应地产生新的变化。信息化环境下的媒介素养协同学习方式是实现媒介素养协同教育的理念基础和能力基础。信息化环境下媒介素养协同学习方式主要包括以下五种。

一、数字化学习

数字化是在信息化的基础上发展起来的。自然界的一切信息都可以通过数字表示。计算机处理信息的方式是通过对 0 和 1 的数字处理实现的,通过 0 和 1 的无限组合把信息传递到全世界。数字化学习包括数字化学习环境、数字化学习资源、数字化学习方式三个基本要素。数字化学习环境具有信息显示多媒体化、信息传输网络化、信息处理智能化的特点。数字化学习资源是指经过数字化处理,可以在多媒体网络环境下运行的多媒体资源,包括网络课程、专题学习网站、慕课、视频资源共享课、专业资源库、数字视频音频资源、在线学习管理系统、在线讨论、多媒体教学软件等。数字化学习方式是指利用数字化学习平台和数字化学习资源,师生之间采取的收集利用资源、探究知识、发现知识、创造知识的方式。具体学习模式包括研究型学习、案例学习、发现学习、资源型学习、虚拟教学等。数字化学习要求学习者具备基本的信息素养,包括:信息技术应用能力、对信息内容的判断和理解能力、运用信息融入信息社会的能力和态度。[①]

二、移动学习

狭义的移动学习是指通过移动设备(移动通信技术)随时随地进行学习的学习方式。广义的移动学习是指学习者在非固定和非预设的位置发生的学习,或有效利用移动技术所发生的学习。[②] 不论是狭义的移动学习还是广义的移动学习,移动学习的内涵和特点是一致的。首先,移动学习具备可以随时随地学习的学习环境。移动学习设备如智能手机、平板电脑,都具有体积小、便于携带、支持无线通信的特点,这使得移动学习者可以根据自己的实际需要,自由支配时间和空间环境进行学习。其次,移动学习的独特优势在于它的交互性。交互是教育教学的重要环节,信息化环境下教育教学交互包括师生交互、生生交互、教师或学生与学习资源交互、学生与界面交互,四种交互的中心都是学生,为学生提供个性化学习是交互的主要任务。移动学习环境可提供实时交互、同步交互、异步交互、远程交互等多种交互方式,保障教育交互的顺利进行。最后,移动学习具有情境化、个性化的特点。信息化环境下的教育倡导个性化学习,学习者根据自己实际情况,灵活选择学习时间、学习地点、学习内容,及时调整学习进度。移动学习平台的学习内容具有可存储、可重复操作、可选择、可扩展的特点,保证学习者可以清楚地了解自己的学习程度,灵活地进行学习。可见,移动学习是信息化环境下协同学习最重要的学习方式,也是协同教育实施的重要基础。[③]

三、混合学习

混合学习通常是指在线学习和面对面教学相混合,即传统学习方式与网络学习方式优势互补,以获得最佳的学习效果。信息化环境下协同学习方式中的混合学习,不仅仅是指学习方式的混合(线上与线下混合、同步与异步混合、自主与协作混合),同时还包括不同学习资源混合(数字媒体资源

---

① 黄荣怀、Jyri Salomaa:《移动学习:理论·现状·趋势》,科学出版社 2008 年版。
② 张妙华、武丽志、杨智业等:《数字化学习》,高等教育出版社 2015 年版。
③ 张妙华、武丽志、杨智业等:《数字化学习》,高等教育出版社 2015 年版。

与传统媒体资源混合），不同学习时空混合（现实时空与虚拟时空混合），不同学习目标混合（知识、技能、过程、方法与情感态度价值观混合），不同比例混合（常规远程与偶尔面授混合或者常规面授与偶尔远程混合）等。①

四、自主学习

自主学习是指学习者在教师的指导或信息的指示下，运用一定的媒介，主动、积极地对知识进行建构，不受别人支配，不受外界干扰，发展能力和素质的学习方式。自主学习需要发挥学习者的主体作用，更需要充分调动学习者学习的主动性，学习的针对性较强。自主学习包括学习者、学习环境和学习资源三个要素。学习者在教师的指引和帮助下进行学习活动，因此教师的能力水平、知识水平，学习者自身的动机水平、自律水平、信息素养、认知能力等都影响自主学习效果。自主学习环境既包括现实学习生活环境，也包括网络学习环境。自主学习过程中的学习资源具有数字化、多媒体化（图文声像并茂）、网络化、系列化、智能化的特点。自主学习活动主要是学习资源的获取和学习交流，具体过程包括自主制订学习计划、自主确定学习目标、自主安排学习进度、主动选择学习材料、自主选择学习方式、自主测评学习效果。②

五、协同学习

协同学习是以协同思想和知识管理为基础，在信息、知识、行动、情感、价值之间建立有机联系，并通过深度互动、信息汇聚、集体思维、合作构建、多场协调的原理进行的学习，目的在于使青少年掌握新型学习能力。③ 协同学习的要素包括以下几个方面：一是相互学习的协作关系。相互学习的协作关系是指在学习过程中，大家面对共同的目标，相互尊重，在各自的角色使命感中实现目标。为了实现目标，每个人的努力都是必不可少的，大家相

① 彭绍东：《混合式协作学习的设计与分析》，湖南师范大学出版社2016年版。
② 靳玉乐：《自主学习》，四川教育出版社2005年版。
③ 查冲平、顾小清、祝智庭：《协同脚本与使能技术：一种协同学习实现方案》，载《电化教育研究》2010年第4期。

互帮助、相互学习,一起解决问题。二是积极的沟通交流。协同学习过程中,协同成员要积极表明自己的观点,听取他人意见,彼此关心和补充对方见解,在学习过程中相互支持、相互激励,共同进步。积极地面对相互之间的作用是协同学习形成的关键因素。三是双重责任,包括小组责任和个人责任。在协同学习过程中,每个成员都要意识到自己的双重责任,既要认识到不能利用其他成员的努力与成果,不能"搭便车",又要意识到自己的独特作用,拥有自己如果不能完成自己的任务,问题就不能解决的责任感和使命感。此外,协同学习过程中需要遵循明确协同价值、营造对话的氛围、选择合适的课题、清楚各自的角色、异质的成员构成、呈现对话的规则。总之,合作是协同学习的关键。①

第五节　信息化环境下的媒介素养协同教学方式

一、远程教学

远程教学,是指教师与学生在非面对面的状态下,借助媒体技术手段进行的教学活动方式。从本质上来说,远程教学是相对课堂教学而言的一种教学活动方式,这种教学活动方式由师生之间分离的教与学的行为、信息技术媒体、特定的教育信息资源和教学辅导方法等要素组成。远程教学具有师生分离、教学过程是互动的、由师生交互完成、教学过程是开放的、需要媒体技术支持等特点。远程教学常用的教学模式有以下五种。一是远程课件讲授模式,指学生通过教师设计好的网络教学课件进行学习,具体教学过程由计算机显示与提问、学生应答、计算机判断与反馈三部分构成。二是远程实时授课模式,指教师通过计算机网络或无线通信网络对学生进行实时教学和辅导,学生通过计算机网络或移动网络终端与教师进行实时沟通反馈。教学过程由教师在多媒体教室授课、网络同步传播、学生集中学习或个别学习、学生通过相应通信方式进行提问和咨询等四部分组成。三是基于资源

① 钟启泉:《"协同学习"的意涵及其设计》,载《上海课程教学研究》2017年第1期。

自主学习模式,指学生借助网络丰富的学习资源,运用各种信息技术工具,获取所需信息,对信息进行分析、加工、提炼、综合,得出自己的结论,再利用各种通信方式或者面对面与同学、老师进行讨论,最后通过网络工具把自己的结果发布出来。四是基于网络平台的合作学习模式,指在计算机网络平台上,师生之间、生生之间通过讨论、互教、合作进行学习,教学过程由教师制定学习目标、学生通过学习平台进行研讨、教师参与或调控学生的学习过程等三部分组成。五是教学模拟与虚拟实验教学,指教师充分利用计算机软件技术、虚拟现实技术、可穿戴技术等来模拟或虚构某些现实情境,学生通过观摩、参与体验的方式进行学习。教学过程包括计算机模拟或虚拟真实世界环境、学生观摩、参与体验、反馈。不论哪一种模式的远程教学,教师组织和参与讨论都是远程教学成功的关键。[①]

二、翻转课堂教学

翻转课堂又称颠倒课堂,是一种将传统课堂上的教学内容与课下学习活动内容进行颠倒的一种教学模式。具体来说,就是学生在上课之前,通过视频或学习课件接受直接教学,在课堂上教师提供学生所需要的个性化教学,提高整体教学水平。简而言之,翻转课堂就是学生在课外时间完成直接教学,在课堂时间进行策略性的集体学习活动或个别化学习活动。翻转课堂教学结构与传统课堂教学结构的区别如表 6.5-1 所示。[②]

表 6.5-1　传统课堂教学与翻转课堂教学比较

项目		学习目标	学习内容	教师	学生
课前	传统课堂	了解知识/技能方法	预习下次课内容	—	自主学习
	翻转课堂	掌握知识/技能方法	自主学习下次课内容,自定学习进度,整理加工,提出问题	指导答疑	自主学习

---

①　王继新、张屹、郑旭东:《远程教育原理与技术(第二版)》,北京大学出版社 2013 年版。
②　王亚盛、丛迎九:《微课程设计制作与翻转课堂教学应用》,机械工业出版社 2016 年版。

续表

	项目	学习目标	学习内容	教师	学生
课中	传统课堂	学习知识	新知识,新知识的讲解	讲授	被动听课
	翻转课堂	将知识/技能方法内化为思想道德、专业素质和专业能力	难题困惑,综合作业,成果交流、协作探究,个性化指导,创新课题,实践操作等	引导帮助	主动研讨学习
课后	传统课堂	知识内化、迁移	完成作业,复习课堂中教学内容	指导	自主学习
	翻转课堂	提升能力和素质	创新课题,延伸与拓展学习内容等	指导答疑	自主学习

由上表可见,翻转课堂教学具有注重学习过程、注重自主学习习惯和能力的培养、注重学生思维能力的培养、注重学生合作精神的培养等特点。利用翻转课堂进行教学,教师需要精心选择和编辑教学内容,以便学生对课程内容的学习更深入。良好的翻转课堂教学在促进学生深度学习的同时,还可以激发学生的好奇心,同时建立密切的师生关系,这正是协同教育的初衷所在。

三、媒介素养协同教学

协同教学是媒介素养协同教育的重要组成部分,协同教学是指具有相同专业基础的两个或两个以上的教师共同对同一学生群体的教学负责的一种教学形式。[①] 媒介素养协同教学具有多样性(不同学校实施不同的媒介素养教育课程)、实施主体多层次性(学校、家庭、社会都可以实施媒介素养教育)、专业性(媒介素养教育是一个涉及新闻传播学、教育传播学、心理学、教育学等多学科的领域)、个别性(不同地区的青少年媒介素养水平并不相同)、合作性(不同专业、不同领域的专家学者相互合作,共同完成媒介教育教学任务)等特点。媒介素养协同教学主要包括协同教学主体、协同教学客体、协同教学工具、协同教学规则四个基本要素,四个基本要素的关系如图

---

① 王少非:《协同教学:模式与策略》,载《外国中小学教育》2005 年第 3 期。

6.5-1 所示。媒介素养协同教学主体是协同教学的参与者,需要承担必要的媒介素养教学任务,协同教学主体包括媒介领域的专家、学校专业教师、教学管理人员、学生家长等一切可以为教学提供支持的人。协同教学客体是学生,是知识的构建者,既可以是一个学生实体或班级实体,也可以是一个虚拟班级实体,即不在同一时空下的某类学生群体。协同教学工具,是指完成媒介素养协同教学所需要的各种资源和工具,包括优质的媒介教学资源和信息化教学环境。协同教学规则是指在协同教学过程中需要共同遵守的协作规则、教学原则、技术规范等。

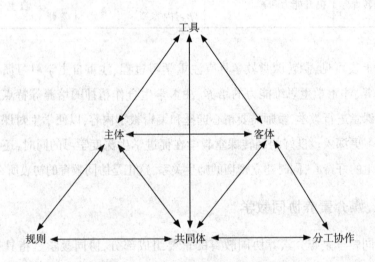

图 6.5-1　媒介素养协同教学要素关系图

　　媒介素养协同教学的四个基本要素中,协同教学主体和协同教学客体构成协同共同体。在协同教学过程中,协同教学主体因分工不同形成帮扶和分工合作关系,同时共同体需要遵循协同规则以此形成协作关系。协同教学实施的关键是协同团队的组建、协同计划的制订以及持续不断的沟通反馈。[1]

---

　　[1]　郭炯、郑晓俊、黄彬:《网络学习空间支持的协同教学模式与应用案例研究——网络学习空间内涵与学校教育发展研究之八》,载《电化教育研究》2017 年第 10 期。

第七章 青少年媒介素养协同
教育模式构建

第一节 青少年媒介素养教育问题及原因分析

一、青少年媒介素养教育的问题分析

通过发放调查问卷以及实地案例访谈,我们对全国部分地区 11033 名青少年的生活、学习情况以及媒介使用情况进行了调查,具体数据分析见本书第三章。本书研究主要针对的是义务教育阶段的青少年及少量高中阶段的青少年。我们还对吉林省农安县、舒兰市的部分农村学生进行了实地访谈和调查。调查总共发放问卷 120 份,回收有效问卷 103 份,这部分青少年的监护人受教育情况如表 7.1-1 所示。

表 7.1-1　父母受教育情况

受教育程度	大学以上	高中	初中	小学以下
数量	0	14	59	30
百分比	0	13.6%	57.2%	29.1%

问卷结果表明:农村青少年家长的受教育程度整体上不高。在受访的 103 个家庭中,没有父母有大学以上学历,部分家长具有高中学历,绝大多数只有初中学历,部分家长只有小学以下文化水平。在调研过程中,我们除了

采取问卷调查法,还采取访谈法与实地调查法,对部分农村儿童及其家庭实际监护人、部分农村学校的班主任教师进行了访谈,对相关教育问题进行了进一步的调查研究。在青少年媒介素养使用和教育方面,主要存在以下问题:

1. 部分青少年使用媒介产品时间过长以及与父母监管有较大的矛盾冲突

根据第三章中的调查数据,在与父母之间是否发生矛盾冲突的题目中可以看出,51.3%的青少年选择有矛盾,说明在使用媒介上父母和孩子之间有较大的矛盾。此外有75.5%的家长会限制青少年使用媒介产品,但青少年使用媒介产品时间过长以及手机依赖严重等问题仍然存在。在网络调查的11033名青少年中,有25.6%的青少年每天使用手机时间达2小时以上,19.7%的青少年自我评价非常依赖手机,41.6%的青少年自我评价比较依赖手机,还有18.6%的青少年不确定自己是否依赖手机。在本次对吉林农安、舒兰等地进行实地调查的103名儿童中,我们发现,有36.7%的儿童父母不在身边,父母进城务工是一部分原因,还有部分家庭由于经济以及其他原因,家庭矛盾突出而选择离婚,父母离婚以后儿童留给农村长辈抚养。我们调研的一个村子里适龄儿童有20人,父母离异的儿童就有8人。这些家庭难以给儿童提供良好的家庭教育和学习环境,父母婚姻破裂以后,儿童基本都留给了农村的爷爷、奶奶照顾,这部分儿童也称为农村留守儿童。本次访谈调查的对象中,36.7%的儿童父母不在身边生活,父母都是偶尔回家看看,绝大多数只有在每年的春节期间才和子女共同生活一段时间,长期不在一起生活造成了家庭教育以及亲职教育的缺失。家庭是儿童成长过程中接触到的第一环境,父母对子女的责任不仅仅是养育,更多的是教育,尤其是处于成长期的儿童,需要父母的关爱与指导。亲职教育的缺失必然影响儿童性格与心理的健康成长,长期的家庭教育以及亲职教育的缺失可能会使这些儿童难以形成健全的人格。中国互联网络信息中心发布的第50次《中国互联网络发展状况统计报告》显示:截至2022年6月,我国网民规模达10.51亿,其中农村网民规模为2.93亿,农村地区互联网普及率为58.8%。

由于各种原因,农村青少年使用网络和各种媒介产品时缺少家长监管,城市青少年父母的监管相对较多,但是无论农村还是城市青少年,和父母在使用媒介产品上都存在较多矛盾。

2. 部分青少年使用媒介过多而影响学习

在本次网络调查中,我们发现5.6%的青少年每天观看电视时间超过2小时,7.8%的青少年使用电脑超过2小时,25.6%的青少年使用手机超过2小时,4.9%的青少年使用平板电脑等设备超过2小时。青少年使用媒介时间过长,必然影响其社会活动及学习状况。有研究表明,媒介使用时间与媒介内容质量对青少年学习成绩有着显著影响。在我们访谈调查的103名农村儿童中,由于家长的受教育程度普遍偏低,因而他们对孩子的学习指导乏力。另外,家长对相关媒介了解不充分,对子女使用媒介使用时间过长监督不足,一定程度上影响了青少年的学习成绩。

3. 青少年媒介使用行为问题不容忽视

在接受网络问卷调查的11033名青少年中,关于使用社交软件和即时通信软件的原因,尽管有69.5%的受访者选择了学习的需求,但是在实际使用过程中,61.2%的青少年选择主要使用其来聊天,49.2%的同学选择利用其观看新闻,14.6%的青少年选择用来玩网络游戏。有相关研究认为,农村青少年的父母倾向于严格限制农村青少年的上网时间,认为网络上的负面新闻和不良信息太多,容易让孩子学坏,这些父母更相信传统媒体,所以对子女看电视的时间限制相对较少。而城市青少年的父母恰恰相反,通常对子女看电视的时间进行严格限制,但是对其上网时间限制相对较少。此外也有调查数据表明,城市父母对子女媒介使用的引导较多,农村父母对子女媒介使用的引导相对较少。此外,由于部分农村儿童的父母长期外出打工,不在身边,只有春节期间才能和子女共同生活一小段时间,而长期陪伴在儿童身边的祖父母大多文化程度不高,不能及时发现儿童媒介使用的不良行为,无法给予正确的引导和帮助,加之义务教育阶段的适龄儿童大都年龄较小,自控力能力较差,很容易受到不良网络信息的影响,导致他们沉迷网络,荒废学业。也有部分农村家长为了弥补对孩子缺乏关心造成的遗憾,更容易使用物质产品来补偿孩子,但一味地通过满足物质要求来弥补对孩子关爱的不足,可能忽略孩子的精神需求。还有部分外出打工的家长由于常年不在孩子身边,为了交流方便,便为家里配备了智能手机,但由于家里的长辈年纪较大,对新事物接触较少,使用能力有限,所以智能手机一般由留守在家的儿童使用。手机成为这些孩子接触新事物的一个重要媒介。我们在调查中发现,很大一部分的农村儿童使用手机是为了进行网络交流,他们使用频率最多的是社交软件,也有部分农村儿童常常用手机打游戏。手机、电视、网络等媒体成为部分农村青少年获得心灵安慰、娱乐以及消耗时间的工具。本次网络调查研究数据显示,52.6%的青少年最喜欢的媒介产品是手机,手机也是其接触最多的媒体。部分接触电脑、网络、手机较多的农村儿童,由于身边监护人对新兴事物不熟悉以及监管不当,而沉迷其中无法自拔,部分儿童对手机、电视以及网络的依赖严重。这一问题亟须引起重视。

二、青少年媒介使用问题影响因素分析

父母监管不足、媒介使用影响学业、沉迷网络等媒介使用行为问题产生的原因多种多样,既有家庭、社会、经济方面的因素,也有社会、学校的责任部分缺失以及家庭教育缺失等多种叠加的因素,更有青少年自身的原因。城市媒介信息发达,使青少年处于大众媒介及信息的包围之中;部分农村地区经济不发达,教育落后,农村撤点并校后部分乡村学校学生数量较多,教师无法给予所有学生更多的关注,再加上部分农村青少年缺少家庭教育的关怀,政策上缺少资金支持和细节指导,家庭因素、学校因素、社会因素相互影响、相互关联(如图7.1-1所示),厘清这些因素之间的关系,有助于我们解决青少年媒介使用过程中出现的各种问题。

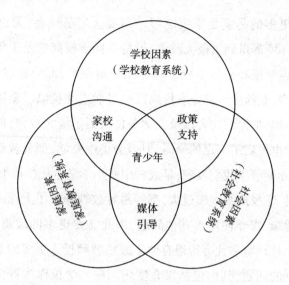

图 7.1-1　青少年媒介素养教育问题影响因素

1. 家庭因素

家庭是儿童成长过程中接触到的第一环境,父母对子女的责任不仅仅是养育,更多的是教育,尤其是处于成长期的儿童,青少年使用媒介产品更需要父母、家庭的关爱与指导。通过在农村实地调研我们发现,父母外出打工把孩子单独留给祖父母抚养的并不多,基本都是父亲和爷爷外出打工,母亲和奶奶在家照顾孩子以及种地养殖。男性长辈长期外出,容易造成孩子不服管教,农村家长文化水平偏低,缺少与学校进行沟通和交流的意识,部分家长对孩子缺少辅导和沟通,对子女学习关心不够,家庭教育与学校教育之间的关系断裂。由于自身文化程度的限制,部分农村儿童家长更容易相信社会媒体的声音,因此大众媒介成为影响农村儿童家庭教育的重要因素。家庭教育的不足乃至缺失,容易导致青少年在使用媒介时产生各种问题。

2. 学校因素

家庭教育的缺失使得学校教育成为青少年教育问题最重要的影响因素,学校在青少年学业成绩、思想道德、心理健康教育以及媒介使用等方面承担起更大的责任。学校是专门的教育机构,要对学生尽到教育与引导的责任,承担着立德树人的根本任务。但学校实际上无法全面替代家庭教育的责任,学校更多的是满足学生学习的需要。当前社会,无论城市还是农村,教育硬件环境都得到了极大改善,但是不同学校间的差距仍然显著。例如,城市的重点学校和一般学校之间存在一定差距,部分重点学校规模大,班级多,学生多,老师多。部分农村地区经过撤点并校以后全镇小学生都集中在镇中心学校,学校的校舍以及办学条件得到了极大改善,部分教师观念以及教师技能也得到了一定的提高,但因为集中办学,部分教学点办学规模过大,如在实际调研中我们发现,某农村中心小学学生规模达 1300 人。无论城市还是农村,学校班级规模过大,都容易导致教师除了上课之外无暇兼顾学生的心理健康、媒介使用等其他问题,因此需要更多的政策和财政支持。因为良好的学校环境和社会待遇有助于鼓励教师投入更多的热情和精力去解决学生遇到的问题,其中包括媒介使用问题。学校作为青少年媒介素养教育问题影响因素的教育主体,无法依靠单一力量对部分青少年媒介滥用这一复杂的社会问题进行有效监管,还需要更多的政策支持与技术指导,更好地发挥家庭与学校协同教育的功能,深入解决青少年媒介使用以及其他教育问题。

3. 社会因素

青少年接触到的媒体主要有手机、电脑、电视等多种媒介形式,智能手机、电视普及率都在 90% 以上。人们每天都被各种信息包围,无论是家长还是青少年都身处信息洪流之中。由于青少年的价值观尚未完全成熟,媒介素养教育缺失,将导致青少年形成不正确的价值观,网络不良信息的泛滥容易造成青少年整体道德水平的滑坡。城市青少年的媒介接触环境相比农村青少年较好,因此也更容易受到媒介大环境的影响。比如,部分青少年沉迷网络,陷在虚拟世界之中不能自拔,甚至产生网瘾。在农村,越来越多的农民选择离开家乡到城市打工,部分进城务工人员的子女留在家乡上学,成为留守儿童。解决这些问题需要真正实现城乡教育一体化。目前,国家已经出台了一系列保障教育公平、解决随迁子女入学问题的政策,但是部分进城务工人员不了解这些入学政策的好处,出于各种考虑还是决定让孩子留在家乡读书。这就需要政府相关部门出台规定,简化手续,给进城务工人员提供更多的指导,使得更多的随迁子女顺利就读城市的公办学校。父母长期不在身边或者父母自身的媒介素养水平不高,也是造成青少年媒介使用过程中产生各种问题的原因之一。因此,还应加快推进数字化建设,提高全民的数字素养,切实解决青少年媒介使用中存在的各种问题。《中共中央 国务院关于做好 2022 年全面推进乡村振兴重点工作的意见》明确提出:"大力推进数字乡村建设……加强农民数字素养与技能培训。"中央网信办、教育部、工业和信息化部、人力资源和社会保障部于近日联合印发《2022 年提升全民数字素养与技能工作要点》,提出包括做优、做强数字化教育培训资源,提高智慧社区和智慧家庭建设应用水平,加快推进信息无障碍建设,提高农民数字化"新农具"应用水平,完善数字技能职业教育培训体系,提高全民网络文明素养等要求。政府以及相关职能部门应继续加大电视、网络、报纸的社会宣传力度,发挥大众传媒的优势,实施家庭教育引导,加强全民数字素养培训,倡导全社会共同发展数字经济,只有家长的媒介素养水平提高了,在家长指导、家庭教育参与下的青少年媒介使用问题才能彻底得到解决。

第二节　信息化环境为青少年媒介素养协同教育实施提供技术保障

一、信息化环境下中小学硬件建设情况

2010 年国家发布《国家中长期教育改革和发展规划纲要(2010—2020年)》,把教育信息化纳入国家信息化发展整体战略,并提到:"到 2020 年,基本建成覆盖城乡各级各类学校的教育信息化体系……重点加强农村学校信息基础建设,缩小城乡数字化差距。"目前,全国范围内已经陆续颁布了一系列法规及规范性文件,全面实施基础教育信息化建设系列重大工程项目,部分法规文件名称以及主要内容如表 7.2-1 所示。

表 7.2-1　基础教育信息化建设系列文件以及主要内容

时间	颁发部门	文件名称	主要内容
2000 年 11 月 13 日	教育部 教基〔2000〕33 号	关于在中小学普及信息技术教育的通知	从 2001 年开始用 5~10 年的时间,在中小学(包括中等职业技术学校)普及信息技术教育,以信息化带动教育的现代化,努力实现我国基础教育跨越式的发展。
2000 年 11 月 14 日	教育部 教基〔2000〕34 号	关于在中小学实施"校校通"工程的通知	"校校通"工程的具体目标是:2005 年前,争取东部地区县以上和中西部地区中等以上城市的中小学都能上网;西部地区及中部边远贫困地区的县和县以下的中学及乡镇中心小学与中国教育卫星宽带网联通。2010 年前,争取使全国 90% 以上独立建制的中小学都能上网。
2003 年 09 月 17 日	国务院 国发〔2003〕19 号	国务院关于进一步加强农村教育工作的决定	明确农村教育在全面建设小康社会中的重要地位,把农村教育作为教育工作的重中之重……实施农村中小学现代远程教育工程,促进城乡优质教育资源共享,提高农村教育质量和效益。
2008 年 1 月 4 日	教育部 教政法〔2008〕1 号	教育部 2008 年工作要点	积极发展农村中小学现代远程教育,努力推进"班班通、堂堂用",让广大中小学学生共享优质教育资源。
2015 年 2 月 12 日	教育部	教育部 2015 年工作要点	推进"三通两平台"建设与应用,力争基本实现学校互联网全覆盖。加快教育管理公共服务平台建设、国家教育决策服务系统建设和教育统计基础数据库建设。完善国家教育资源云服务体系。

续表

时间	颁发部门	文件名称	主要内容
2016 年 6 月 7 日	教育部	教育信息化"十三五"规划	完成"三通工程"建设,全面提升教育信息化基础支撑能力。加快推进"宽带网络校校通",结合国家"宽带中国"建设,采取多种形式,基本实现各级各类学校宽带网络的全面覆盖,具备条件的教学点实现宽带网络接入。

从"校校通"到"班班通"以及"人人通",都是中小学现代远程教育工程的延伸,不仅改善了城市中小学硬件设施,更成为解决农村教育资源不足、发展落后问题的突破口,有利于让所有孩子平等享受最好的教育资源,从而解决上好学的问题。国家已经出台了一系列法规并投入大量资金,用于改善中小学信息化环境,"农村远程教育工程"以及教育信息化"三通两平台"核心任务基本建设完毕,全国 89.8% 的学校能够利用互联网连接网络,全国各级中小学校普通教室有 300 万间配备多媒体教学设备。《中国教育报》发表时任中央电教馆党委书记、馆长王珠珠的《担负起教育强国中的教育信息化使命》,文章指出:85.1% 的学校已拥有多媒体教室;全国各级各类学校配备的教师终端、学生终端数量分别为 828 万台和 1123 万台,开通网络学习空间的学生、教师分别占全体学生和教师数量的 38.4%、55%。现有数据表明,通过近几年国家不断投入以及省市地方政府的持续投入,我国现有各级各类中小学校凭借其信息技术条件基本能够获得优质教育资源,农村中小学能够利用信息手段缩小城乡、区域和校际的教育资源差距,现有信息技术手段能够实现教育资源共享并且能够提供物质以及技术保障基础,同时现有条件能够为现代教育进一步实现教育资源共享发展提供技术保障条件。现有研究表明,现代信息化环境下,不仅城市中小学具备信息化教学硬件条件,农村中小学也基本具备进行信息化教学的硬件条件。因此我们可以利用信息化技术支持进行城市、农村学校的协同教育。《教育部 2022 年工作要点》提出:积极发展"互联网+教育",加快推进教育数字转型和智能升级,

推进教育新型基础设施建设,建设国家智慧教育公共服务平台,创新数字资源供给模式,丰富数字教育资源和服务供给,深化国家中小学网络云平台应用,发挥国家电视空中课堂频道作用,探索大中小学智慧教室和智慧课堂建设,深化网络学习空间应用,改进课堂教学模式和学生评价方式。城市和农村中小学校的现有硬件水平以及信息技术手段,能够保证中小学利用互联网环境进行媒介素养协同教育,进而缩小城乡教育差距,缩小数字鸿沟,真正实现教育公平。

二、信息化环境下中小学教师信息化教学能力

经过多年坚持不懈的发展,我国教育信息化建设取得了显著进展,但是好的信息化硬件设备需要好的人才来发挥其作用。城市中小学教师人才资源丰富,教师信息化能力较强,而农村中小学教师的信息化技能水平决定了以"三通两平台"为主要目标的教育信息化工作的成效。为了提升农村中小学教师教学能力,教育部、财政部于2010年全面实施中小学教师国家级培训计划,简称"国培计划"。2021年9月,教育部教师工作司司长任友群总结说:"国培计划"自2010年启动以来,培训教师、校长超过1700万人次,基本实现了对中西部农村义务教育学校和幼儿园的全覆盖。2013年教育部发布《关于实施全国中小学教师信息技术应用能力提升工程的意见》,提出各个地区要将信息技术应用能力培训纳入教师必修学分,并要求各地积极安排全员培训,积极支持将信息技术应用在教学中。2014年,教育部研究制定了《中小学教师信息技术应用能力标准(试行)》,对教师信息技术能力提出了具体要求,经过国家、地市及区县组织的各种信息技术培训,农村教师信息化教学能力得到极大提高,绝大多数农村中小学教师已经具备基本信息化教学能力,能够利用信息化技术手段实施信息教学以及发布信息。通过调查发现,农村中小学教师已基本具备在信息化环境下进行信息化教学的能力,能够利用信息化教学手段实施信息化环境下的儿童媒介素养协同教育。

第三节　信息化环境下青少年媒介素养协同教育模式构建

协同教育包括家庭教育系统、学校教育系统和社会教育系统,这三个系统通过信息技术手段可以合力解决农村以及城市青少年在媒介使用过程中出现的各种问题。信息化技术手段能够实现信息同步,消除三个系统之间的联动阻力。构建信息化环境下农村儿童媒介素养协同教育模式,需要政府、企业、高校、学生、家长的全员参与。《教育信息化 2.0 行动计划》明确提出,要充分发挥政府和市场两个方面的作用,为推进教育信息化提供良好的政策环境和发展空间,积极鼓励企业投入资金,提供优质的信息化产品和服务,实现多元投入、协同推进。政府出台相关政策法规并提供资金支持,高校提供具体实施策略与方法指导,也可以提供人员参与其中,企业为高校和中小学信息协同模式构建提供技术支持,家长、学生全员参与,才能推动信息化环境下青少年媒介素养协同教育模式真正构建起来。

一、人文环境的协同——教育人员和教育理念的协同

首先,青少年媒介素养协同教育不仅需要协同教育的主体——家长、教师、学生,同时也需要志愿者及社会公众全方位的协调。具体来说,协同教育系统包含社会教育系统、家庭教育系统、学校教育系统三个子系统,三个子系统以农村儿童为协作系统为中心,联结成稳定的协同系统,同时三个子系统又都在社会公众的包围中。每个子系统中涉及教师-学生-家长,家长-学生-同伴,教师-学生-同伴等共五个方面环形关系,具体涉及经济需求、心理需求、学业成绩、行为导向等,如图 7.3-1 所示。

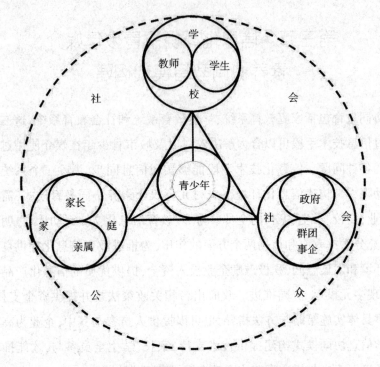

图 7.3-1　媒介素养协同教育人文环境

　　其次,教育理念协同是青少年媒介素养协同教育的基础。系统内的所有成员需要达成以下共识:一是认识到当前青少年媒介使用存在监管不足以及部分青少年沉迷网络等问题;二是先进的媒体技术为协同解决青少年媒介素养教育问题提供了基本保障;三是青少年媒介使用以及教育问题的解决需要全社会的共同努力;四是利用高速发展的现代信息技术,建立在协同教育理念指导下的协同教育网络,彻底解决青少年的媒介使用问题,引导青少年合理使用媒介产品,避免"数字鸿沟"阻碍教育公平,将青少年培养为信息时代的合格公民。

二、物质环境的协同——教育资源的协同

　　教育资源的均衡是实现教育公平的关键,教育资源的协同也就成为青少年媒介素养协同教育的核心问题。青少年教育资源的协同需要构建以"学校环境"为核心的青少年媒介素养协同教育网络平台。我国已初步建立

起以国家教育资源公共服务平台为核心、各省市教育资源公共服务平台相互连接并且资源共享互补的局面。例如,教育部从 2014 年开始开展"一师一优课、一课一名师"活动,构建利用信息化手段扩大优质教育资源覆盖面的有效机制,能够起到基础教育的示范引领作用,能够解决落后地区以及农村相关教育资源不足、教学方法落后等问题,对实现教育均衡发展、促进教育公平有着重要的现实意义。

现代信息技术为协同教育平台的构建提供了技术保障。随着物联网技术、移动终端技术、智慧技术、云计算技术、无线通信技术的高速发展,以及手机、平板电脑的普及,使用移动终端进行移动学习、移动办公、移动服务已经越来越普遍,这些都为协同教育工作的开展提供了物质基础和技术保障。[①]

技术支持下的青少年媒介素养协同教育系统的最终目标,是家庭、学校、社会形成以青少年为核心的"三位一体"的媒介素养教育共同体。现代信息技术协同教育平台,其目的是将学校教育、家庭教育和社会教育紧密联系在一起,为青少年营造良好的媒介素养协同教育环境,更好地解决青少年媒介使用以及教育问题,因此,协同教育网络平台应该以现代信息技术为支撑,以青少年为中心。其框架和主要模块如图 7.3-2 所示。

---

① 　徐晶晶、黄荣怀、杨澜等:《智慧学习环境下学校、家庭、场馆协同教育联动机制研究》,载《电化教育研究》2018 年第 8 期。

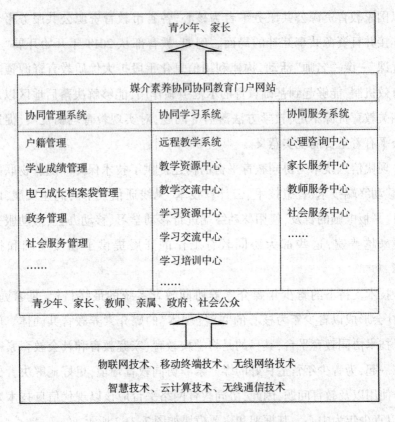

图7.3-2　基于信息技术的媒介素养协同教育网络平台框架

　　"十二五"期间,我国重点建设了"国家教育管理公共服务平台"和"国家教育资源公共服务平台",青少年媒介素养协同教育网络应充分利用这两个平台,建立信息环境下青少年协同教育体系的综合协同、管理协同、家校协同、社会协同。框架中的三大协同系统(协同管理系统、协同学习系统、协同服务系统)对各个部分来说是相对独立的,对用户来说是一个整体,即整个协同平台系统由现代信息技术和网络技术构成的支撑平台、三大协同中心、门户平台组成。所有青少年媒介素养协同教育人员均可通过互联网和移动通信技术,在一个工作平台上实现信息互通、资源获取、业务办理等一站式信息服务。①

三、教育行为的协同——教育行为协同是青少年媒介协同教育的关键

构建媒介素养协同教育网络平台支撑下的以"协同家庭"媒介教育为根本、"协同学校"媒介教育为关键、"协同社会"媒介教育为主导的协同教育系统,如图7.3-3所示。

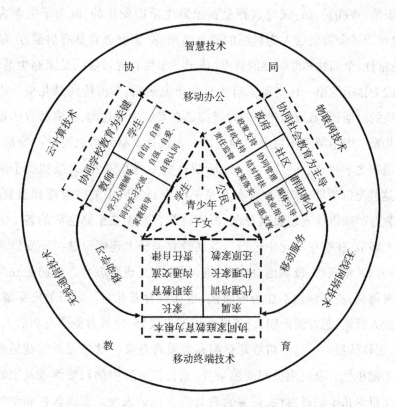

图 7.3-3　技术支持下的青少年媒介素养协同教育行为图

(一)以"协同家庭"教育为根本,强化家庭媒介监护的主体责任

2015 年 10 月,教育部印发《关于加强家庭教育工作的指导意见》,明确

---

① 李耀麟、刘魁元、杨慧敏:《基于协同教育理论的数字化校园构建研究》,载《中国电化教育》2012 年第 1 期。

提出"家庭是孩子的第一个课堂,父母是孩子的第一任老师。家庭教育工作开展的如何,关系到孩子的终身发展,关系到千家万户的切身利益,关系到国家和民族的未来。"青少年媒介使用问题的根源就在于部分家庭亲子教育缺失,导致家庭功能缺位,所以解决青少年媒介使用问题,必须以家庭教育作为根本出发点。《教育大辞典》中对家庭教育的解释是:通常多指父母或其他年长者对儿女进行的教育。① 除了《教育大辞典》,国内很多学者也提出过自己的定义,虽然在表述上各不相同,但是他们对家庭教育的内涵和特点的认识是一致的。如:家庭教育是在家庭生活中发生的,以亲子关系为中心,以培养社会需要的人为目标的教育活动。② 家庭教育具有启蒙性、随机性、伦常性、全面性和终身性的特点,孩子一出生首先接触的是家庭生活,家长就成为孩子的第一任老师。有生理学研究表明,学前阶段是儿童身心发展最快的时期,儿童最初几年的时间都是在家庭中度过的,家庭教育的影响将在儿童一生中留下不可磨灭的痕迹。大教育家蔡元培也说过:"家庭者,人生最初之学校也。一生之品性,所谓百变不离其宗者,大抵胚胎于家庭中。"这些足以说明,家庭教育在儿童早期身心发展中的启蒙性和重要性。家庭教育的随机性表现灵活分散,即家庭教育发生在家庭生活的各个方面和各个环节,在潜移默化中进行。苏联教育家马卡连柯说过:"不要以为只有你们同儿童谈话、教训他、命令他的时候,才是进行教育。你们是在生活的每时每刻,甚至你们不在场的时候,也在教育着儿童。你们怎样穿戴,怎样同别人谈话,怎样谈论别人,怎样欢乐或者发愁,怎样对待朋友和敌人,怎样笑,怎样读报——这一切对儿童都有着教育意义。"这里强调的就是家庭教育的随机性。家庭成员间的感染性、家长在家庭中的权威性以及家庭教育中父母对孩子的针对性,是家庭教育伦常性的表现。家庭教育和学校教育相比具有更广泛的教育内容,包括对儿童的德智体美劳的全面教育,这是家庭教育全面性的表现。此外,学校教育和社会教育都是阶段性教育,而家庭教育是一种持久的稳定性教育,从孩子出生一直到父母老去,每天都在接

---

① 顾明远:《教育大辞典》第 1 卷,上海教育出版社 1990 年版,第 11 页。
② 邓佐君:《家庭教育学》,福建教育出版社 2013 年版,第 7 页。

受父母和长辈的影响和教育,这是家庭教育终身性的体现。因此要提高青少年媒介素养水平,必须加强家庭在青少年媒介使用方面的监管。家长是青少年媒介使用情况的第一监护人,广大家长必须担负起监管青少年媒介使用情况的家庭主体责任,如此才能切实监管好青少年媒介使用情况,引导广大青少年正确使用媒介。

1. 影响媒介素养家庭教育实施的因素

社会环境制约。社会环境制约主要包括社区环境和大众传媒的影响。家庭是社会的最小单位,但家庭并不是孤立存在的,它总是与社会相联系,社会环境是影响家庭和青少年的重要因素。农村居住的平房、大院,为邻里之间提供交往的平台,为青少年提供人际交流能力的发展机会。而社会媒介对青少年家庭教育也有重要影响,大众传媒是青少年获取信息和知识的重要来源之一,大众传媒是家长进行家庭教育的"指导教师",对当前大部分家庭来说,大众传媒是家庭教育内容和家庭教育方式的重要知识来源。此外,大众传媒也影响着青少年的语言发展和审美取向。

家长自身素质。家长的教育观念、教育知识、教育能力以及媒介素养水平是家庭媒介教育成功的关键因素。家长应具有正确的教育观念,包括正确的青少年观。家长的教育知识是指家长应具有心理学、教育学的基本知识,了解婴儿、幼儿、青少年等每一阶段的生理特点、心理特点和发展规律,尊重孩子的身心健康发展,有意识地去学习教育原理、教育方法的知识,引导孩子健康成长。家长的教育能力是指家长了解子女的能力和分析、解决问题的能力。了解子女是每个家长必备的基本能力,找到孩子做出某种不当行为背后的原因,有针对性地分析问题,理智、耐心地对孩子进行教育引导是解决问题的最好办法。家长媒介素养水平决定了家长能否监督青少年合理使用媒介产品,在青少年使用媒介产品遇到问题时加以引导,共同参与到媒介交互活动之中,进而在媒介互动之中形成良好的家庭媒介关系。良好的家庭媒介关系能够形成良好的亲子关系,有利于青少年健康成长。

家庭生活方式。家庭生活方式包括物质消费方式和精神文化活动方式。家庭消费观念中要重视子女的教育投入,重视家庭文化生活的投入,同时要注意投入的力度,过度关注和过度消费不利于子女的健康成长。在消费结构中重视子女科学营养的饮食习惯、增大智力开发和特长培养的投入。家长把更多的精力投入子女的教育活动,有利于青少年的健康成长。家庭消费水平是指一定时间内人均消费的生活资料和劳务的数量。消费水平的提高有利于家庭教育的顺利进行,但同时要注意避免过度消费和不良消费。精神文化活动方式主要是增加文化娱乐时间、丰富文化娱乐的内容,不能仅仅停留在看电视、看手机、看电脑。如果只有这种文化娱乐生活,容易使青少年受到娱乐化的媒介的控制,如果把娱乐、游戏、电脑、电视等感官刺激强烈的内容灌输给还没有形成完整世界观的青少年,如同给哭闹的孩子嘴里塞上了安慰奶嘴,让他们沉浸在感官刺激当中,会使青少年失去判别是非的能力,甚至可能造成大众文化过度娱乐化,只能满足青少年最浅层的文化需求,难以培养青少年良好的媒介素养。城市家庭应该丰富青少年的课外生活,给他们提供更多的机会接触摄影、书法、美术作品展览;农村家庭应该鼓励广大农村青少年参与各种实践活动。

家庭关系。家庭关系主要包括夫妻关系和亲子关系。夫妻关系是家庭中的核心关系,是家庭的基础和起点。孩子会通过夫妻关系学习与人相处的规则,夫妻关系影响亲子关系,夫妻关系在一定程度上还会影响子女的性别角色发展。建立良好的夫妻关系,要求夫妻间相互信任、相互体谅、互敬互爱,这也是良好家庭教育的前提。亲子关系是家庭教育质量的保证,良好的亲子关系决定了家庭媒介教育能够顺利进行,并影响家庭媒介教育的效果。良好的亲子关系不是"以孩子为中心"的溺爱,也不是"以成人为中心"的表面的爱,而是"成人指导下的良好亲子媒介使用与沟通关系",家长是规则制定者,但是也要尊重孩子媒介选择的权力与自由,与孩子保持良好的沟通关系。① 由此可见,家庭教育是解决青少年教育问题的根本,应加强多方协作,强化家庭教育,促进青少年健康成长。

2. 学校协同家庭教育

学校协同家庭教育主要完成以下三方面工作:第一,教师可以利用现代信息技术向青少年家长灌输协同教育理念,增强青少年家长的责任意识;第

---

① 赵刚、王以仁:《中华家庭教育学》,研究出版社 2016 年版。

二,通过协同教育网络平台,学校向青少年家长提供亲职教育和媒介相关知识,包括:父母的角色和职责、教养子女的知识与技能、和谐家庭关系的塑造、如何与学校进行有效联结、利用社会网络资源的媒介知识技能等五个方面的指导,提高青少年家长尤其是农村青少年家长的家庭教育能力;第三,通过协同教育平台随时对青少年及其家长进行媒介知识学习指导和媒介使用行为辅导,使青少年在遇到问题时,能够及时得到解决和反馈,从源头上解决青少年的媒介使用行为以及学业、心理等方面的问题。

3. 社会协同家庭教育

青少年的社会教育系统包括三个方面:政府部门、社区和群团组织企事业单位。首先,政府部门应以家庭完整性为出发点,出台相应政策,从制度上强化家庭教育的重要性以及家长的主体责任,2015 年 10 月出台的《关于加强家庭教育工作的指导意见》中明确提出构建家庭教育社区支持体系,助力家庭与社区协同发展。其次,信息技术环境下的协同教育需要家庭、学校、社区同时协同,尤其农村青少年家长往往文化水平不高,信息技术能力较弱,因此社区、村屯作为农村青少年家庭教育的依托,应承担协同学校、协同社会进行农村青少年学业生活信息管理和及时沟通的作用,发挥社区村(居)委会的文化带头作用,实施结对帮扶,使国家政策落到实处,发挥其最大作用。最后,发挥群团组织企事业单位的关爱优势,信息时代大众媒介应发挥其强大的宣传功能,以各种方式和各种角度强化家庭教育的主体责任,如综艺节目、电视剧、纪录片等,使父母有效履行监护人的职责,同时各大高校也可通过协同教育平台进行沟通联结实施一对一的志愿服务,公益组织以及群体利用移动媒体、协同教育平台对青少年父母进行远程媒介知识培训,提高家长媒介素养水平,才能整体解决青少年媒介素养家庭教育不足、整体素养不高的问题。

(二)以"协同学校"教育为关键,实现优质教育资源的共享,最终实现教育均衡发展

学校教育是青少年时期教育的主要载体,特别是绝大多数农村青少年,由于其父母文化水平不高,学校更是其成长的主要环境,对很多农村青少年

来说,学校教育几乎是其学习生活的全部。学校是青少年媒介使用问题得以解决的主要力量,更是农村青少年媒介素养协同教育发展中的关键。

1. 家庭协同学校教育

家庭协同学校教育主要完成以下协同工作:一是利用移动终端、移动通信技术协同学校完成亲职教育相关课程的培训与指导,为自己履行家长的职责提供保障;二是利用社交软件积极与老师交流青少年在家使用媒介的行为和状态,把问题遏制在萌芽状态;三是部分农村或者城市的隔代教育代理家长协同配合学校接受代理培训,还原家庭教育。在信息技术环境下,家庭协同学校媒介素养教育工作的关键,在于培养青少年对媒介使用的责任感和自律性。

2. 学校协同学校教育

学校协同学校,是指各级各类重点学校协同农村学校,实现优质资源共享和协同发展。协同教育网络平台的构建,使优质教育资源的共享共建成为可能,即便是偏远地区也可以获得大城市的优质教学资源,实现资源共享。同类学校、教师之间可以通过网络平台进行学习和交流经验,取长补短,实现教育均衡发展。因此,加强学校之间的共享与互助,有利于实现媒介素养教育资源的共享。

3. 社会协同学校教育

社会协同学校教育主要包括两个方面:一是财政支持,加大教育投入,发展落后地区以及农村学校的基础硬件条件,为全体学校实现信息化教学提供硬件和物质保障。二是加强媒介素养和信息技术教师队伍建设,包括利用协同教育网络平台对教师进行培训,强化教师的责任感和胜任力,提高教师的信息化教学能力、实践操作能力和媒介素养理论知识,如此才能更好地在学校实施媒介素养教育。

(三)以"协同社会"教育为主导,发挥群团优势,推动社会力量的共同参与

青少年是祖国的未来和希望,需要全社会的共同关心。青少年媒介素养教育问题是社会教育问题的一部分,无论是家庭教育还是学校教育,都是

在社会教育的主导下进行的,因此青少年媒介素养协同教育的发展需要在协同社会教育的主导下进行。

1. 家庭协同社会教育

家庭教育是本源,社会教育是主导,家庭成员需要协同社会教育完成以下两方面的工作:一是家长需配合媒体宣传,在社会积极宣传树立正确舆论导向的同时,家庭成员通过各种渠道与子女沟通,了解其学习、生活以及媒介使用情况,引导子女养成良好的媒介使用习惯,这样才能达到事半功倍的效果。二是家庭成员本身自强自立、以身作则,成为青少年学习的榜样,借助现代信息技术和各种网络教育平台主动学习家庭教育知识、职业技术知识等,提高自身综合素质,从根源上解决青少年教育媒介使用相关的问题。

2. 学校协同社会教育

青少年媒介教育的相关项目,目前主要是各级各类团体组织、企业、高校参与其中,在这一过程中,学校是连接社会和家庭的桥梁,学校可以为社会和家庭之间交流提供有效的信息和空间环境。以学校环境协同教育网络平台,可以成为家庭和社会组织联系的纽带,学校可以为志愿服务提供物质和环境保障。此外,庞大复杂的社会教育资源,要想在家庭教育中发挥高效的作用,需要一个把关人,部分家长本身不具备这样的把关能力,或者不具备支撑这项工作的时间和精力,而学校可以发挥媒介资源把关人的作用,过滤、甄选优质社会教育资源以及媒介资源,把它们提供给家庭教育。

第四节 信息化环境下青少年媒介素养协同教育实现路径

一、利用现代信息技术构建家庭、学校横向协同教育沟通渠道

现代媒体技术已经可以实现学校教育与家庭教育的网络互动。《教育信息化 2.0 行动计划》强调,规范网络学习空间建设与应用,保障全体教师和适龄学生"人人有空间"。学校应该积极利用信息环境下的新媒体技术构建现代化信息平台,实现家长与学校以及青少年之间的交流。部分学校已

经尝试利用公众号进行推送服务,使家长了解青少年在学校的生活和学习情况,这些新媒体技术为教师、青少年和家长提供了方便、快捷的联系交流手段。利用现代信息技术构建家庭、学校横向协同教育沟通渠道,为青少年健康成长提供有利环境。

二、利用信息技术构建网络课堂进行协同教学,激发青少年的学习热情

协同教学源于建构主义教学观,协同式教学通过师生之间、同学之间的互动交流合作学习,通过协同教学培养学生能力。习近平总书记在致首届国际教育信息化大会的贺信中提到,努力以信息化为手段扩大优质教育资源覆盖面,通过教育信息化,逐步缩小区域、城乡数字差距,大力促进教育公平。① 《教育信息化十年发展规划(2011—2020年)》强调,推进信息技术与教学融合,建设智能化教学环境,提供优质数字教育资源和软件工具,利用信息技术开展启发式、探究式、讨论式、参与式教学,鼓励发展性评价,探索建立以学习者为中心的教学新模式。可以利用信息技术构建网络课堂,引导家长和学生一起参与到网络课堂活动中,让家长和孩子一起直接感受新课程教学活动,充分调动青少年的学习兴趣,使青少年的素质得到全面发展。在信息技术构建的网络课堂中,家长与学生协同学习,既能体验学习的乐趣,又能增进亲情。教师、家长、青少年一起通过网络进行课堂交流,探讨学习和生活中的问题,通过信息技术构建网络课堂进行的系统教学,有利于解决部分家庭教育知识匮乏的问题。随着5G网络的发展,利用即时聊天工具等通信媒体分享教学图片以及部分课堂内容不再是难题,利用这些新媒体技术构建网络课堂交流空间,协同家长对青少年进行教育,家长参与课堂教学,有利于激发青少年的学习热情和学习动力。同时,家长参与到课堂和实践教学之中,有利于培养良好的亲子关系,对于青少年养成良好的学习习惯、改善学习状况有着重要的现实意义。

---

① 《习近平致国际教育信息化大会的贺信》,http://www.gov.cn/xinwen/2015-05/23/content_2867645.htm.

三、利用信息技术构建青少年成长档案袋,进行学校纵向媒介协同教育

现有各级教育部门可以利用信息技术成长档案,进行纵向媒介协同教育管理,纵向协同教育由学校内部教育组织协同教育和教育者协同教育两部分组成。学校、班级、学生之间的沟通合作,构成了学校内部教育组织协同教育,教师、学生的互相配合构成了教育者协同教育。大量研究表明,青少年的成长是一个漫长的过程,需要家庭、学校及时了解掌握他们成长的状态。我们可以利用现代信息技术真实地记录青少年在生活、学习、媒介知识等方面的成长状况。青少年成长档案袋可以实现全员参与、过程管理的学校纵向协同教育,更好地关注青少年的健康成长。青少年成长档案袋也可以帮助农村青少年利用信息技术记录个人成长,实现信息技术手段下的个人事务管理,还可以利用网络空间实现小组学习,在同伴协作下共享信息技术带来的便利。在学校方面,可以利用国家政策优化教学环境,加大信息技术硬件投入,改善校园环境,提高教师信息化教学能力,利用信息技术手段记录青少年成长档案,健全对弱势青少年的心理关爱和服务机制,同社区建立联系,利用社区为青少年提供家庭教育指导,为农村留守儿童家庭提供生活帮扶和关爱。同时积极联系家庭,建立监护人联系制度,对监护人进行培训指导,提高家长媒介使用能力与自律意识,加强家长的亲职教育意识,从而使家庭教育的功能得到充分发挥。

青少年的“教育”以及媒介使用等现实问题,并不是单纯的国家层面或学校教育的问题,更是家庭教育、社会教育的问题。因此需要协同家庭、学校、社区三个子系统。高速发展的现代信息技术为三位一体协同教育体系的建立和实施,提供了基础和保障。技术支持下的青少年媒介素养协同教育,为实现教育公平、媒介公平,缩小数字鸿沟,提供了解决方案。提高青少年媒介素养水平已成为迫切而现实的课题,从整体上全面提升青少年媒介素养水平依然任重道远。

附录:青少年媒介素养测量
与评估调查问卷

第一部分:基本情况和媒介接触情况

1. 你的性别是( )[单选题]

   A. 男孩   B. 女孩

2. 你的年级是( )[单选题]

   A. 一年级   B. 二年级

   C. 三年级   D. 四年级

   E. 五年级   F. 六年级

   G. 七年级

   H. 八年级 I. 九年级 J. 高一   K. 高二 L. 高三

3. 你的家庭所在地是( )[单选题]

   A. 城镇   B. 非城镇

4. 你父母每月总收入是( )[单选题]

   A. 3000 以下   B. 3000-5000

   C. 5000-8000   D. 8000-12000

   E. 12000 以上

5. 家庭收入的主要来源( )[可多选]

   A. 农业收入   B. 父母外出务工收入

   C. 事业单位、政府部门工作收入

   D. 企业工作   E. 经商收入

   F. 其他

6. 你家拥有的媒介有哪些?( )[媒介拥有率调查]课外读物、杂志、收音

机、电视、电脑、手机、平板电脑

    A. 有   B. 没有

7. 你最喜欢的媒介是( )[单选题]

    A. 课外读物   B. 杂志

    C. 收音机   D. 电视

    E. 电脑   F. 手机

    G. 平板电脑

8. 你上学的时候平均每天使用各种媒介的时间是( )[矩阵单选题]

课外读物、杂志、收音机、电视、电脑、手机、平板电脑

    A. 几乎不用   B. 30 分钟以内

    C. 30 分钟—1 个小时   D. 1—2 小时

    E. 2 小时以上

9. 你放假的时候对下列各种媒介的依赖程度( )[矩阵单选题]

课外读物、杂志、收音机、电视、电脑、手机、平板电脑

    A. 非常依赖   B. 比较依赖

    C. 不确定   D. 比较不依赖

    E. 完全不依赖

第二部分：媒介素养测评调查

1. 你能独立使用手机、平板电脑、电脑等设备( )[单选题]

    A. 完全不正确   B. 比较不正确

    C. 不确定   D. 比较正确

    E. 非常正确

2. 你能够利用各种媒介搜索、查找家庭作业的信息或材料( )[单选题]

    A. 完全不正确   B. 比较不正确

    C. 不确定   D. 比较正确

    E. 非常正确

3. 你会用电脑或者手机下载、安装软件( )[单选题]

    A. 完全不正确   B. 比较不正确

C. 不确定   D. 比较正确

E. 非常正确

4. 你会一些基本网络应用操作(如浏览网页,使用社交软件等)(　)[单选题]

     A. 完全不正确   B. 比较不正确

     C. 不确定   D. 比较正确

     E. 非常正确

5. 你观看某个信息或者视频内容后能够知道其要表达的意思(　)[单选题]

     A. 完全不正确   B. 比较不正确

     C. 不确定   D. 比较正确

     E. 非常正确

6. 你能够判断电视以及电台信息和新闻的可靠性(　)[单选题]

     A. 完全不正确   B. 比较不正确

     C. 不确定   D. 比较正确

     E. 非常正确

7. 你能够判断网络信息和新闻的可靠性(　)[单选题]

     A. 完全不正确   B. 比较不正确

     C. 不确定   D. 比较正确

     E. 非常正确

8. 你在信息搜索中能够判断使用那种媒介更合适(　)[单选题]

     A. 完全不正确   B. 比较不正确

     C. 不确定   D. 比较正确

     E. 非常正确

9. 你能利用社交软件对网络信息、新闻、图片、视频进行编辑转发(　)[单选题]

     A. 完全不正确   B. 比较不正确

     C. 不确定   D. 比较正确

     E. 非常正确

10. 你会用社交软件发表自己想法和观点(　　)[单选题]

    A. 完全不正确　　　　　　　　B. 比较不正确

    C. 不确定　　　　　　　　　　D. 比较正确

    E. 非常正确

11. 你会关注新冠疫情以及其他热点问题,并发表自己的意见[单选题]

    A. 完全不正确　　　　　　　　B. 比较不正确

    C. 不确定　　　　　　　　　　D. 比较正确

    E. 非常正确

12. 你能够在网络上和朋友分享交流好的文章、视频、图片、信息等(　　)[单选题]

    A. 完全不正确　　　　　　　　B. 比较不正确

    C. 不确定　　　　　　　　　　D. 比较正确

    E. 非常正确

13. 你能独立管理一个综合类社交应用平台(　　)[单选题]

    A. 完全不正确　　　　　　　　B. 比较不正确

    C. 不确定　　　　　　　　　　D. 比较正确

    E. 非常正确

14. 你能对网络错误信息内容进行纠正、编辑、加工并转发传播(　　)[单选题]

    A. 完全不正确　　　　　　　　B. 比较不正确

    C. 不确定　　　　　　　　　　D. 比较正确

    E. 非常正确

15. 你能够保护计算机或者手机免受病毒感染(　　)[单选题]

    A. 完全不正确　　　　　　　　B. 比较不正确

    C. 不确定　　　　　　　　　　D. 比较正确

    E. 非常正确

16. 你会对不良信息或者虚假信息提出质疑并辨析(　　)[单选题]

    A. 完全不正确　　　　　　　　B. 比较不正确

    C. 不确定　　　　　　　　　　D. 比较正确

E. 非常正确

17. 你对来源不明的信息、视频、图片等会核实信息源并判断其真实性(　　)
[单选题]

    A. 完全不正确　　　　　　　　　　B. 比较不正确

    C. 不确定　　　　　　　　　　　　D. 比较正确

    E. 非常正确

18. 你知道如何避免接收不良短信、电子邮件或者其他不需要的信息(　　)
[单选题]

    A. 完全不正确　　　　　　　　　　B. 比较不正确

    C. 不确定　　　　　　　　　　　　D. 比较正确

    E. 非常正确

19. 父母经常限制你使用媒介(手机、电脑、电视)(　　)[单选题]

    A. 完全不正确　　　　　　　　　　B. 比较不正确

    C. 不确定　　　　　　　　　　　　D. 比较正确

    E. 非常正确

20. 父母经常指导你使用媒介(手机、电脑、电视)(　　)[单选题]

    A. 完全不正确　　　　　　　　　　B. 比较不正确

    C. 不确定　　　　　　　　　　　　D. 比较正确

    E. 非常正确

21. 最近半年,在媒介使用上,你没有与父母发生过冲突(　　)[单选题]

    A. 完全不正确　　　　　　　　　　B. 比较不正确

    C. 不确定　　　　　　　　　　　　D. 比较正确

    E. 非常正确

第三部分:媒介使用情况调查

22. 你经常使用下列媒介产品(　　)[矩阵单选题]

搜索引擎、社交软件、视频网站、短视频 APP、音乐软件、百科

    A. 完全不正确　　　　　　　　　　B. 比较不正确

    C. 不确定　　　　　　　　　　　　D. 比较正确

E. 非常正确

23. 你使用社交软件的原因是( )[多选题]

    A. 方便我与家人、朋友保持联系　　　B. 获取新闻以及信息

    C. 学习的需求　　　　　　　　　　　D. 休闲娱乐

    E. 不怎么使用

24. 你使用社交软件的哪些功能？( )[多选题]

    A. 聊天　　　　　　　　　　　　　　B. 玩游戏

    C. 养宠物　　　　　　　　　　　　　D. 听音乐

    E. 发邮件　　　　　　　　　　　　　F. 写日记

    G. 其他

25. 你在社交软件上经常观看的内容是( )[可多选]

    A. 新闻　　　　　　　　　　　　　　B. 娱乐

    C. 文学　　　　　　　　　　　　　　D. 教育

    E. 艺术　　　　　　　　　　　　　　F. 体育

    G. 其他

26. 你看电视时,通常喜欢看哪类节目？( )[可多选]

    A. 社会新闻节目　　　　　　　　　　B. 时事政治节目

    C. 社教文化节目　　　　　　　　　　D. 戏剧、综艺、娱乐节目

    E. 体育节目　　　　　　　　　　　　F. 卡通节目

27. 你通常喜欢看哪些网页(包括 BBS)内容？( )[可多选]

    A. 社会新闻　　　　　　　　　　　　B. 时事政治报道

    C. 时势讨论　　　　　　　　　　　　D. 社教文化

    E. 戏剧、综艺、娱乐　　　　　　　　F. 体育报道

    G. 其他

28. 你获得电脑及网络知识的主要来源是( )[可多选]

    A. 学校(课外班)　　　　　　　　　　B. 父母指导

    C. 向同学、朋友请教　　　　　　　　D. 上网自学

    E. 电视　　　　　　　　　　　　　　F. 电脑网络书籍

    G. 其他

29. 使用手机、电脑、网络遇到困难时,你通常会找谁帮忙?( )[可多选]

    A. 老师　　　　　　　　　　B. 父母

    C. 同学　　　　　　　　　　D. 朋友

    E. 亲戚　　　　　　　　　　F. 上网自学

30. 你们学校经常开展培养媒介素养(认识媒体,获取、理解、创造和传播信息的能力)相关的教育活动或者开设相关课程吗?( )[单选题]

    A. 完全不符合　　　　　　　B. 比较不符合

    C. 不确定　　　　　　　　　D. 比较符合

    E. 完全符合

参考文献

[1]闫文捷,张军芳,朱烨枢."高校选择媒体环境"下的媒介素养及其社会影响.[J]新闻与写作,2020(8):31-42.

[2]许丽丽,高大伟.澳大利亚面向公众的数字素养教育及其启示[J].情报探索,2019(12):46-49

[3]猴赫.澳大利亚中小学媒介教育[J].今传媒,2017,25(12):153-155

[4]高芳芳,刘于思,朱怡佳.本土化语境下大学生广告素养的概念框架及影响因素研究[J].新闻与传播评论,2020,73(4):98-110

[5]李廷军.从抵制到参与[D].华中师范大学,2011.

[6]周葆华,陆晔.从媒介使用到媒介参与:中国公众媒介素养的基本现状[J].新闻大学,2008(4):58-66.

[7]陈默.大学生媒介素养创建维度实证研究[J]传媒,2021(16):87-89.

[8]张军芳,闫文捷.大学生社交媒介素养及其教育研究[J].中国成人教育,2015(18):124-127.

[9]姜姝.当代大学生媒介素养教育研究[D].南京航空航天大学,2011.

[10]顾娟.德国学校如何通过媒介教育预防青少年网络欺凌[J].基础教育,2020,17(5):54-62.

[11]李廷军.对我国媒体素养教育价值取向的反思与重构[J].江汉学术,2014,33(2):37-42.

[12]姚姿如,宇璐.法国媒介素养教育评述[J].社会科学战线,2017(2):275-278.

[13]黄如花,冯婕,黄雨婷,石乐怡,黄颖.公众信息素养教育:全球进展及我国的对策[J].中国图书馆学报,2020,46(3):50-72.

[14]张金海,周丽玲.广告素养的概念框架与影响因素[J].新闻与传播研究,2008(4):59-66.

[15]王贵斌,于杨.国际互联网媒介素养研究知识图谱[J].现代传播(中国传媒大学学报),2018(7):157-163.

[16]姜淑慧.国外媒介素养教育案例解析及方法启示研究[D].南京师范大学,2012.

[17]陈晓慧,张哲,赵鹏.基于公民教育视域的我国小学媒介素养课程标准与目标设计研究[J].中国电化教育,2013(7):6-12.

[18]赵可云,亓建芸,黄雪娇,杨鑫,赵雪梅.基于结构方程模型的农村留守儿童学习社会化影响因素研究[J].中国电化教育,2018(8):9-17.

[19]刘鸣筝,陈雪薇.基于使用、评价和分析能力的我国公众媒介素养现状[J].现代传播(中国传媒大学学报).2017(7):153-157.

[20]王雨馨.加拿大青少年媒介素养教育的经验与启示[D].郑州大学,2013.

[21]赵可云,亓建芸,赵雪梅.教师信息化教学执行力影响因素研究[J].中国电化教育,2020,41(12):106-112.

[22]钟志贤,王姝莉,易凯谕.论公民媒介素养测评框架建构[J].电化教育研究,2020(1):19-28.

[23]李立功.论绿色收视率体系的构建[J].电视研究,2006(9):27-30.

[24]王帆.论全球媒介素养教育的发展进程[J].教育评论,2010(1):162-165.

[25]马超.媒介类型、内容偏好与使用动机:媒介素养影响因素的多维探析[J].全球传媒学刊,2020(3):115-138.

[26]王菁.媒介使用如何影响我国大学生微博政治参与———个以政治心理为中介变量的实证测度[J].新闻与传播研究,2017,24(7):50-74.

[27]李金城.媒介素养测量量表的编制与科学检验[J].电化教育研究,2017,38(5):20-27.

[28]卢锋.媒介素养教育的本土化研究[D].南京师范大学,2011.

[29]张洁,毛东颖,徐万佳.媒介素养教育实践研究——以北京市东城区黑

芝麻胡同小学为例[J].中国广播电视学刊,2009(3):33-34.

[30]陆晔.媒介素养教育中的社会控制机制——香港媒介素养教育的目标和特征[J].新闻大学,2006(1):57-60.

[31]陈晓慧,王晓来,张博.美国媒介素养定义的演变和会议主题的变革[J].中国电化教育,2012(7):19-22.

[32]李晓培.美国青少年媒介素养教育的经验与启示[D].郑州大学,2014.

[33]郑素侠.农村留守儿童的媒介使用与媒介素养教育[M].北京:社会科学文献出版社.2017.

[34]吴吟,杨聿涵.青少年网络媒介素养测评研究[J].中国广播电视学刊,2019(9):7-11.

[35]崔薇.让手机成为真正的第五媒体[J].新闻知识,2006(9):65-66.

[36]彭艺美.日本媒介素养教育研究[D].东北师范大学,2013.

[37]楚亚杰,唐榕蔚.社会化媒体时代的媒介素养与跨文化适应[J].新闻界,2020(11):29-38.

[38]马超.数字媒体时代城乡青年的媒介使用与媒介素养研究——来自S省青年群体的实证调查[J].四川理工学院学报(社会科学版),2018,33(5):79-100.

[39]李金城,王卉.数字阅读对大学生媒介素养的影响——基于媒介与信息素养评估框架的实证研究[J].出版发行研究,2017(6):85-89.

[40]尚靖君,杨兆山.网络媒介素养测量研究的现状分析及问卷设计[J].东北师大学报(哲学社会科学版),2012(5):232-235.

[41]李德刚.我国媒介素养教育目标体系的建构[J].教育学报,2012,8(3):30-37

[42]彭静.小学媒介素养教育课程教学设计研究[D].东北师范大学,2012.

[43]肖雨.小学生媒介素养教育之行动研究[D].东北师范大学,2011.

[44]王国珍.新加坡政府推进网络素养教育的措施及其特色[J].新闻界,2017(3):97-100.

[45]王天德.新媒介素养的目标追求能力研究[J].中国广播电视学刊,2011(2):35-37

［46］余红.知识决定参与？大学生网上社会公共事务参与影响因素分析
　　　［J］.新闻与传播研究,2010,19(5):82-90.

［47］宋红岩.中国网民网络素养测量与评估研究——以城市新市民为例
　　　［J］.中国广播电视学刊,2019(9):73-76.

［48］季为民,沈杰.中国未成年人互联网运用报告(2019).［M］北京:社会科
　　　学文献出版社,2019.

［49］卢德生.留守与流动儿童受教育的社会支持研究.［M］.北京:人民出版
　　　社,2017.

［50］丹尼斯·麦奎尔.徐佳,董璐,译.麦奎尔大众传播理论.［M］.北京:清
　　　华大学出版社,2019.

［51］詹姆斯·波特.李德刚,译.媒介素养.［M］.北京:清华大学出版
　　　社,2012.

［52］彭少健.2016年中国媒介素养研究报告.［M］.北京:中国广播电视出版
　　　社,2016.

［53］黄立新.技术支持的协同教育研究述评［J］.电化教育研究,2008(12):
　　　20-23.

［54］黄宜梁.论小组协同学习法——再论开放学习方略［J］.中国远程教育,
　　　2000(12):34-38.

［55］陈中梅.家校合作是现代教育的必然选择——城区小学家校协同教育
　　　实践探索［J］.教育学术月刊,2018(6):86-91.

［56］黄立新.技术支持的协同教育研究.［D］.西北师范大学,2009.

［57］冯海.基于网络环境的协同教育群体互动模式应用研究.［D］.西北师
　　　范大学,2011.

［58］保利军.学前教育专业硕士培养中协同教学现状研究.［D］.重庆师范
　　　大学,2018.

［59］王玉香,吴立忠.我国留守儿童政策的演进过程与特点研究［J］.青年探
　　　索,2016(5):42-50.

［60］和学新,李楠.农村留守儿童教育及其政策分析［J］.当代教育与文化,
　　　2018,10(1):100-110.

[61]刘繁华.基于现代信息技术的协同教育平台(网站)的设计与应用研究
[J].电化教育研究,2007(1):30-33.

[62]祝智庭,王佑镁,顾小清.协同学习:面向知识时代的学习技术系统框架
[J].中国电化教育,2006(4):5-9.

[63]王清,杨澜,张克松.技术支持下的小学协同教育需求分析[J].教学与
管理,2016(15):16-19.

[64]朱春晓."互联网+"背景下区域协同教学管理探究[J].教学与管理,
2018(24):71-73.

[65]国务院.国务院关于加强农村留守儿童关爱保护工作的意见[M].北
京:人民出版社,2016.

[66]国务院人口普查办公室、国家统计局人口和就业统计司.中国 2010 年
人口普查资料[M].北京:中国统计出版社,2012.

[67]中国法制出版社.国家中长期教育改革和发展规划纲要(2010—2020
年)[M].北京:中国法制出版社,2010.

[68]人民出版社.中国儿童发展纲要(2011—2020 年)[M].北京:人民出版
社,2001.

[69]国务院.关于基础教育改革与发展的决定[Z].2001.

[70]教育部.教育信息化十年发展规划(2011-2020 年)[Z].2012.

[71]教育部.国家中长期教育改革和发展规划纲要(2010—2020 年)
[Z].2010.

[72]全国妇联课题组.中国农村留守儿童、城乡流动儿童状况研究报告
[Z].2013.

[73]王国珍.网络素养教育视角下的未成年人网瘾防治机制探究[J].新闻
与传播研究,2013(9):82-96.